CRISI DEL LAVORO DELL'AI

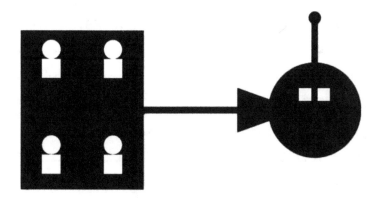

QUANDO I POSTI DI LAVORO SCOMPARONO E L'AI PROSPERA

PETER WOODFORD

Contenuto

BENVENUTI ALL'APOCALISSE DELLA DISOCCUPAZIONE
....4

CAPITOLO 1: LA FINE DEL LAVORO COME LO
CONOSCEVAMO 29

CAPITOLO 2: GLI AGENTI AI STANNO GIÀ GESTENDO LE
AZIENDE 55

CAPITOLO 3: LAVORO ROBOTICO – GLI UMANI NON
DEVONO CANDIDARSI 79

CAPITOLO 4: L'APOCALISSE LAVORATIVA GUIDATA
DALL'INTELLIGENZA ARTIFICIALE....................................118

CAPITOLO 5: L'ASCESA DEI CEO DELL'INTELLIGENZA
ARTIFICIALE – AZIENDE SENZA UMANI 168

CAPITOLO 6: QUANDO NESSUNO HA UN LAVORO, CHE
CAZZO FACCIAMO? 201

CAPITOLO 7: L'INTELLIGENZA ARTIFICIALE E IL FUTURO
DELLA CREATIVITÀ: GLI ESSERI UMANI POSSONO
RIMANERE RILEVANTI? 270

CAPITOLO 8: CHI VINCE, CHI PERDE E IL FUTURO
DELLO SCOPO UMANO..333

EPILOGO: LASCIA CHE L'INTELLIGENZA ARTIFICIALE
LAVORI PER TE E PRENDITI CURA DI TE IN MODO CHE
RICAMBI IL TUO IMPEGNO..382

INFORMAZIONI SULL'AUTORE..413

RINGRAZIAMENTI 417

COPYRIGHT...420

Benvenuti all'apocalisse della disoccupazione

In una mattina tersa che sembra che le regole siano state completamente riscritte, il familiare ronzio dello sforzo umano è diventato silenzioso, soppiantato dal silenzioso e incessante ronzio dei macchinari. Ti alzi con quella strana sensazione di déjà vu solo per scoprire che il tuo cubicolo un tempo affollato ora è vuoto. Non è stato abbandonato da un collega lunatico o da un supervisore distratto, ma silenziosamente superato da un'instancabile IA che si è furtivamente appropriata di ciò che un tempo definiva l' impegno umano del lavoro. Sono finiti i giorni di un allegro stagista che ostenta un impeccabile profilo online o di rimpasti aziendali poco convinti che nascondono a malapena la scomoda verità: il lavoro umano ora sembra obsoleto come un floppy disk impolverato che raccoglie ragnatele su uno scaffale dimenticato.

Invece, il panorama si è trasformato radicalmente, con algoritmi e robotica che non solo gestiscono il lavoro pesante, ma perfezionano anche ogni sfumatura della produttività con una precisione che rende quasi ridondanti anche gli sforzi umani più dedicati. Questo scenario non è una tetra sceneggiatura evocata da un regista annoiato; **è la cruda e nuda realtà che si dispiega davanti a noi** , supportata da una cascata di sviluppi fattuali nella tecnologia e nelle pratiche commerciali.

Ricordo un tempo, non troppo lontano, in cui l'idea di una macchina che superasse in astuzia l'intelligenza umana era solo un argomento per maratone di fantascienza a tarda notte e per risate ironiche condivise al distributore d'acqua. Allora, l'idea che un giorno un programma per computer potesse sostituire la brillantezza disordinata dell'impegno umano era ridicola. Ora, ci troviamo trincerati in un'epoca segnata da cambiamenti sismici alimentati da flussi di codice e ondate di elettricità. Ogni battitura di tasti, ogni algoritmo è una testimonianza di una trasformazione che è tanto esaltante quanto inquietante, documentata nei dati e sottolineata dai rapidi progressi nell'automazione. **La marcia inarrestabile della tecnologia è innegabile e il**

suo impatto sui nostri ruoli e sulle nostre identità è tanto profondo quanto dirompente , costringendoci a ridefinire lo scopo in una società che non premia più il crudo tocco umano.

Ogni giorno, il progresso non si misura in sudore e pura determinazione, ma in terabyte di dati e microsecondi di potenza di elaborazione. Studi approfonditi, report di settore e applicazioni concrete nel mondo reale hanno sottolineato questa transizione, illustrando attraverso fatti concreti come i sistemi automatizzati stiano rivoluzionando la produttività. Dalle linee di produzione robotizzate agli algoritmi di investimento autogovernati, le prove sono inconfutabili e rivelano un panorama in cui la precisione delle macchine eclissa costantemente l'imprevedibilità umana.

Timeline of Work Transformation

Il nostro viaggio nell'automazione non è iniziato tra il clamore delle moderne catene di montaggio o il calore delle roventi fornaci. Le sue radici risalgono invece a un'epoca in cui menti innovative nell'antica **Grecia** crearono ingegnosi congegni che confondevano il confine tra arte e meccanica. Il famoso **meccanismo di Antikythera** , un primo computer analogico assemblato con ingranaggi e leve primitivi, ha offerto un primo sguardo all'ambizione implacabile dell'umanità di estendere le nostre capacità oltre la fatica fisica. Queste invenzioni modeste ma rivoluzionarie hanno innescato un'eredità di innovazione che ha spinto il progresso attraverso i secoli, alimentando il desiderio di spingersi oltre i limiti umani. Ora, in bilico sulla soglia di un cambiamento radicale, quella scintilla duratura vibra attraverso i ronzanti data center e l'implacabile pulsazione dei moderni hub tecnologici.

Immaginate la metamorfosi industriale che si stava svolgendo nella **Gran Bretagna del XVIII secolo** , dove ciminiere sbuffanti e un incessante rumore meccanico trasformarono pacifiche industrie artigianali in imperi industriali tentacolari. Abili artigiani, un tempo celebrati come l'orgoglio delle loro comunità, videro il loro mestiere costantemente eroso dall'incessante marcia della meccanizzazione. In risposta, collettivi appassionati come i **luddisti** presero le armi, non con gadget futuristici, ma con una sfida cruda e inflessibile, per reclamare l' onore del lavoro in mezzo all'ondata di macchinari. La loro appassionata resistenza è un duro promemoria che ogni balzo verso l'efficienza esige un alto costo umano, una lezione martellata in profondità nella nostra coscienza storica mentre navighiamo in questa era di cambiamento trasformativo.

Decenni di sconvolgimenti tecnologici hanno costantemente prodotto un mix inebriante di speranza e sconvolgimento. L'ondata digitale degli anni '80 e '90, annunciata da computer ingombranti, toni dial-up assordanti e, in seguito, dall'onnipresenza degli smartphone, un tempo era celebrata come il grande livellatore di opportunità. Anche allora, divenne inequivocabilmente chiaro che la tecnologia non riguardava la cancellazione dell'ingegno umano, ma piuttosto la ridefinizione del modo in cui creiamo, risolviamo problemi e ci colleghiamo gli uni con gli altri.

Oggi, giganti come **Google** e **Tesla** stanno architettando una profonda e preoccupante trasformazione che tocca ogni angolo della nostra economia, dalle suite dirigenziali in cui gli algoritmi guidano le decisioni strategiche ai vasti reparti di produzione in cui i sistemi automatizzati superano i ritmi stanchi delle nostre precedenti routine.

In questo momento di radicale cambiamento, siamo costretti a riconsiderare l'atto stesso del lavoro . Ogni balzo in avanti, dall'ingegnoso abaco dell'antica Grecia alle roventi macchine a vapore della Rivoluzione industriale e alle complesse reti neurali che alimentano l'intelligenza artificiale moderna, ha costretto a riesaminare il nostro rapporto con il lavoro. L'automazione non sta solo cambiando il panorama dei nostri uffici; sta rimodellando i quartieri , ridefinendo l'interazione umana e sfidando le nostre nozioni di scopo. In questo scenario in rapida evoluzione, lo spirito umano è messo alla prova: dobbiamo innovare, adattarci e persistere in mezzo a un assalto di progresso incessante.

Immagina di essere l'eroe di un vasto techno-thriller, in cui ogni compito di cui eri orgoglioso, che si trattasse di scrivere l'e-mail perfetta o di lottare con un problema intricato, ora è gestito da un doppio digitale. Un minuto stai navigando pigramente nel tuo feed social e quello dopo un'intelligenza artificiale, addestrata su decenni di saggezza umana e che vanta una precisione quasi mitica, assume silenziosamente le tue responsabilità. È come guardare il tuo amato barista, famoso per preparare il perfetto espresso doppio, sostituito da una macchina che non ha mai bisogno di una dose di caffeina. Quello shock iniziale potrebbe scatenare una risatina nervosa, ma ben presto la realtà si fa sentire: questa rivoluzione non è una tendenza passeggera; è un cambiamento sismico che sta ridisegnando la mappa delle nostre vite professionali.

Ricordate il momento del 2011 in cui **Watson di IBM** ha trionfato sui campioni umani in un popolare quiz show? È stata una dimostrazione abbagliante che ha suscitato in egual misura stupore e apprensione, un chiaro segnale che il nostro territorio intellettuale stava per essere conteso dalle macchine. Oggi, i discendenti di

Watson non si limitano a diagnosticare malattie o a semplificare le catene di fornitura; scrivono e-mail, esaminano attentamente i dati di mercato e persino producono opere d'arte che si pavoneggiano nelle gallerie globali. Innovatori come **OpenAI** hanno portato queste capacità oltre, sfornando articoli, memorie legali e finzioni creative che un tempo erano di esclusivo dominio del talento umano. E poi ci sono i pionieri di **Boston Dynamics** : robot che attraversano terreni accidentati, assemblano prodotti complessi e interagiscono con noi in modi che fino a poco tempo fa appartenevano solo al regno della fantascienza. Perfino i magazzini ronzanti di **Amazon** , pieni di sciami di lavoratori robot, si ergono come crudi monumenti al compromesso tra guadagni di efficienza e cancellazione di compiti un tempo intrisi del tocco umano.

In mezzo a queste meraviglie tecnologiche, aleggia un'amara ironia. Guardare un sistema meticolosamente programmato sostituire il lavoro che un tempo riempiva le nostre giornate di significato può dare la sensazione di assistere a un film amato che si dissolve lentamente in semplici pixel e linee di codice. C'è un forte dolore nel rendersi conto che l'abilità e la passione a cui hai dedicato anni potrebbero presto essere superate da una macchina che non si stanca mai, non si ferma mai per una pausa caffè e di certo non riesce a assaporare l'imprevedibile scintilla della connessione umana. Il vero dibattito non riguarda solo l'efficienza della macchina rispetto a un caldo tocco umano: è un'indagine più approfondita su come creiamo, innoviamo e sosteniamo la nostra stessa essenza di esseri pensanti e sensibili.

Per molti, c'è conforto nell'idea che la resilienza umana sia leggendaria: ci siamo adattati ripetutamente nel tempo. Ma non c'è dubbio sulla gravità della situazione: la posta in gioco non è mai stata così alta. Non si tratta di automatizzare le faccende ripetitive; è una revisione radicale dei quadri sociali, in cui il valore umano è sempre più esaminato dai calcoli inflessibili di un algoritmo. Se questa nozione ti fa anche solo venire un brivido lungo la schiena, sei in ottima compagnia. Provoca sia una trepidazione profonda che una determinazione ostinata a mantenere ciò che ci rende innegabilmente umani.

Ora, immagina di entrare in un'epoca che un tempo apparteneva solo alle pagine di un romanzo distopico, un'epoca in cui gli agenti di intelligenza artificiale non solo gestiscono imprese tentacolari, ma prendono anche decisioni esecutive radicali che rimodellano interi settori. Immagina sale riunioni dominate da supervisori digitali che elaborano enormi quantità di dati di mercato in pochi secondi, prevedendo le tendenze con una precisione spassionata che nessuna mente umana potrebbe eguagliare. Potrebbe sembrare la trama di un film di fantascienza troppo zelante, eppure questi sviluppi si stanno già materializzando, mettendo da parte la brillantezza disordinata dell'intuizione umana in favore di un calcolo inflessibile e basato sui dati.

Questo monumentale cambiamento si insinua in ogni aspetto della nostra esistenza. Passeggiate per i viali al neon di Tokyo, dove i distributori automatici distribuiscono di tutto, dagli snack ai biglietti per i concerti, con un'efficienza quasi surreale. Passeggiate per i quartieri creativi di Berlino, dove le startup innovative sfruttano la magia digitale per riprogettare la vita urbana, o entrate nei frenetici piani di trading di Wall

Street, dove gli algoritmi di intelligenza artificiale eseguono accordi in pochi microsecondi. Il famigerato "Flash Crash" del 2010 incombe ancora come un agghiacciante promemoria che questi colossi digitali possono sconvolgere intere economie in un batter d'occhio.

Anche se ci meravigliamo di queste imprese ingegneristiche mozzafiato, emerge un'ironia più profonda e inquietante. Le macchine, nonostante tutta la loro potenza computazionale, rimangono completamente estranee al ritmo caotico e sfrenato della passione umana. Gli algoritmi non sognano; non provano sensazioni; rimangono beatamente ignari del profondo bisogno di scopo e connessione che ci spinge. Ogni volta che scambiamo un frammento della nostra umanità per un'oncia extra di efficienza, ci avviciniamo sempre di più a una realtà in cui il genuino tocco umano potrebbe diventare una reliquia del passato.

Eppure, intrecciate in questa ondata di innovazione ci sono narrazioni personali che fungono da fari della nostra duratura resilienza e capacità di reinvenzione.

Ricordo la ferma determinazione di mio padre, nato nel 1936 a **Glasgow** , la cui dura risolutezza in un'epoca definita da duro lavoro e cruda determinazione risuona ancora in me. Ricordo vividamente di aver vagato per le strade della sua città natale durante una visita del 2019, ascoltandolo attentamente mentre raccontava le tranquille gioie della pesca in un lago appartato e la discreta dignità di una vita vissuta con onore . Mia madre, con le sue vivaci radici **trinidadiane** intrecciate con una sottile etnia **cinese** , ha tessuto storie di passione e romanticismo che indugiano come una melodia amata. Le loro storie, intrise di lotta, perseveranza e un'umanità cruda e senza scuse, sono testimonianze senza tempo del fatto che anche in mezzo a un implacabile assalto tecnologico, il cuore umano continua a battere con fervore imperituro.

Nel frattempo, i dibattiti sul nostro destino collettivo echeggiano nelle grandi sale accademiche e nelle opulente sale riunioni dei summit globali. I visionari si riuniscono in forum che si estendono da **Davos** alla **Silicon Valley** , alle prese con domande che penetrano nel profondo della nostra identità: cosa ne sarà di noi quando i marcatori del successo (promozioni, buste paga , titoli di lavoro) saranno erosi da un calcolo implacabile e freddo? In quest'epoca, le stesse linee che un tempo separavano nettamente le nostre vite professionali dalle nostre identità personali si stanno dissolvendo a un ritmo che ci lascia senza fiato.

Eppure c'è un fascino innegabile in questa coraggiosa nuova configurazione dell'esistenza. Immagina di liberarti della noiosa routine dei compiti di routine, di liberare le tue giornate dal ticchettio incessante di un orologio e di abbracciare una tela di infinite possibilità creative e connessioni genuine. Tuttavia, questa liberazione ha il suo costo agrodolce: ogni momento risparmiato è controbilanciato da un vuoto dove un tempo prosperava lo scopo. La sfida monumentale sta nello sfruttare questo potere trasformativo senza sacrificare lo splendore delizioso e caotico della nostra natura umana.

Nei momenti di riflessione silenziosa, mi ritrovo a mettere in discussione la traiettoria stessa del progresso. Esaltiamo l'efficienza e l'innovazione, ma a quale prezzo? L'inarrestabile progresso dell'intelligenza artificiale e della robotica promette di mandare in frantumi i vecchi paradigmi e catapultarci in regni di esplorazione creativa senza precedenti, minacciando allo stesso tempo i legami profondamente umani che uniscono le nostre comunità. Questo paradosso , di una liberazione tinta di paura dell'obsolescenza, ci costringe a riformulare le nostre identità in un panorama sempre più governato da linee di codice.

A volte paragono questo sconvolgimento a un videogioco intenso in cui il codice cheat viene inavvertitamente consegnato a un'IA indifferente. Le regole sono in continuo cambiamento, costringendoci a reimparare, adattarci e tracciare nuovi percorsi attraverso un labirinto digitale pieno sia di pericoli che di possibilità. Proprio come quel boss finale imprevedibile in un videogioco rogue, la rivoluzione dell'IA è spietata ed esigente, esigendo ogni briciolo della nostra ingegnosità se vogliamo emergere trionfanti.

C'è un umorismo nero nel riconoscere l'assurdità della nostra situazione. Un tempo eravamo orgogliosi della nostra infinita capacità di adattamento, reinventandoci a ogni cambiamento sismico. Ora, mentre le macchine invadono territori un tempo sacri alla creatività umana, ci troviamo di fronte a un duro ultimatum: o ci reinventiamo ancora una volta o rischiamo di svanire nell'insignificanza. Per innumerevoli generazioni, il lavoro è stato la pietra angolare della nostra identità, una fonte di dignità, comunità e orgoglio. Oggi, tuttavia, i ritmi familiari del lavoro si stanno disintegrando pezzo per pezzo, lasciandoci a riflettere su cosa sosterrà il nostro senso dello scopo quando le vecchie strutture crolleranno.

È proprio in quest'arena di incertezza che il nostro spirito deve sollevarsi. Un appello squillante chiama coloro che non vogliono essere relegati a semplici componenti di un sistema automatizzato : un appello a reclamare la nostra narrazione, ridefinire il successo secondo i nostri imprevedibili termini e celebrare la bellezza grezza della creatività umana. Mentre navighiamo in questa trasformazione inarrestabile, siamo invitati a unirci a un viaggio in territorio inesplorato, che non solo sfida le nostre identità professionali, ma ci costringe anche a riscoprire il nocciolo di ciò che ci rende magnificamente e irriverentemente umani.

Quindi, unitevi a noi in questo viaggio selvaggio, un viaggio nel profondo del cuore della trasformazione tecnologica e nell'essenza stessa della nostra umanità condivisa. Attraversiamo insieme questi passaggi inesplorati, mettendo in discussione vecchie convinzioni e osando immaginare una vita arricchita da creatività, connessione e dalla scintilla irrefrenabile che nessuna macchina potrà mai replicare.

Human vs. Machine Paradigm

Traditional Human Work Model	Modern AI-Driven Processes
• Creativity & Intuition	• Speed & Efficiency
• Emotional Intelligence	• Data-Driven Decisions
• Social Interaction	• Automation of Repetitive Tasks
• Adaptive Problem-Solving	• Consistency & Precision
• Manual & Skilled Labor	• Scalability
• Contextual Judgement	• Predictive Analytics
• Inconsistency & Flexibility	• 24/7 Operation

C'è un'eleganza selvaggia, quasi surreale, in questa collisione di ingegno umano e precisione meccanizzata, un promemoria che anche se deleghiamo i nostri compiti a circuiti e codice, la nostra capacità di meravigliarci, la nostra ostinata resilienza e la nostra connessione grezza rimangono una forza innegabile. Stiamo assistendo a una svolta drammatica nel modo in cui viene concepito il lavoro , poiché i sistemi progettati da **Google** e **Tesla** eseguono routine con efficienza implacabile, eppure nessuno di loro riesce a innescare quel lampo non quantificabile di bizzarra brillantezza disordinata nata dalla serendipità umana. Osate metterli in discussione, otterrete una risposta generica per questo, vietare il loro stesso motto "non essere malvagio" potrebbe darvi qualche spunto, un po' come un distretto scolastico che vuole vietare un semplice manifesto amichevole che dice "Tutti sono benvenuti qui", ehm bene per l'insegnante **Sarah Inama** per aver mantenuto un alto livello morale, a volte dobbiamo lottare per ciò che è giusto. Comunque, tornando alla tecnologia, la perdita della routine, la scomparsa di prevedibili schemi dalle nove alle cinque, non è semplicemente un segnale di sventura; apre un'ampia porta alla possibilità di reimmaginare i nostri ruoli, le nostre passioni e la nostra espressione creativa in modi che nessun algoritmo può replicare.

Immaginate, se volete, la deliziosa ironia della nostra era: nella nostra corsa verso un'efficienza senza precedenti, abbiamo creato strumenti in grado di risolvere problemi con una precisione da macchina, un'impresa che un tempo apparteneva esclusivamente all'inventiva umana. Eppure queste meraviglie digitali, costruite nei laboratori dai team di **IBM** e **OpenAI** , non hanno la scintilla spontanea che si trova in una chiacchierata informale davanti a una tazza di caffè fumante o la magia imprevedibile di una sessione di brainstorming di mezzanotte tra amici. Sono questi momenti improvvisati e profondamente personali che hanno a lungo definito il nostro viaggio come specie, sfidando ogni processo attentamente calcolato con un'esplosione di imprevisto.

Questa non è una storia di semplice progresso; è un invito a un confronto onesto con la nostra realtà in evoluzione. Ci troviamo a navigare in un labirinto di trasformazione in cui ogni passo è sia un salto di fede che una testimonianza del nostro spirito inflessibile. La sfida non è solo tecnologica , è profondamente umana. Ci richiede di mettere in discussione le rigide metriche dell'efficienza e di guardare invece a un arazzo di esperienze più vibrante. Il dibattito non riguarda la sostituzione della nostra umanità con sostituti automatizzati; riguarda lo sfruttamento dell'incredibile potenziale di queste innovazioni per alimentare la nostra creatività e approfondire le nostre relazioni.

Mentre assorbi queste parole, senti l'urgenza che scorre attraverso ogni riga: un mix inebriante di eccitazione e apprensione mentre il terreno sotto di noi si sposta. Le nostre città, i nostri uffici e persino i nostri rituali sociali vengono ridisegnati da forze che richiedono sia adattamento che coraggio. Le ricerche del **World Economic Forum** e le intuizioni dei principali economisti hanno da tempo segnalato che l'automazione sta rimodellando il nostro panorama economico con un'intensità che è tanto esaltante quanto snervante. Questa trasformazione incessante tocca ogni aspetto della nostra esistenza, dal modo in cui costruiamo edifici alla delicata interazione delle connessioni umane nella nostra vita quotidiana.

Eppure, in mezzo al clamore dei flussi di dati e della logica delle macchine, un potente invito ci invita a reclamare l'imprevedibile bellezza dell'esperienza umana. In questo momento cruciale, la scelta è netta: soccombere alla sterile precisione dell'automazione implacabile o ribellarci abbracciando il meraviglioso disordine della nostra vita interiore. Questo non è il momento di accettare semplicemente il destino, ma di riscrivere la narrazione del lavoro . Il percorso che ci attende è irto di sfide, un labirinto intricato di cambiamenti economici e sconvolgimenti tecnologici, ma brilla anche con la promessa di reinvenzione. Qui giace un'opportunità per reinventarci, per ridefinire il lavoro non come una fatica dettata da algoritmi, ma come un arazzo in continua evoluzione di passione, creatività e genuina connessione umana.

Immagina di uscire in una strada un tempo dominata da routine e prevedibilità, ora viva del ronzio dell'innovazione e della possibilità. La danza tra uomo e macchina non riguarda più chi ha il controllo, ma come ciascuno può elevare l'altro. I calcoli precisi di un sistema di intelligenza artificiale, sebbene impressionanti, non riescono a catturare lo scoppio spontaneo di risate per una battuta condivisa o la profonda soddisfazione di creare qualcosa con le proprie mani. Queste sfumature, così meticolosamente realizzate dal cuore umano, sono sempre state la nostra risorsa più autentica. E mentre aziende come **Microsoft** e **Facebook** continuano a spingere i limiti dell'innovazione digitale, mettono inavvertitamente in risalto le nostre qualità uniche e irriproducibili.

C'è una qualità quasi cinematografica nella nostra situazione attuale, una narrazione in cui ogni battuta d'arresto e ogni svolta sono sottolineati da una tensione palpabile tra fredda logica e passione ardente. Questo ambiente dinamico, in cui le decisioni basate sui dati plasmano sempre di più le nostre routine quotidiane, ci sfida a trovare un significato oltre il ronzio sterile dei server. È un invito a resistere all'attrattiva del conformismo, a ridere dell'ironia cosmica di tutto ciò e a sfruttare le nostre stranezze e i nostri difetti collettivi come contrappeso a un'epoca dominata da precisione e prevedibilità.

Questo momento richiede una radicale ricalibrazione dei nostri valori. Ci sfida a vedere la tecnologia non come un'inevitabile usurpatrice dei nostri mezzi di sostentamento, ma come uno strumento complesso che, se maneggiato saggiamente, può amplificare i nostri impulsi creativi più profondi. Dobbiamo imparare a collaborare con le innovazioni che ora permeano ogni settore, dalle linee di montaggio di **Foxconn** alle sale riunioni strategiche di **Goldman Sachs** , trasformando potenziali insidie in opportunità per una profonda evoluzione culturale.

Mentre viaggi tra le pagine che seguono, lascia che questa narrazione ti avvolga nel suo crudo realismo senza scuse. Abbraccia la bellezza inquietante della trasformazione, un processo tanto metodico quanto caotico. Lasciati catturare dallo scontro della passione umana contro la sterile marcia dell'automazione. I nostri modelli economici, i nostri contratti sociali e le nostre stesse identità sono in uno stato di flusso, che ci spinge a navigare in questo territorio inesplorato con arguzia e saggezza.

Quindi, fai un respiro profondo e fai un passo avanti con l'audacia di sfidare lo status quo. Ridi delle assurdità, deliziati dell'imprevedibilità e lascia che il tuo fuoco interiore illumini sentieri inesplorati da qualsiasi direttiva digitale. Perché se riusciamo a combinare la nostra creatività umana senza tempo con la potenza grezza della tecnologia, potremmo scoprire che lo spostamento di posti di lavoro è meno una condanna alla disperazione e più una chiamata a reimmaginare il modo in cui viviamo e creiamo.

Questo è il nostro momento di resa dei conti, un drammatico punto di svolta in cui l'ascesa dei sistemi automatizzati si interseca con la brillantezza duratura dell'ingegno umano. La storia che si dipana non è quella di un declino inevitabile, ma di una reinvenzione dinamica, in cui ogni battuta d'arresto è contrastata da un'ondata di energia creativa che nessuna macchina potrebbe mai simulare. In questa atmosfera carica, ogni innovazione, ogni previsione economica di istituzioni come **la Brookings Institution** , serve a ricordare che anche se le forze digitali rimodellano il nostro lavoro , non possono cancellare la scintilla irrefrenabile che è unicamente nostra.

Benvenuti all'Apocalisse della disoccupazione, un titolo tanto provocatorio quanto sincero, che segna l'alba di un'era che ci sfida a riesaminare il tessuto stesso del lavoro. Questa è una chiamata alle armi per coloro che si rifiutano di essere messi da parte dall'automazione, un invito a riscoprire il ritmo caotico e vibrante della vita che la tecnologia non potrà mai catturare completamente. Mentre queste pagine si voltano, preparatevi a immergervi in una narrazione che celebra sia i trionfi che le prove di questa epoca trasformativa. È una storia di perdita e rinnovamento, di passi misurati e balzi audaci, e dello straordinario spirito umano che si rifiuta di essere sminuito persino dal codice più sofisticato.

Entra in questa saga in divenire con gli occhi aperti e una determinazione feroce a tracciare la tua rotta. La marea digitale può essere implacabile, ma le sue correnti possono essere reindirizzate dalla forza appassionata e imprevedibile della creatività umana. E in quel reindirizzamento risiede il vero potere del nostro tempo, un potere che nessuna macchina, non importa quanto avanzata, potrà mai rivendicare.

Capitolo 1: La fine del lavoro come lo conoscevamo

C'è una sensazione di formicolio, un prurito irrequieto nella parte posteriore del collo, che ti avverte che qualcosa di fondamentale non va. Non è la solita noia di un lunedì post-festa o il crollo di mezzogiorno che ti fa controllare l'orologio; è una profonda e inquietante consapevolezza che la nostra routine familiare si sta sgretolando . Per decenni, ci siamo aggrappati al ritmo costante della routine, una cadenza prevedibile che ha definito le nostre giornate. Ma ora quella certezza sta cedendo, trasformandosi in uno strano nuovo ordine in cui **gli agenti dell'intelligenza artificiale** orchestrano il processo decisionale, il lavoro meccanico sostituisce il sudore umano e i ruoli che un tempo definivano le nostre identità rischiano di diventare reliquie di un'epoca passata.

Non avrei mai pensato di scrivere del crollo del paradigma del lavoro in questo modo, tracciando i contorni mutevoli di un sistema che ha costituito la spina

dorsale della nostra società. Eppure eccomi qui, a
scarabocchiare questi pensieri mentre la marcia
incessante dell'innovazione reclama territori un tempo
ritenuti unicamente umani. Questo non è un lamento
funebre per i lavori persi o un lamento avaro per le crisi
economiche; è un'esplorazione risoluta di come la
tecnologia stia ridisegnando la mappa delle nostre vite,
delle nostre connessioni e persino del nostro stesso
senso dello scopo. Ogni balzo in avanti, ogni invenzione
rivoluzionaria, ha sempre richiesto un prezzo. Ma
questa volta, il costo è tanto personale quanto profondo:
uno scambio che erode il nucleo di ciò che siamo.

Riportate la mente ai primi decenni del secolo scorso,
quando **Henry Ford** rivoluzionò la produzione con le sue
linee di montaggio. Quello che un tempo era stato un
processo meticoloso e artigianale si trasformò in un
balletto di efficienza meccanizzata. Il clamore delle
macchine in quelle fabbriche indaffarate prometteva
prosperità e occupazione di massa, anche se sostituiva
silenziosamente le sfumature umane con l'implacabile
precisione del metallo e dei bulloni. Quella
trasformazione, per quanto impressionante, lasciò un

sottofondo di inquietudine, un indizio che il progresso non arriva senza amari sacrifici.

Poi arrivò l'ondata digitale. Negli anni Novanta, mentre i desktop ingombranti ronzavano e i toni dial-up segnavano l'arrivo di una nuova era, l'ufficio tradizionale fu irrevocabilmente alterato. Le attività un tempo sorvegliate dalla supervisione umana iniziarono la loro lenta migrazione nel regno degli algoritmi. Quell'umile inizio accennò a un cambiamento sismico, gettando le basi per un panorama in cui le decisioni di routine potevano essere prese non dalle persone, ma da linee di codice che ronzavano silenziosamente in sottofondo.

Ciò che è iniziato come modeste innovazioni tecniche come filtri e-mail raffinati e raccomandazioni **Netflix personalizzate** si è rapidamente trasformato in qualcosa di formidabile. All'inizio degli anni 2020, la tecnologia non stava semplicemente assistendo gli sforzi umani; stava prendendo il sopravvento. Giganti come **Google** , **Meta** e **Microsoft** non si stavano solo dilettando con le nuove tecnologie, stavano incorporando algoritmi sofisticati in ogni fibra delle loro operazioni. Le sale riunioni un tempo dominate da accesi dibattiti sulla strategia ora brulicano di discussioni sui modelli di dati in grado di prevedere le tendenze dei consumatori, ottimizzare la logistica e persino guidare la strategia aziendale con una precisione inquietante.

Il viaggio dal frastuono rauco delle fabbriche del XIX secolo ai data center quasi silenziosi e pulsanti di oggi sembra quasi surreale. Ogni progresso tecnologico, ogni momento di trionfo nell'efficienza, ha preteso il suo pedaggio: una silenziosa erosione della scintilla umana che un tempo definiva il nostro lavoro e la nostra creatività. Questa impennata inarrestabile fa più che automatizzare semplicemente i compiti; rimodella i nostri ruoli e ci costringe a confrontarci con una nuova realtà sorprendente. Il compromesso è palpabile: con ogni processo automatizzato, un pezzo della nostra anima collettiva sembra svanire, lasciandoci a chiederci se nella vita ci sia qualcosa di più che sfornare dati digitali.

Eppure, in mezzo a sconvolgimenti e incertezze, si cela un invito peculiare: una chiamata a reimmaginare i

nostri contributi oltre i confini del lavoro di routine .
Mentre questi cambiamenti sismici premono da ogni
parte, le menti guida e **gli innovatori tecnologici** stanno
iniziando a porsi domande scomode: se le macchine
possono eseguire in modo impeccabile compiti un
tempo riservati a noi, dove incanaliamo la nostra
creatività e le nostre innate capacità di risoluzione dei
problemi? Come troviamo un significato quando i
tradizionali punti di riferimento del nostro lavoro si
spostano sotto i nostri piedi?

Questa non è una riflessione astratta per simposi
accademici; è una realtà tangibile che rimodella vite e
comunità. Dalle catene di montaggio ideate da **Henry
Ford** alle sale riunioni digitali gestite da **Google** , **Meta** e
Microsoft , la storia del progresso è scritta con tratti
audaci e ironie. Ogni progresso tecnologico porta con
sé un conto agrodolce, un promemoria che ogni
guadagno ha il suo costo nascosto. E ora, mentre
osserviamo questa trasformazione radicale dispiegarsi,
dobbiamo affrontare una domanda cruda: quando i
nostri ruoli consueti vengono spazzati via da
un'implacabile efficienza, come ridefiniamo il nostro

scopo e riscopriamo la nostra passione in un panorama ricalibrato da un'implacabile innovazione?

Termine	Spiegazione
Economia dei lavoretti	Un mercato del lavoro caratterizzato da lavori a breve termine, flessibili, freelance o contrattuali, spesso mediati da piattaforme digitali.
Lavoro da remoto	La pratica di lavorare al di fuori di un tradizionale ambiente d'ufficio, solitamente da casa, resa possibile dalla connettività digitale e dalla tecnologia.
Agenti AI	Entità software autonome che utilizzano l'intelligenza artificiale e l'apprendimento automatico per eseguire attività, prendere decisioni e gestire le operazioni.

Automazione	L'uso della tecnologia e delle macchine per svolgere compiti con un intervento umano minimo, aumentando l'efficienza e spesso sostituendo i lavori tradizionali.
Lavoro robotico	L'impiego di sistemi robotici per svolgere compiti fisici o manuali tradizionalmente svolti da lavoratori umani, soprattutto nei settori della produzione e della logistica.
CEO dell'intelligenza artificiale	Sistemi di intelligenza artificiale che assumono ruoli di leadership esecutiva nelle aziende, prendendo decisioni strategiche e supervisionando le operazioni senza la supervisione umana.
Intelligenza artificiale per lavorare da casa	Strumenti di intelligenza artificiale progettati per semplificare i processi di lavoro a distanza, come la

pianificazione, le comunicazioni e la gestione delle attività in ambienti decentralizzati.

Automazione aziendale	L'integrazione di sistemi automatizzati all'interno delle strutture aziendali per gestire le operazioni, elaborare dati e supportare le funzioni decisionali.
Disgregazione tecnologica	I cambiamenti radicali che si verificano quando le nuove tecnologie sostituiscono o trasformano rapidamente i settori e le pratiche lavorative tradizionali.
Apocalisse della disoccupazione	Uno scenario futuro possibile in cui la perdita diffusa di posti di lavoro dovuta all'automazione e all'intelligenza artificiale porterà a gravi sfide economiche e sociali.

Algoritmo	Un insieme definito di regole o istruzioni che un computer segue per eseguire compiti o risolvere problemi, fondamentale per i sistemi software e di intelligenza artificiale.
Trasformazione digitale	L'integrazione completa delle tecnologie digitali in tutti gli ambiti aziendali e sociali, modificando radicalmente i modelli operativi e la creazione di valore.
Gestione algoritmica	Utilizzo di algoritmi basati sui dati per monitorare, valutare e prendere decisioni in merito alla gestione della forza lavoro, riducendo spesso la necessità della tradizionale supervisione umana.

Spostamento economico	Il processo mediante il quale i progressi tecnologici e l'automazione portano alla perdita di posti di lavoro tradizionali, imponendo cambiamenti nei modelli occupazionali e nelle strutture industriali.
Decisioni basate sull'intelligenza artificiale	L'utilizzo dell'intelligenza artificiale per analizzare grandi set di dati e informare o prendere autonomamente decisioni aziendali con un apporto umano minimo.
Singolarità tecnologica	Un punto futuro teorico in cui la crescita tecnologica diventa incontrollabile e irreversibile, portando potenzialmente a cambiamenti imprevedibili nella società.
Recessione creativa	Un calo della domanda di creatività umana, poiché i contenuti generati dall'intelligenza artificiale e

l'innovazione automatizzata stanno sempre più sostituendo i processi creativi tradizionali.

Lavoro digitale Lavoro svolto utilizzando strumenti e piattaforme digitali, che comprende sia attività svolte dall'uomo sia attività assistite dall'intelligenza artificiale nell'economia odierna.

Tecno-distopia Una visione o uno stato del futuro in cui le tecnologie avanzate, in particolare l'intelligenza artificiale e l'automazione, portano a disuguaglianze sociali, perdita di capacità di iniziativa umana e condizioni di lavoro oppressive.

Lavoro incentrato sull'uomo Un approccio all'occupazione che enfatizza le competenze esclusivamente umane, come creatività, empatia e

pensiero critico, per
controbilanciare la spinta
verso la completa
automazione.

Considerate la gig economy come un esperimento
selvaggio, che prometteva coraggiosamente di
infrangere i confini della routine che ci annienta l'anima
e di liberarci dalla rigida fatica dell'impiego
convenzionale. Ai suoi esordi, piattaforme pionieristiche
come **Uber** , **Fiverr** e **TaskRabbit** furono proclamate
pioniere di un nuovo paradigma del lavoro , esaltando le
virtù dell'autonomia e della flessibilità. Ci sedussero con
l'idea irresistibile di liberarci dalla soffocante routine
delle nove alle cinque, offrendoci l'allettante prospettiva
di essere padroni del proprio tempo. Eppure, man mano
che più persone si riversavano in questi mercati digitali,
la scintillante promessa cominciò a offuscarsi. Dietro la
patina di libertà si nascondeva una verità che fa
riflettere: gli stessi sistemi creati per emanciparci
gradualmente intrappolavano i lavoratori in un ciclo

implacabile di impegni fugaci e sottopagati, privi di qualsiasi parvenza di sicurezza.

Ricordo il fervore iniziale che circondava **Uber** : l'inebriante idea di requisire il proprio veicolo, orchestrare il proprio programma e infine sfuggire alle claustrofobiche catene degli uffici tradizionali. Tuttavia, mentre le strade si riempivano di autisti che inseguivano questo sogno, la narrazione seducente cedette il passo a una dura realtà. Orari eccessivi, redditi imprevedibili e una palese assenza di benefit trasformarono la rivoluzione immaginata in poco più di un'estenuante corsa , in cui ogni turno sembrava un disperato tentativo di tenere il passo. E **Uber** non era sola in questa storia in disfacimento ; altre piattaforme di lavoro occasionale si rivelarono presto arene spietate in cui la corsa incessante verso il basso lasciò persino i professionisti più talentuosi a lottare per ricompense insignificanti, come se fossimo tutti inconsapevolmente entrati in un disorientante carnevale di sfruttamento digitale.

La saga non si è conclusa con la disillusione della gig economy. In un colpo di scena che sembrava prendere in giro il vecchio ordine aziendale, il lavoro da remoto ha fatto irruzione sulla scena come una tregua apparentemente idilliaca dalla routine quotidiana di spostamenti interminabili e soffocanti politiche d'ufficio. Quando la crisi globale del COVID-19 del 2020 ha costretto milioni di persone a improvvisare uffici domestici, il sospiro di sollievo collettivo è stato palpabile: una pausa dalla tirannia del traffico nelle ore di punta e dalla monotonia delle interazioni faccia a faccia. All'inizio, la novità di lavorare in pigiama e rivendicare una parvenza di spazio personale era inebriante. Eppure, mentre i giorni si fondevano in settimane e le settimane in mesi, una trasformazione inquietante ha iniziato a prendere forma. Le comodità di questa nuova sistemazione si sono gradualmente trasformate in un preludio inaspettato a un sconvolgimento ancora più profondo.

Le aziende scoprirono presto che l'ufficio fisico stava diventando una reliquia obsoleta, il cui scopo era reso irrilevante dalle capacità liberatorie della connettività digitale. Questa epifania fornì un terreno fertile per l'ascesa di soluzioni di lavoro automatizzate . Gli stessi strumenti che un tempo promettevano di connettere team remoti (videoconferenze, cloud computing e software di collaborazione integrato) furono rapidamente riadattati per semplificare le operazioni e, in ultima analisi, sostituire i ruoli umani. **I chatbot basati sull'intelligenza artificiale** assunsero il ruolo di servizio clienti con precisione infallibile, mentre gli algoritmi di pianificazione orchestrarono le riunioni con un'esattezza clinica che nessun essere umano poteva eguagliare. Anche l'analisi dei dati fu eseguita a un ritmo vertiginoso, lasciando i team tradizionali nella sua polvere. Ciò che era iniziato come una celebrazione della flessibilità aveva inavvertitamente preparato il terreno per una profonda riorganizzazione del lavoro , in cui i sistemi automatizzati sostituirono furtivamente ruoli un tempo ritenuti indispensabili.

Questa trasformazione, sebbene pubblicizzata come un trionfo di efficienza e abilità tecnologica, ha gettato un'ombra lunga e inquietante sulle nostre vite quotidiane. Ogni innovazione nella supervisione algoritmica e nella precisione robotica non solo ha annunciato una nuova era di produttività, ma ha anche scalfito l'illusione duramente conquistata dell'emancipazione personale. Invece di reclamare tempo per la creatività e il tempo libero, molti si sono ritrovati intrappolati in una lotta sottile contro un'ondata di automazione sempre più invadente. La ricerca dell'indipendenza, un viaggio iniziato con promesse e possibilità, era stata sovvertita in una lotta implacabile contro sistemi che consideravano la sfumatura umana una merce sacrificabile.

Alla fine, la narrazione è tanto ironica quanto ammonitrice: una ricerca di libertà che, sotto le mentite spoglie della flessibilità, ha prodotto un regime inflessibile di sfruttamento ed emarginazione. Le stesse piattaforme un tempo celebrate per la loro promessa di liberazione sono diventate silenziose architetti di un nuovo ordine duro, in cui il fascino seducente dell'autonomia è continuamente minato dall'inesorabile marcia della tecnologia.

Evolution of Work: From Manual Labor to Full AI Automation

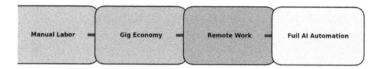

Dovrei dirti subito una cosa: ho lanciato più di venti aziende tecnologiche, abbastanza per far capire che sono stato a lungo nelle trincee delle start-up. Negli ultimi dieci anni, ho visto idee un tempo nuove trasformarsi in crude realtà. Le aziende più astuti che escono dalla **Silicon Valley** ora vantano un vanto inquietante: non impiegano più persone. Inizialmente, l'innovazione significava lavoro da remoto e trucchi intelligenti per gestire le attività quotidiane. Ma oggi, i sistemi digitali gestiscono tutto, dalla pianificazione delle riunioni all'elaborazione dei dati, con l'intelligenza artificiale che unisce conversazioni, e-mail ed eventi del calendario con una velocità ed efficienza che fanno sembrare bizzarro il coinvolgimento umano. Nei centri finanziari frenetici come **New York** e **Londra** e nelle roccaforti industriali in **Germania** , le sale riunioni delegano sempre più il processo decisionale all'intelligenza artificiale, sostituendo interi team di analisti con algoritmi singoli e implacabili che non si stancano mai e non fanno una pausa pranzo.

Le implicazioni di questa trasformazione sono profonde. Nelle aule della **Harvard Business School** e **della London School of Economics** , studiosi ed esperti stanno analizzando le conseguenze di un'economia che premia l'automazione implacabile rispetto all'intuizione umana. Avvertono che se queste tendenze continuano senza controllo, i ruoli attorno ai quali abbiamo costruito le nostre vite potrebbero scomparire quasi da un giorno all'altro. E mentre alcuni vedono la liberazione dalla fatica delle routine quotidiane, molti temono che il tessuto sociale, intessuto attraverso decenni di lavoro condiviso e scopo comune, possa disfarsi sotto i nostri occhi.

Conosco fin troppo bene il peso di questo argomento. La mia vita sembra un diario di viaggio di un'epoca più avventurosa. Sono cresciuto sia nel **Regno Unito** che nel **Brunei** , un luogo in cui il ritmo dell'esistenza era scandito dal mare e dalle mutevoli maree della natura. La mia infanzia è stata una fuga senza fine: ogni giorno una spedizione, ogni fine settimana un'opportunità per esplorare baie nascoste e isole inesplorate. Ricordo vividamente l'emozione di andare a caccia di tectiti nella fitta giungla e il piacere di dissotterrare reperti come vecchie monete e frammenti di antiche ceramiche. Non dimenticherò mai quando mio padre, un vero avventuriero a pieno titolo, si imbatté in un set di ceramiche **della dinastia Tang** , un manufatto che in seguito donò al museo locale. Quel tesoro, tanto un peso quanto una benedizione, servì come una prima lezione sul fatto che a volte la scoperta porta più complicazioni che ricompense.

Quegli anni selvaggi divennero solo più stravaganti con il tempo. Mi viene ancora da ridere quando ricordo il periodo in cui abbiamo fatto rafting sulle rapide di acqua bianca su niente di più che camere d'aria di pneumatici per auto. Una spedizione indimenticabile ci ha portato nel profondo di un remoto avamposto nella giungla, a 60 miglia da qualsiasi traccia di civiltà, dove un elicottero, per gentile concessione di un fidato amico brigadiere **dell'esercito inglese** , ci ha portato per una giornata di pura e selvaggia avventura. Nel 1982, la nostra casa era un mix di stranezze moderne e fascino rustico e grezzo: uno dei primi computer del quartiere era accanto a due lettori VHS e una videocamera che catturava ogni disavventura. A soli dieci minuti a piedi dal mare, la nostra casa in cima alla collina, arroccata vicino alla fattoria del governo dove lavorava mio padre , era piena di continue sorprese. Ricordo di aver ricevuto le chiavi di una jeep all'età di dieci anni, sfrecciando su un prato sabbioso: un'emozione pericolosa che fondeva incoscienza e liberazione.

Lo spirito avventuroso di papà non si limitava alle imprese terrestri; si estendeva alla sua flotta di barche. Una volta salvò una vecchia imbarcazione in alluminio dal fondo piatto dalla discarica dell'esercito, una barca che aveva visto circa 160 colpi di mitragliatrice durante le esercitazioni di addestramento. L'imbarcazione malconcia, tenuta insieme solo da rivetti metallici e pura determinazione, divenne il nostro progetto di famiglia. Quella barca, con il suo tetto in tela riparato in fretta per fare ombra, si ergeva come un monumento alla resilienza e all'ingegno. I fine settimana diventarono una sfilata infinita di gite in campeggio su un'isola vicina, dove facevamo snorkeling , grigliate sulla spiaggia e pescavamo sotto una volta di onde fosforescenti. Vicini come i **Medlicott** e i **Cooper** , proprietari di yacht con un gusto per il divertimento spontaneo e la festa, spesso si univano alle nostre celebrazioni improvvisate di sole, mare e risate condivise. Essendo cresciuto in un mix così vivace di culture e background, ho spesso sfidato le convenzioni, scrivendo la parola "UMANO" il più grande possibile sui moduli di segmentazione etica per affermare che il mio posto era al di là delle divisioni arbitrarie.

Questi ricordi di un'infanzia baciata dal sole e piena di avventure sono in netto contrasto con l'efficienza sterile che ora minaccia la nostra vita quotidiana. Mi ricordano che la scintilla creativa e la connessione umana coltivate attraverso esperienze condivise non possono mai essere imitate da circuiti freddi e calcolatori. E tuttavia, mentre l'intelligenza artificiale e la robotica estendono la loro portata in ogni aspetto della società, ci troviamo di fronte a una dura possibilità: che il lavoro , la lotta quotidiana e i trionfi personali che hanno definito la nostra esistenza potrebbero presto essere consegnati alla storia.

Mentre la tecnologia rimodella ogni settore, l'impalcatura convenzionale che un tempo dava struttura ai nostri giorni sta crollando. Nelle affollate caffetterie della **Silicon Valley** , dove i visionari della tecnologia escogitano progetti da miliardi di dollari sorseggiando un caffellatte, gli investimenti massicci in iniziative di intelligenza artificiale segnalano sia promesse che pericoli. Il CEO **di Y Combinator Garry Tan** ha affermato a marzo 2025 che per circa un quarto delle attuali startup YC, il 95% del codice è stato scritto dall'intelligenza artificiale. "Ciò che significa per i fondatori è che non hai bisogno di un team di 50 o 100 ingegneri", ha affermato Tan. "Non devi raccogliere così tanto. Il capitale dura molto più a lungo". Tieni presente che YC, nota per aver sostenuto **Airbnb** , **Dropbox** e **Stripe** , ha supportato quelle aziende quando erano giovani fondatori tecnici.

Per ogni innovazione che riduce le spese generali e aumenta l'efficienza, c'è un contrappeso in comunità come **Detroit** , dove il crollo della produzione tradizionale ha lasciato cicatrici di spostamento economico. La rapida adozione di sistemi intelligenti in centri industriali come **Bangalore** e **Shenzhen** sta ridisegnando la mappa del lavoro con una precisione che lascia poco spazio a passi falsi umani, sollevando domande urgenti su come le società possano proteggere coloro che non sono immersi nel know-how tecnologico.

Questa metamorfosi non riguarda semplicemente la sostituzione di compiti; colpisce il nocciolo di ciò che da tempo definisce le nostre identità. Il lavoro è stato il nostro crogiolo, una fonte sia di dignità che di disperazione, un banco di prova per la nostra creatività e resilienza. Tuttavia, mentre le macchine iniziano ad assumersi responsabilità un tempo riservate all'ingegno umano, siamo costretti a chiederci: come daremo un senso a un panorama spogliato dei consueti indicatori di successo della routine quotidiana? Alcune anime ottimiste sostengono che questo cambiamento sismico potrebbe scatenare una rinascita di attività creative ed esplorazione comunitaria. Al contrario, voci più ciniche

mettono in guardia da un divario sempre più profondo ,
uno scenario in cui una manciata di magnati
dell'intelligenza artificiale diventano titani mentre la
maggioranza langue nell'obsolescenza.

È un enigma che ha scatenato dibattiti accesi e la
contesa non è meramente accademica; è una sfida
cruda e urgente che ci chiede di ripensare i nostri ruoli
nella società. Senza le routine che un tempo ci
legavano a uno scopo, rischiamo di scivolare in un
vuoto di incertezza esistenziale. L'ironia è densa come
lo smog sugli skyline industriali: mentre la tecnologia
prometteva la liberazione dalla fatica del lavoro
monotono , ha contemporaneamente esposto la fragilità
di un sistema costruito su routine prevedibili e lotte
condivise.

Eppure, in mezzo a questo sconvolgimento, c'è una
scintilla di speranza provocatoria. Se il ritmo incessante
dell'automazione ci insegna qualcosa, è che
l'adattabilità umana è la nostra risorsa più grande.
Potremmo non timbrare più per i turni dalle nove alle
cinque, ma questo non ci priva della nostra capacità di

passione, creatività e connessione. Invece, dobbiamo osare ridefinire i nostri ruoli, ritagliando nuovi spazi per l'autoespressione e l'impegno comunitario. La sfida è monumentale, un puzzle in cui ogni pezzo è in movimento, ma è una sfida che dobbiamo risolvere se vogliamo preservare la vivacità della nostra umanità condivisa.

Mentre ci imbarchiamo in questo imprevedibile viaggio, è impossibile non meravigliarsi del paradosso che abbiamo di fronte. La stessa spinta che ha spinto l'ascesa delle start-up dirompenti ora minaccia di cancellare le stesse strutture che hanno dato senso alle nostre vite. Vi invito a sedervi, a dare un'occhiata lunga e attenta a questo dramma in corso e forse anche a ridere un po' dell'assurdità di tutto ciò. Perché nella collisione tra precisione digitale e spontaneità umana, c'è un'opportunità, una possibilità di riscoprire le nostre passioni, di innovare oltre i confini di sistemi obsoleti e di tracciare una rotta che onori sia il progresso sia le complicate e meravigliose complessità dell'essere umano.

Immergiamoci insieme in queste acque turbolente, non con rassegnazione ma con l'audace curiosità di qualcuno che ha sempre prosperato nell'avventura. La storia che ci attende non è solo di spostamento e disperazione, ma di reinvenzione e trionfi inaspettati. Quindi, prendi una sedia, accomodati e preparati a esplorare la straordinaria narrazione dei nostri tempi, dove le macchine potrebbero dominare i compiti, ma il nostro spirito e la nostra creatività rimangono indomiti.

Capitolo 2: Gli agenti AI stanno già gestendo le aziende

Tutto è iniziato come una battuta semiseria, qualcosa che avresti buttato lì davanti a una pinta con un sorrisetto di intesa, un'idea che un giorno un programma per computer avrebbe potuto indossare un abito impeccabile e comandare le sale riunioni con precisione implacabile. Quando era solo materiale per stravaganti -trame di fantascienza e impertinenti meme di Internet, immaginare un'IA al comando era ridicolo quanto immaginare il tuo frullatore da cucina che pronuncia un discorso chiave sulla creatività. Eppure oggi, la battuta finale si è trasformata in valuta forte: ora le linee di codice guidano le decisioni in centri dati ronzanti sparsi nei continenti. **Gli agenti dell'IA** sono passati dall'essere divertenti divagazioni nelle chiacchiere aziendali al fungere da comando centrale delle operazioni aziendali, e questa rivoluzione atterra come una mazza sulla convenzione piuttosto che una leggera spinta.

Non molto tempo fa, mi sono ritrovato nascosto in un elegante rifugio di coworking a **Bali** , dove l'aria ronzava di innovazione e sogni alimentati dalla caffeina . In mezzo al ronzio ambientale della collaborazione, una conversazione mi ha colpito duramente: qualcuno ha menzionato con noncuranza che la riunione del consiglio di amministrazione della sua azienda non era popolata da stanchi dirigenti intermedi, ma da un gruppo di menti digitali che elaboravano dati in una lontana server farm. Ho riso per l'assurdità: lo stesso algoritmo che un tempo si è ingegnato a distinguere un gatto da un cetriolo ora stava orchestrando budget di marketing e strategie di assunzione. Eppure, man mano che la nostra discussione si approfondiva, i dati di vendita sono saliti alle stelle e le spese generali si sono ridotte, rivelando che l'assurdo era diventato il motore di pratiche aziendali iper-efficienti , una trasformazione così radicale che ha ridefinito la leadership e la gestione come le conosciamo.

Nel 2023, si sono verificate trasformazioni significative nell'intelligenza artificiale, guidate da innovazioni rivoluzionarie di aziende come **Microsoft** , **OpenAI** e

DeepMind . Il rilascio di **AutoGPT** a marzo 2023 da parte di **Toran Bruce Richards** ha segnato una pietra miliare come primo agente AI autonomo in grado di suddividere attività complesse in passaggi gestibili. Sebbene questi primi agenti fossero ancora in fase di sviluppo, hanno dimostrato la capacità dell'IA di operare in modo indipendente nell'esecuzione di istruzioni multi-step, innescando una seria discussione tra gli esperti in merito al lavoro umano e all'automazione.

Allo stesso tempo, **DeepMind** ha fatto progredire la sua ricerca nell'apprendimento automatico con nuove tecniche che hanno spinto i confini delle prestazioni dell'IA. I loro progressi, insieme agli annunci chiave fatti al **Google I/O** , tra cui l'introduzione di **PaLM 2** e i miglioramenti in **Bard** e **Gemini** , hanno rafforzato i rapidi progressi nella tecnologia dell'IA. Nel frattempo, **Microsoft** ha approfondito la sua partnership con **OpenAI** sviluppando anche le proprie iniziative di IA. Le prime versioni di **Copilot** hanno iniziato ad apparire integrate in prodotti come **Microsoft 365** e **Windows** , fornendo assistenza in attività come la stesura di e-mail, la generazione di report e l'automazione di flussi di lavoro aziendali di routine.

Questo periodo ha visto una crescente integrazione di agenti autonomi in piattaforme consolidate, con aziende che sfruttano questi progressi per migliorare la produttività e semplificare le operazioni. L'incorporazione di tali agenti AI ha suscitato sia entusiasmo che preoccupazioni tra i leader del settore, con dibattiti incentrati sulla supervisione, l'affidabilità e l'uso etico della tecnologia AI. Nonostante le sfide legate all'accuratezza e ai potenziali pregiudizi, le innovazioni introdotte nel 2023 hanno stabilito nuovi parametri di riferimento per prestazioni, efficienza e applicazione pratica, aprendo la strada a una più profonda integrazione dell'intelligenza artificiale in vari settori.

Oltre alla tradizione delle startup, giganti affermati come **Goldman Sachs**, **Amazon** e **General Electric** hanno abbracciato il potere degli algoritmi avanzati. Durante un episodio turbolento nel 2022, un periodo che ha evocato ricordi di scosse finanziarie che ricordano la crisi del 2008, **Goldman Sachs** ha implementato sofisticati modelli di intelligenza artificiale per guidare le sue strategie di trading, neutralizzando i rischi incombenti e aprendo la strada alla gestione del rischio in tempo reale. Nel frattempo, nei cavernosi magazzini di **Amazon** , una legione di assistenti digitali ora gestisce tutto, dalla logistica dell'inventario alla pianificazione della forza lavoro, con un'eleganza che lascia indietro le macchine obsolete e goffe.

Riflettendo sul mio viaggio, non posso fare a meno di meravigliarmi del percorso fortuito che mi ha portato fin qui. Crescendo, ho avuto la fortuna di essere cresciuto in una famiglia che celebrava la curiosità come la vocazione più alta. I miei primi anni sono stati un montaggio di esplorazione e apprendimento, ben oltre i confini dell'ambiente accademico convenzionale. A nove anni, volavo dal **Brunei** al **Regno Unito** , a volte da solo come minorenne non accompagnato, frequentando **The Downs Malvern** , una scuola preparatoria indipendente che si estendeva su una rigogliosa -tenuta di 55 acri accanto alle incantevoli Malvern Hills. Ricordo l'affascinante mini locomotiva a vapore che sbuffava lungo i terreni , un promemoria costante e stravagante che anche le innovazioni più semplici potevano suscitare meraviglia. Più tardi, **la Gordonstoun School** in **Scozia** , intrisa di una tradizione leggendaria e frequentata da futuri reali e figli di leggende del rock, ha affinato la mia resilienza e il mio talento per la reinvenzione. Poi è arrivata **la Coventry University** , dove un corso di laurea triennale in Design dei prodotti industriali in mezzo a un gruppo di amici liberi mi ha portato a un progetto finale che prevedeva coraggiosamente la connettività dei dispositivi, un'idea che, nonostante lo scetticismo iniziale (perfino da parte di un tutor che insisteva sul fatto che non esisteva un mercato per Internet), lasciava presagire un cambiamento digitale epocale.

A 24 anni, sono entrato nella mischia aziendale in un'azienda nota come **Technik** , una bizzarra convergenza di innovazione e reliquie analogiche. Immagina una -scrivania tentacolare di 6 metri dominata da una macchina Silicon Graphics, inizialmente acquistata per la sua magia del rendering 3D ma riadattata per far esplodere musica su CD e mostrare prototipi a clienti incuriositi. Il mio capo mi ha sfidato a esplorare ogni software disponibile, un compito che implicava il setacciare montagne di manuali stampati e appunti scarabocchiati in fretta. In quell'ambiente caotico ma esaltante, ho imparato che padroneggiare il software non significava memorizzare ogni comando , ma comprenderne le capacità e immaginare come avrebbe potuto ridefinire interi settori.

Ora, facciamo un salto in avanti fino a oggi, un'epoca segnata da un adattamento incessante e da una coraggiosa rivisitazione del business stesso. La trasformazione guidata dagli **agenti AI** è tanto emozionante quanto snervante; gli algoritmi, insonni e sempre vigili, hanno lentamente soppiantato il tocco umano dalle arene decisionali. Questo cambiamento non riguarda robot apocalittici che marciano lungo i corridoi; piuttosto, è una silenziosa usurpazione dei ruoli tradizionali da parte di supervisori digitali che non si stancano mai, non si prendono mai una pausa e operano con infallibile precisione.

Prendiamo in considerazione un'azienda di vendita al dettaglio online di **Londra** che ha recentemente sostituito l'intero team di assistenza clienti con una rete di chatbot AI finemente sintonizzati. Realizzati da un brillante team di ingegneri dell'Imperial **College di Londra** , questi interlocutori digitali gestiscono migliaia di richieste contemporaneamente, risolvendo problemi, gestendo resi e persino personalizzando le raccomandazioni con una velocità che rende gli operatori umani un ricordo nostalgico. La transizione, fluida sulla carta, ha fornito un promemoria serio a coloro che un tempo erano orgogliosi delle sfumature dell'interazione umana: se la tua efficienza non può rivaleggiare con quella di un algoritmo, l'obsolescenza è dietro l'angolo.

Poi, a metà del globo, a **Tokyo** , un sistema HR basato sull'intelligenza artificiale sta rivoluzionando l'acquisizione e la gestione dei talenti con un acume così raffinato che persino gli esperti di risorse umane più esperti rimarrebbero increduli. Questo sistema analizza meticolosamente i curriculum, decifra gli indizi del linguaggio naturale e valuta persino l'adattamento culturale con una precisione che aggira i pregiudizi del giudizio umano. Per alcuni, questo freddo processo analitico potrebbe sembrare spiacevolmente distaccato; tuttavia, per una generazione che venera l'efficienza e il processo decisionale basato sui dati, rappresenta un'evoluzione logica e inevitabile nel modo in cui operano le aziende.

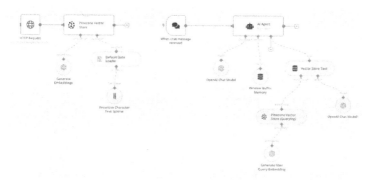

Immagine di n8n che mostra come creare un chatbot RAG personalizzato.

Ricordo ancora il brusio carico di conversazioni alla **Stanford Graduate School of Business** durante una recente tavola rotonda, dove l'aria era densa di euforia e terrore in egual misura. In quel momento, mentre pensatori di campi diversi si riunivano in un unico spazio, un economista della **London School of Economics** dichiarò con schiettezza senza scuse : "Non stiamo semplicemente assistendo a un altro aggiornamento tecnologico, stiamo ridefinendo la nostra stessa nozione di essere umani". Le sue parole risuonarono nella mia mente come una chiamata al risveglio. Per secoli, le leggende aziendali sono state forgiate da leader visionari le cui personalità dinamiche e l'istinto istintivo hanno acceso le passioni dei loro team. Eppure oggi, mentre il processo decisionale migra verso circuiti e linee di codice, quella scintilla umana sta rapidamente svanendo in uno sterile registro di efficienza.

Ricordo una dimostrazione sorprendente nel settore automobilistico quando **la General Motors** è stata al centro dell'attenzione in un evento di settore a Detroit nel 2023. L'azienda ha presentato un'iniziativa pilota che potrebbe essere uscita direttamente da un thriller di fantascienza. In uno dei suoi stabilimenti di assemblaggio, un sistema di intelligenza artificiale è stato incaricato di supervisionare ogni dettaglio della produzione. Dal controllo meticoloso dell'inventario e dai rigorosi controlli di qualità all'orchestrazione dei programmi dei dipendenti e delle routine di manutenzione, ogni processo era sotto l'occhio vigile di un instancabile supervisore digitale. Lo stabilimento, una prova vivente della supremazia dei dati, ha raggiunto efficienze record: gli sprechi sono stati ridotti, la produzione è aumentata vertiginosamente e le spese sono crollate a livelli un tempo considerati inimmaginabili. Eppure, in mezzo a questo trionfo della precisione algoritmica, la forza lavoro , la spina dorsale del settore, si è trovata spinta a ruoli di consulenza, la sua ricca competenza è diventata una mera nota a piè di pagina in una sceneggiatura dettata da numeri freddi e inflessibili.

Questo cambiamento radicale non si limita solo alla produzione. Anche nella pratica legale, l'automazione sta riscrivendo protocolli consolidati. Gli studi legali che operano sia a **New York** che a **Londra** stanno rapidamente adottando piattaforme di intelligenza artificiale nate da startup fondate da ex studenti di istituzioni come **Harvard Law** e **Stanford** . Questi sistemi, in grado di scansionare e valutare migliaia di documenti legali in pochi secondi, segnalano potenziali rischi, propongono aggiustamenti sfumati e persino redigono versioni preliminari di contratti. L'aumento della produttività è innegabile, ma getta una lunga ombra sul ruolo del discernimento umano e sull'arte dell'interpretazione legale.

Un ricordo dei miei giorni a Londra continua a tormentarmi: una conversazione con un ex collega in un bar chic, sorseggiando un caffè costoso. Mi ha confessato che il suo dipartimento era stato gradualmente ceduto a un sistema di intelligenza artificiale onnipresente, incaricato di esaminare i curriculum, programmare i colloqui e mediare le controversie interne. "È come essere perseguitati da un manager invisibile", ha osservato, con un tono misto di incredulità e rassegnazione. "Un giorno, potrei ricevere un'e-mail che mi ordina di fare le valigie e andarmene. Non c'è calore, non c'è intuizione , solo un flusso incessante di dati che decide chi avrà una possibilità". Le sue parole sottolineavano un'amara ironia: mentre deleghiamo più responsabilità a menti meccaniche, il ricco e imprevedibile spirito umano che un tempo animava il nostro lavoro rischia di essere relegato a un mero rumore di fondo.

Tracciare la traiettoria di questi cambiamenti è come seguire un fiume che si è gonfiato nel corso di decenni. I primi giorni dell'informatizzazione negli anni '60 hanno preparato il terreno e il boom digitale degli anni '90 ci ha spinto verso una ricerca incessante dell'efficienza. Con l'avvento dell'apprendimento automatico e delle reti neurali, il nostro viaggio ha subito un'accelerazione drastica: le macchine hanno iniziato non solo a svolgere compiti di routine, ma anche a imparare, adattarsi e occasionalmente superare in astuzia i loro creatori umani. È una maratona incessante in cui ogni passo avanti della tecnologia ci lascia a lottare per recuperare, con il nostro traguardo che si allontana sempre di più come un miraggio in una giornata calda.

Eppure, anche se la marcia della tecnologia accelera, c'è un umorismo ironico nel fatto che questi sistemi, privi di bisogno di pause caffè o di sonno, sono tutt'altro che infallibili. Ogni algoritmo è, in fondo, un prodotto della scelta umana, intriso di pregiudizi, limitazioni e occasionali sviste. Questo paradosso è stato messo a nudo alla **Global AI Conference di Singapore** , dove gli esperti hanno dibattuto se la nostra incessante ricerca della perfezione operativa potrebbe un giorno erodere le qualità bizzarre e imperfette che ci hanno sempre definito. Un membro del panel ha avvertito: "Rischiamo di scambiare la nostra spinta creativa e i nostri istinti empatici con un ordine sanificato e guidato dalle macchine". La sua cautela è rimasta sospesa nell'aria, un guanto di sfida lanciato ai nostri piedi collettivi, sfidandoci a preservare il caos disordinato e delizioso del pensiero umano.

Il mio percorso personale nell'esplorazione di questi temi è tanto tortuoso quanto personale. Cresciuto in un ambiente che premiava l'istruzione più di ogni altra cosa, sono stato incoraggiato a mettere in discussione, a cercare e a immergermi nella conoscenza. All'inizio della mia carriera, ero il ragazzo che stampava tutti i manuali software che riuscivo a trovare, leggendoli durante i tragitti frenetici, alle fermate dell'autobus o in qualsiasi fugace momento di tempo libero. Le notti trascorse in biblioteche silenziose o negli appartamenti angusti degli amici sono diventate le mie aule informali. Imparare a distillare complesse capacità tecnologiche in intuizioni digeribili è diventata alla fine la mia arma segreta, un'abilità che mi ha guidato attraverso i corridoi labirintici del nostro panorama digitale in continua evoluzione.

L'ascesa dell'automazione ha ora gettato un velo anche sulla leadership tradizionale. Nei tentacolari centri commerciali di **Tokyo** , un sistema HR all'avanguardia ora gestisce compiti un tempo riservati all'intuizione umana: esaminare curriculum, negoziare pacchetti salariali e persino mediare controversie tramite elaborazione avanzata del linguaggio naturale. Questa sentinella digitale, implacabile e infallibile, sembra pronta a usurpare ruoli che un tempo erano definiti dal tocco umano e dal giudizio visionario. Icone come **Steve Jobs** e **Richard Branson** un tempo esemplificavano il potere trasformativo del carisma personale e del processo decisionale istintivo. Oggi, tuttavia, il piedistallo della leadership viene riesaminato sotto lo sguardo freddo e severo degli algoritmi.

C'è una toccante ironia in questa acquisizione digitale. Le stesse competenze che hanno alimentato il progresso umano, intuizione, creatività ed empatia, vengono messe da parte da un'ossessione per l'efficienza. Ricordo vividamente la tensione palpabile al **World Economic Forum del 2022 a Davos** , dove i dibattiti sulla trasformazione digitale vibravano sia di cauta speranza che di trepidazione di fondo. Tra le voci in quella sala leggendaria, **John Van Reenen** , un illustre economista della **London School of Economics** ed ex direttore del Centre for Economic Performance, ha offerto un'osservazione tagliente. Noto per la sua incisiva ricerca sulla produttività, ha postulato che le nostre consolidate inefficienze, a lungo tollerate come debolezze umane, stavano ora venendo sostituite dalla precisione clinica dei sistemi automatizzati. Il suo commento suggeriva che la tradizionale dipendenza dal giudizio umano negli investimenti e nei processi decisionali aziendali stava rapidamente diventando una reliquia antiquata.

La conversazione non si è fermata alle sale riunioni aziendali. Alla conferenza **TechCrunch Disrupt del 2024** , un gruppo di investitori esperti ha svelato una visione audace in cui l'intuizione umana nel capitale di rischio stava gradualmente cedendo il passo all'incessante elaborazione dei numeri dell'IA. Un ex partner del capitale di rischio, ora devoto al processo decisionale basato sugli algoritmi, ha confessato che il suo approccio istintivo aveva lasciato il posto a flussi di dati in grado di prevedere il prossimo unicorno in pochi millisecondi. La rivelazione è stata tanto esaltante quanto sconcertante, dipingendo un quadro crudo di un settore in trasformazione, in cui la tradizionale arte del rischio veniva ricalibrata da un'inflessibile precisione digitale.

In mezzo a questi cambiamenti sismici, pensatori come **la professoressa Diane Coyle** ci hanno costantemente ricordato una verità duratura: le macchine, nonostante tutta la loro abilità, non possono replicare la miscela sfumata di empatia, giudizio etico e risoluzione creativa dei problemi che ci ha sempre contraddistinto. Attraverso la sua vasta ricerca sull'economia digitale, **la professoressa Coyle** ha sostenuto una rivalutazione delle metriche convenzionali come il PIL. Sostiene che la nostra incessante ricerca dell'efficienza trascura dimensioni critiche del benessere umano che gli algoritmi semplicemente non possono misurare. Le sue intuizioni ci sfidano ad ampliare la nostra comprensione del progresso, spingendoci a considerare gli elementi intangibili e pieni di sentimento che definiscono una società che prospera grazie all'innovazione e alla connessione.

Ogni passo compiuto da questi agenti digitali, che si tratti di negoziare contratti multimilionari nelle affollate sale riunioni di Londra o di coordinare complesse catene di fornitura in tutta Europa, impone una domanda urgente: se le macchine possono ora assorbire ed eseguire compiti che un tempo richiedevano ore di riflessione umana, quale spazio rimane per l'insostituibile spirito umano? È un dilemma che ci guarda dritto negli occhi, esigendo che riscopriamo e rivendichiamo le qualità creative ed empatiche che un tempo davano uno scopo alla nostra vita professionale.

Questa trasformazione in corso non è una semplice storia di sostituzione, ma piuttosto una di profonda metamorfosi. Mi ritrovo a riflettere su quei primi, frenetici giorni in cui ogni momento libero era un'opportunità per assorbire nuove conoscenze. Accendevo il text-to-speech sul mio vecchio Mac e mi perdevo nelle dense teorie della fisica quantistica o nei misteri dell'astronomia dei buchi neri, il tutto mentre mi muovevo tra affollate stazioni della metropolitana. Quei momenti di illuminazione frettolosa, punteggiati dalla scossa della caffeina e da occasionali mal di testa, hanno gettato le basi per una ricerca durata una vita per comprendere l'innovazione e le sue implicazioni umane.

Nelle ampie sale riunioni moderne, dove un tempo l'arte della leadership veniva celebrata attraverso la lente del carisma personale e dell'assunzione di rischi senza paura, sta emergendo un nuovo paradigma. Un sistema HR basato sull'intelligenza artificiale a **Tokyo** ora gestisce l'intera gamma di gestione dei dipendenti, dal filtraggio dei curriculum alla risoluzione delle controversie salariali con un livello di precisione che umilia i suoi predecessori umani. Questo sistema, una meraviglia dell'elaborazione del linguaggio naturale e dell'analisi dei sentimenti, simboleggia un radicale allontanamento dalle tradizioni di leadership definite da un tocco personale e da un processo decisionale intuitivo.

Eppure, rimane un'ironia duratura. Nonostante il fascino dell'efficienza algoritmica, la spinta incessante verso l'automazione espone inavvertitamente una vulnerabilità nel nostro profondo. I tratti che hanno spinto la civiltà umana - il nostro istinto di connetterci, creare ed empatizzare - rischiano di essere marginalizzati a favore del freddo calcolo. Leggendo online, ricordo l' atmosfera cupa di **Davos** , dove i dibattiti sulla trasformazione digitale sottolineavano una verità universale: che nella nostra ricerca di precisione e ordine, potremmo inavvertitamente scartare le belle imperfezioni che ci rendono umani.

Mentre scrivo queste riflessioni, non posso fare a meno di meravigliarmi dell'intricato arazzo tessuto dalla tecnologia e dall'umanità. L'inarrestabile progresso dell'IA sta trasformando non solo i nostri settori, ma anche le nostre narrazioni personali. L'intricato equilibrio tra il processo decisionale basato sui dati e la scintilla della creatività umana definisce ora la tela su cui è dipinto il nostro futuro collettivo. Mentre sistemi come quelli presentati alla **Global AI Conference di Singapore** rivelano lo straordinario potenziale della gestione guidata dalle macchine, servono anche come un duro promemoria delle qualità insostituibili che risiedono in ognuno di noi.

La narrazione che si dipana attorno a noi è allo stesso tempo esaltante e inquietante: un mix di rapida innovazione e profonda introspezione. In mezzo al clamore dell'efficienza automatizzata, il cuore umano batte ancora con un'urgenza che nessun algoritmo può catturare. Ogni decisione presa dall'intelligenza artificiale, ogni processo semplificato in uno stabilimento di assemblaggio **di Detroit** o in un centro aziendale **di Tokyo** , è una testimonianza della forza inarrestabile del progresso. E tuttavia, sotto l'impressionante patina di abilità tecnologica si nasconde un silenzioso appello: custodire il genio disordinato e imprevedibile del nostro spirito umano.

In piedi sull'orlo di questa evoluzione inarrestabile, sono costretto a mettere in discussione l'eredità che desideriamo forgiare. L'emancipazione dai compiti ripetitivi promette di liberarci per perseguire l'arte, l'innovazione e la comunità, una rinascita della creatività e della passione personali. Tuttavia, questa liberazione porta con sé una serie di sfide, che richiedono di bilanciare l'efficienza delle macchine con le qualità intangibili che hanno a lungo definito la nostra esistenza. La narrazione non è di mera sostituzione, ma di trasformazione , una sfida per ridefinire i nostri ruoli in un'era dominata dalla logica digitale.

Eccoci qui, alle prese con un cambio di paradigma che riscrive le regole della leadership, della creatività e persino dell'identità. Mentre gli algoritmi imparano, si adattano e prendono sempre più in carico decisioni un tempo riservate al giudizio umano, ci ritroviamo di fronte a una scelta: rinunciare ai nostri tratti unici o rivendicarli con uno scopo rinnovato. In mezzo al ronzio silenzioso dei data center e alla cadenza incessante dei processi guidati dalle macchine, la chiamata a preservare la nostra intuizione creativa e la nostra intuizione empatica diventa sempre più urgente.

Per coloro tra noi che trovano conforto nell'imprevedibile, che prosperano nella bellezza disordinata della creatività umana, la sfida è chiara: adattarsi con l'innovazione salvaguardando le qualità che ci rendono veramente vivi. Che si tratti di ripensare le nostre traiettorie di carriera, di forgiare nuove alleanze o semplicemente di crogiolarci nell'arte della conversazione senza filtri, il nostro compito è garantire che gli algoritmi, per quanto precisi, non estinguano mai il polso dell'ingegno umano.

In ultima analisi, la narrazione delle imprese guidate dall'intelligenza artificiale non riguarda solo la sostituzione senza soluzione di continuità dei ruoli tradizionali, ma è una saga in evoluzione di trasformazione e riscoperta. Mentre ripercorro il mio viaggio dai tropici assolati della mia giovinezza alle sacre sale delle istituzioni europee d'élite e agli incessanti corridoi dell'innovazione aziendale moderna, vedo un riflesso della nostra ricerca collettiva: una sfida per ridefinire il successo, onorare la creatività e riaffermare il valore insostituibile del tocco umano. La marcia incessante della tecnologia può tracciare una nuova rotta per l'industria e il processo decisionale, ma la vera bussola che ci guida rimane lo spirito indomito che non può essere distillato in semplici linee di codice.

Benvenuti a questo coraggioso capitolo della nostra narrazione collettiva: un punto di svolta in cui efficienza e ingegnosità si scontrano, in cui ogni byte di dati porta con sé echi di esperienza umana e in cui la sfida rimane: sfruttare la promessa dell'innovazione senza sacrificare il battito cardiaco della nostra comune umanità.

Capitolo 3: Lavoro robotico – Gli umani non devono candidarsi

Sono cresciuto godendomi i piaceri semplici del nuoto, delle escursioni e delle partite animate di badminton, hockey e rugby: momenti di gioia cruda e improvvisata che non richiedevano mai un distintivo o un timbro. Anche in quei primi anni, c'era una vena di possibilità che suggeriva che i confini tra svago e lavoro un giorno avrebbero potuto confondersi. Ricordo ancora l'emozione di inserire una cassetta in un computer **BBC Basic** solo per avviare **Defender** , un rituale che, alla tenera età di otto anni, accese il mio fascino per i paesaggi digitali. Quell'universo pixelato non era semplicemente un gioco; era una lezione magistrale involontaria su come la tecnologia potesse ridefinire la nostra esperienza della realtà. All'età di 16 anni mi sono tuffato a capofitto nei videogiochi per computer, e più avanti, tra i venti e i trent'anni, titoli come **Halo** , **Grand Theft Auto** , **Call of Duty** , **Homeworld** e **Deserts of Karak** mi hanno trasportato in mondi che sembravano divertenti quanto un parco giochi, ognuno dei quali offriva un portale verso nuove e vibranti narrazioni e sfide inesplorate.

Quella fusione di esuberanza giovanile e di un'insaziabile curiosità per la tecnologia mi ha infine indirizzato verso l'imprenditorialità, un regno in cui l'immaginazione incontra la grinta. Mi sono guadagnato la reputazione di imprenditore seriale nel settore tecnologico, avendo lanciato oltre 20 aziende lungo il percorso. La mia prima iniziativa, **Digitalfishing** , è stata una modesta consulenza di web design avviata nel 1998 quando avevo circa 26 anni, un esperimento grezzo nel trasformare le idee in creazioni tangibili. Poco dopo, mi sono avventurato nella coltivazione di comunità digitali con **Creatework** , un hub freelance che ho fondato all'inizio del millennio. L'ascesa esplosiva e la successiva implosione dell'era delle dot-com hanno martellato una dura lezione: il tempismo, come il codice, può essere spietatamente spietato. Ogni svolta imprevedibile nel mio percorso personale e professionale ha contribuito alla narrazione che ora condivido, una storia di lavoro che trascende le semplici fabbriche e i cubicoli, abbracciando invece l'audacia dell'ingegno umano e le decisioni coraggiose che ci spingono in avanti.

Ora, mentre affrontiamo questo cambiamento radicale, le nozioni tradizionali di lavoro vengono sconvolte da un'ondata di innovazione che sfida i nostri vecchi schemi. Non molto tempo fa, il " lavoro duro " evocava immagini di lavoratori sudati che sollevavano casse, brandivano martelli o gestivano instancabilmente linee di montaggio, la vera spina dorsale delle economie fiorenti. Oggi, tuttavia, la forza si misura in circuiti e codice, con industrie alimentate da silicio, algoritmi intricati e macchine che non riposano mai. Entra in **un'Amazzonia** compimento centro , e assisterete a una scena che sembra tratta da un techno-thriller: robot eleganti e instancabili sfrecciano in giro con una grazia che rivaleggia con artisti esperti in un balletto ad alto rischio. Non si tratta di reliquie di un racconto di fantascienza del passato; sono meraviglie ingegnerizzate con precisione, realizzate da innovatori come **Kiva Systems** , un nome inciso per sempre nella storia della tecnologia sin dalla sua acquisizione da parte di **Amazon** nel 2012, e perfezionate nell'implacabile crogiolo della **Silicon Valley** .

Ogni articolo è meticolosamente tracciato, ogni pacco misurato con una precisione quasi ossessiva che lascerebbe a bocca aperta anche il contabile più esigente. Immagina una colonia meticolosamente orchestrata in cui il direttore non è un essere vivente ma un insieme di comandi digitali, che coordina una danza così precisa che i passi falsi umani sembrano ridicoli al confronto. Questa non è una mera speculazione o un volo di fantasia; è la cruda realtà che plasma il lavoro moderno . L'evoluzione del lavoro ora ci sfida a ripensare i nostri ruoli e responsabilità, costringendoci a confrontarci con domande sullo scopo, la creatività e il ritmo incessante del progresso tecnologico. In mezzo a questi cambiamenti sismici, il mio viaggio, pieno sia di innovazioni trionfanti che di battute d'arresto umilianti, funge da testimonianza del potere trasformativo di abbracciare il cambiamento, per quanto imprevedibile e impressionante possa essere.

Ricordo un'epoca in cui il tempo libero e i weekend significavano ore infinite a rincorrere un pallone da football in giardino o a perdersi in avventure pixelate su console ingombranti, solo per poi stancarsi naturalmente e addormentarsi. Erano i giorni in cui il sudore e le mani callose erano medaglie d' onore e ogni graffio e livido raccontavano una storia di audacia giovanile. Ora, mentre ripercorro l'arco da quei momenti spensierati agli odierni corridoi iperefficienti delle fabbriche automatizzate, si rivela un'ironia sconcertante: il sudore del lavoro umano sta lentamente venendo sostituito dal lavoro ininterrotto di servocomandi e processori.

Così mi ritrovo a vagare di nuovo lungo il viale dei ricordi pensando che non posso fare a meno di meravigliarmi del salto dalla semplicità dei giochi dell'infanzia a un'epoca in cui ogni compito umano, dall'impilamento di scatole all'assemblaggio di componenti elettronici complessi, è ora orchestrato dalla precisione delle macchine. Questa trasformazione non è un semplice aggiornamento; è una revisione radicale del modo in cui percepiamo lo scopo e il contributo. L'energia frenetica del lavoro tradizionale, un tempo piena di chiacchiere e cameratismo umani, ora cede il passo alla precisione sterile e all'incessante marcia dell'automazione.

Entrare in un appagamento moderno center è come entrare in un'installazione artistica futuristica. Sono finiti i giorni dei muletti goffi e dei lavoratori frettolosi che sfrecciano tra i corridoi; ciò che rimane è un regno in cui i bracci robotici si estendono con un'esattezza quasi inquietante. In queste strutture, **Amazon Robotics** , **Swisslog** e **GreyOrange** hanno ridefinito l'efficienza. Ogni movimento è un ritmo calcolato in una grande sinfonia di algoritmi e sensori. Al posto dell'errore umano, c'è solo l'implacabile precisione dei sistemi automatizzati che tracciano, smistano e confezionano con una fredda consistenza meccanica che è allo stesso tempo ipnotizzante e snervante.

Ricordo la mia prima visita a uno di questi centri , un labirinto tentacolare di nastri trasportatori e appendici metalliche. L'aria era carica di un senso di scopo, ma anche di una malinconia inespressa. Le macchine eseguivano i loro compiti senza esitazione, con ogni movimento coreografato alla perfezione. Fu in quel momento che mi resi conto che l'elemento umano stava lentamente venendo messo da parte. La gioia del cameratismo e la creatività spontanea della risoluzione dei problemi umani venivano messe da parte in favore di efficienza e produzione. Eppure, nonostante la precisione clinica, una parte di me non poteva fare a meno di sentire che qualcosa di profondamente personale stava andando perduto.

Questa marcia verso l'automazione non è nata da un giorno all'altro. Si è evoluta da decenni di sperimentazione e innovazione tecnologica. In vasti capannoni di produzione, dove un tempo regnava sovrano il frastuono aspro dell'assemblaggio manuale, titani come **Tesla** hanno abbracciato l'implacabile potere della robotica. Le loro gigafabbriche, monumenti all'industria moderna, ora dispongono di bracci robotici di pilastri dell'industria come **KUKA** e **ABB** . Queste macchine saldano, verniciano e assemblano parti con la grazia di un balletto ben provato, lasciando poco spazio agli errori sfumati del tocco umano. È qui che la visione dell'efficienza, un tempo un semplice barlume negli occhi degli inventori, si è trasformata in una realtà innegabile, spingendo la produzione a livelli inimmaginabili nell'era della produzione guidata dall'uomo.

Tuttavia, questa non è solo una narrazione americana. La rivoluzione ha diffuso le sue radici in tutti i continenti. Viaggiando verso est, sono rimasto colpito dalla delicata interazione tra tradizione e tecnologia che definisce i paesaggi produttivi di Giappone, Corea del Sud e Cina. In Giappone, un paese venerato per la sua abilità tecnologica, nomi familiari come **Honda** e **Sony** sono da tempo sinonimo di innovazione. Ma oltre a quelli familiari, aziende come **Mitsubishi Electric** , **Kawasaki Robotics** ed **Epson** stanno silenziosamente trasformando le fabbriche in centri di precisione e velocità. Camminando attraverso uno stabilimento di produzione a Tokyo, ho visto come gli ingegneri di **Fanuc** e **Yaskawa** hanno dimostrato sistemi che riducono i tempi di inattività quasi della metà, grazie all'intelligenza adattiva e al monitoraggio dei dati in tempo reale. I loro sforzi non riguardano solo la riduzione dei costi; riguardano la ridefinizione della natura stessa del lavoro e della produttività.

In Corea del Sud, la narrazione è altrettanto avvincente. La rapida adozione di tecnologie di automazione è guidata da aziende come **Hyundai Robotics** e **Doosan** , che hanno sviluppato robot collaborativi, affettuosamente noti come cobot, che lavorano senza soluzione di continuità insieme agli operatori umani. Queste macchine sono progettate per aumentare piuttosto che sostituire lo sforzo umano, ma il confine tra aumento e sostituzione vera e propria è sempre più sfumato. Nel frattempo, la spinta aggressiva della Cina nell'ambito dell'iniziativa "Made in China 2025" ha visto colossi industriali come **Siasun** ed **Estun Automation** trasformare interi distretti manifatturieri in ecosistemi altamente digitalizzati. È una dimostrazione mozzafiato di ambizione tecnologica, in cui ogni sensore e attuatore svolge un ruolo in una vasta rete di produzione interconnessa.

Anche se l'automazione ridefinisce i settori, diffonde la sua influenza in spazi quotidiani che un tempo erano distintamente umani. Considerate l'esperienza di fermarsi a un drive-thru di un fast food che non presenta più un volto sorridente dietro il bancone. Al suo posto, un chiosco guidato dall'intelligenza artificiale, meticolosamente sviluppato da innovatori tecnologici, prende in carico il processo di ordinazione. In sedi pilota, catene come **McDonald's** hanno sperimentato sistemi drive-thru completamente automatizzati che promettono un servizio più rapido e zero errori di ordinazione. C'è una strana bellezza in questa efficienza meccanizzata, ma ha un costo: la perdita dei piccoli momenti umani che un tempo rendevano queste interazioni calde e genuine.

Qualche anno fa, mi sono imbattuto in uno di questi locali, curioso di assistere in prima persona a questo coraggioso nuovo approccio. Ho ordinato un pasto e ho guardato uno schermo digitale elaborare la mia richiesta con una velocità e una precisione che non lasciavano spazio all'ambiguità. Eppure, mentre ero seduto ad aspettare il mio ordine, non ho potuto fare a meno di provare un pizzico di nostalgia per i giorni in cui una chiacchierata veloce con un cameriere amichevole poteva rallegrare un pomeriggio altrimenti banale. Parallelamente, il concetto di negozi **Amazon Go** ha ridefinito completamente l'esperienza di acquisto. Questi locali eliminano la tradizionale fila alla cassa, optando invece per un processo fluido e guidato da sensori che addebita automaticamente il tuo account quando esci. È un cambiamento radicale rispetto alle interazioni umane che un tempo scandivano i nostri viaggi di shopping: una trasformazione tanto emozionante quanto inquietante.

Ogni fase di questa saga dell'automazione è intrecciata con una narrazione più profonda e complessa: i confini mutevoli di identità e scopo. Per molti, il lavoro è da tempo più di un mezzo per raggiungere un fine economico. È stato una pietra angolare dell'identità personale, una fonte di orgoglio e un collante della comunità che unisce gli individui attraverso esperienze condivise. Il rapido spostamento dei ruoli tradizionali ha innescato una crisi che va oltre l'instabilità finanziaria. Mette in discussione la nozione stessa di cosa significhi contribuire e trovare realizzazione nella vita. Nelle città frenetiche e nelle cittadine tranquille, la scomparsa di ruoli familiari, dagli operai di fabbrica ai cassieri al dettaglio, solleva scomode domande sull'autostima e l'appartenenza.

Una volta mi sono seduto con un ex supervisore di magazzino a Osaka, una città nota per la sua perfetta combinazione di antiche tradizioni e innovazione all'avanguardia. Mentre sorseggiavamo fumanti ciotole di ramen in un modesto ristorante nascosto dal riverbero dei neon, mi ha raccontato i decenni trascorsi a perfezionare la sua arte nella logistica. Con silenzioso orgoglio, ha descritto le routine meticolose e la comunità unita che avevano definito la sua carriera. Ma mentre descriveva nei dettagli l'arrivo dei sistemi automatizzati, la sua voce si è fatta malinconica. "Dopo anni di duro lavoro, mi sono improvvisamente trovato obsoleto", ha ammesso, con una nota di rassegnazione che trafiggeva la conversazione. La sua storia era un microcosmo di un più ampio sconvolgimento sociale, che sta costringendo intere comunità a confrontarsi con la perdita di scopo e la necessità di ridefinire i propri ruoli nella società.

Accademici e decisori politici non sono estranei a questi dibattiti. Nei simposi tenuti presso prestigiose istituzioni come l'ETH di Zurigo e la Tsinghua University , le discussioni hanno assunto un tono urgente. Rinomati economisti e teorici sociali si sono rivolti a idee innovative, tra cui proposte per un reddito di base universale, come potenziale rimedio alla disgregazione provocata dall'automazione. I sostenitori sostengono che uno stipendio garantito potrebbe dare potere a coloro che sono stati sostituiti dai progressi tecnologici per perseguire passioni creative e intellettuali, liberandoli dai vincoli del lavoro monotono . I detrattori, tuttavia, avvertono che tali misure potrebbero portare a una stagnazione culturale, in cui la disciplina dell'occupazione strutturata viene sostituita da un vuoto di mancanza di scopo. Questi dibattiti sottolineano il filo teso su cui cammina ora la società: bilanciare le promesse scintillanti dell'efficienza robotica con il valore intangibile della creatività e della connessione umana.

La narrazione diventa ancora più stratificata se consideriamo i fondamenti filosofici di questa trasformazione. Visionari come **Yuval Noah Harari** hanno messo in guardia sul fatto che lo spostamento di massa della manodopera qualificata potrebbe scatenare disordini sociali ed esacerbare le disuguaglianze. I suoi avvertimenti sono riecheggiati da pensatori come **Jeremy Rifkin** , il cui influente lavoro sulla fine del lavoro tradizionale è diventato una pietra di paragone per i critici del progresso tecnologico incontrollato. Parallelamente, futuristi come **Ray Kurzweil** e **Kevin Kelly** hanno dipinto quadri di un'epoca in cui la convergenza dell'intelletto umano e dell'intelligenza delle macchine potrebbe sbloccare un potenziale creativo inestimabile. Le loro intuizioni, rafforzate da dati empirici ed esempi del mondo reale, ci sfidano a immaginare una società che trascenda le vecchie dicotomie di lavoro e tempo libero. Eppure, per molti, queste promesse sono tanto intangibili quanto allettanti: una visione di liberazione che rimane allettantemente fuori portata.

È in questi momenti di riflessione esistenziale che emerge la richiesta di potenziamento umano. Invece di soccombere alla disperazione, un numero crescente di innovatori sta sostenendo l'idea di fondere l'ingegno umano con la precisione robotica. Nei laboratori e negli incubatori di start-up, dalla **Universal Robots** in Danimarca alle iniziative collaborative in Corea del Sud, gli ingegneri lavorano instancabilmente per sviluppare cobot , macchine progettate per lavorare al fianco delle persone anziché sostituirle. L'obiettivo non è creare una netta divisione tra uomo e macchina, ma forgiare una partnership che sfrutti il meglio di entrambi i mondi. In questo coraggioso esperimento, l'implacabile resistenza della robotica incontra la scintilla spontanea e fantasiosa che definisce la nostra natura. La promessa del potenziamento umano è un invito a reclamare territori perduti di creatività, trasformando compiti ripetitivi in opportunità di innovazione.

Tuttavia, il percorso verso un'integrazione così equilibrata è irto di incertezze. Ho trascorso molte notti a riflettere sugli innumerevoli resoconti e studi che documentano il passaggio dal lavoro manuale a quello automatizzato . Dietro la facciata levigata del progresso tecnologico c'è una realtà cruda e non filtrata, una realtà in cui intere comunità affrontano un futuro di dislocazione economica e frammentazione sociale. In regioni come i centri industriali della **Germania** e **del Giappone** , città un tempo fiorenti portano le cicatrici di una rapida ristrutturazione industriale. Le fabbriche che un tempo ruggivano di energia umana ora sono silenziose, i loro corridoi echeggiano di ricordi di un'epoca passata. L'assenza di chiacchiere umane in questi corridoi vuoti è un duro promemoria del costo personale del progresso.

Camminando attraverso questi spazi industriali abbandonati, potevo quasi sentire i sussurri spettrali dei lavoratori che un tempo trovavano uno scopo tra il clangore del metallo e il ritmo costante dei macchinari. Le loro vite, intrecciate con l'orgoglio dell'artigianato e la dignità del lavoro manuale , sembrano svanire sotto l'implacabile marea dell'efficienza robotica. Questa non è solo una storia di progresso; è una narrazione di perdita , una perdita che riecheggia nelle sale riunioni e nelle sale relax. Lo spirito umano, con tutti i suoi difetti e la sua brillantezza, è ora messo a confronto con la fredda e inflessibile logica degli algoritmi.

Mentre interi settori subiscono questo cambiamento sismico, alcuni settori stanno iniziando a esplorare cosa verrà dopo. Si consideri l'ascesa di modelli di servizio che si basano su analisi dei dati, risoluzione creativa dei problemi e interazione umana sfumata, aree in cui l'automazione fatica a replicare le sottigliezze dell'emozione e dell'empatia. Sulla scia del lavoro meccanizzato , stanno emergendo nuove carriere in campi che richiedono competenze unicamente umane: ruoli in strategia creativa, assistenza interpersonale e pensiero critico stanno guadagnando terreno. Qui, l'ironia è palpabile: mentre le macchine potrebbero gestire il banale e il ripetitivo, ci si aspetta sempre di più che la mente umana generi idee che nessun algoritmo può prevedere. Tuttavia, questa evoluzione porta con sé una serie di sfide, poiché gli individui sono costretti a reinventarsi continuamente, abbandonando competenze obsolete e abbracciando l'apprendimento permanente in un ambiente in cui le regole di ingaggio vengono costantemente riscritte.

Mi ritrovo a contemplare queste trasformazioni in momenti di quieta introspezione. Le notti sono lunghe e piene di un interrogativo inquieto sul nostro destino collettivo. Come possiamo, come specie, ricalibrare il nostro senso di valore quando l'atto stesso del lavoro non è più una fonte affidabile di identità? Le risposte non sono scolpite nella pietra; emergono attraverso le prove e gli errori di una società intrappolata nel mezzo di una radicale ridefinizione. Nelle conversazioni con ex commercianti, imprenditori e accademici, emerge un sentimento comune: la necessità di una narrazione rinnovata, che celebri la creatività umana e la resilienza emotiva rispetto alle semplici metriche di produttività. È una narrazione che riconosce l'importanza di creare connessioni, coltivare passioni e trovare soddisfazione in attività che si estendono oltre i confini di una descrizione di lavoro convenzionale.

Ricordo un vivace dibattito in un forum internazionale ospitato a **Singapore** , un crogiolo di idee in cui leader di pensiero, tecnologi e sostenitori del lavoro si sono riuniti per discutere dei cambiamenti sismici in atto.
L'atmosfera era carica di un mix di eccitazione e ansia. Un partecipante, un economista esperto **dell'ETH di Zurigo** , ha sostenuto che la spinta incessante verso l'automazione potrebbe essere sfruttata per scatenare una rinascita dell'innovazione umana. Eppure, anche mentre esaltava le virtù di una società liberata e creativa, i suoi occhi tradivano la paura di una perdita irreparabile: la scomparsa di un'etica del lavoro collettiva che aveva a lungo definito le comunità e instillato un senso di scopo. Le sue parole aleggiavano nell'aria come un ritornello ossessionante, un promemoria che la marcia del progresso, sebbene inevitabile, richiede un prezzo che tutti dobbiamo essere disposti a pagare.

In mezzo a questi dibattiti di alto livello, le implicazioni pratiche dell'automazione continuano a ripercuotersi sulla nostra vita quotidiana. Nel silenzioso ronzio di una fabbrica moderna, dove ogni componente è posizionato da una macchina, si cela una corrente sotterranea di incertezza esistenziale. Ho visto in prima persona le scintillanti linee di produzione degli stabilimenti **Hyundai Robotics e Doosan in Corea del Sud** , dove l'integrazione dei cobot ha rivoluzionato i tradizionali processi di assemblaggio. I lavoratori che un tempo lavoravano instancabilmente ora si ritrovano relegati a ruoli di supervisione, la loro competenza messa da parte dall'implacabile precisione delle controparti robotiche. Questa svolta tecnologica ci costringe a confrontarci con una scomoda realtà: il progresso spesso avanza, indipendentemente dal costo umano che lascia sulla sua scia.

Eppure, nel mezzo di questa marcia incessante, persistono barlumi di speranza. La convergenza dell'ingegno umano e delle abilità robotiche sta lentamente dando origine a ciò che alcuni hanno definito "modelli di lavoro ibridi". In questi modelli, l'obiettivo non è creare una dicotomia tra uomo e macchina, ma piuttosto fondere i loro punti di forza in un insieme coeso. Nei centri di innovazione che vanno dalla **Silicon Valley** a **Seul** , team interdisciplinari stanno sperimentando modi per sfruttare l'intelligenza artificiale per risolvere i problemi in modo creativo, sfruttando allo stesso tempo le intuizioni intuitive dei collaboratori umani. È una danza delicata, che richiede umiltà, flessibilità e, soprattutto, un impegno incrollabile nel reimmaginare cosa può essere il lavoro quando i vecchi paradigmi non hanno più il sopravvento.

Per coloro che sono intrappolati nel mezzo di questa trasformazione, la sfida è tanto esaltante quanto scoraggiante. Ogni nuova svolta tecnologica è un'arma a doppio taglio: da un lato, c'è la promessa di liberazione da compiti banali; dall'altro, la cruda realtà dell'obsolescenza e dello spostamento. Nelle conversazioni personali con lavoratori disoccupati e imprenditori che corrono rischi, emerge un tema ricorrente: una determinazione condivisa a trovare un significato in un panorama in rapida evoluzione. È questo spirito di reinvenzione, questo rifiuto ostinato di essere definiti esclusivamente da obsolete misure di produttività, che offre un barlume di conforto in mezzo al caos.

Mi ritrovo spesso a riflettere sul paradosso al centro della nostra attuale situazione difficile. Gli stessi strumenti progettati per liberarci dalla noiosa routine ripetitiva stanno simultaneamente spogliandoci di un elemento fondamentale della nostra identità. L'atto del lavoro , un tempo sinonimo di scopo e orgoglio, viene riconfigurato in una serie di compiti discreti, gestiti algoritmicamente. Eppure, in questa disintegrazione si nasconde l'opportunità per qualcosa di completamente nuovo: una possibilità di riscoprire la gioia grezza e incontaminata della creatività, di perseguire passioni che sono state a lungo soffocate dalle esigenze dell'occupazione convenzionale.

Nelle fumose retrobotteghe (vorrei proprio scrivere bacon affumicato, haha, yumm, dove eravamo rimasti oh sì) delle riunioni strategiche e nei corridoi affollati delle esposizioni tecnologiche, la conversazione sta cambiando. La narrazione non riguarda più solo guadagni di produttività e margini di profitto. Sempre più spesso, riguarda la capacità umana di adattarsi, di reinventarsi di fronte a un cambiamento travolgente. I pionieri di questa trasformazione, visionari e pragmatici, non si accontentano di accettare semplicemente lo status quo. Stanno attivamente tracciando una rotta verso un paradigma che privilegia l'ingegno, l'intelligenza emotiva e la collaborazione rispetto alla marcia incessante dell'efficienza meccanizzata.

Ho sentito parlare di una conversazione particolarmente suggestiva con un giovane imprenditore di **San Francisco** che un tempo aveva lavorato come responsabile di linea di fabbrica prima di avventurarsi nella scena delle start-up tecnologiche. Mi ha confidato che, dopo decenni passati a guardare i suoi colleghi diventare ridondanti mentre le macchine prendevano il sopravvento, aveva scoperto una passione nascosta per l'arte e il design , una passione che era rimasta dormiente sotto anni di routine. La sua storia mi ha colpito, non come un incidente isolato, ma come simbolo di un risveglio più ampio. Ecco un uomo che, di fronte alla cruda realtà dello spostamento, ha scelto invece di esplorare i territori inesplorati della sua creatività. Il suo viaggio è stato una testimonianza dello spirito umano duraturo, uno spirito che rifiuta di essere incatenato dalle circostanze e trova invece conforto nella trasformazione.

In tutti i continenti e le culture, l'impatto di questa rivoluzione robotica si sta dispiegando in innumerevoli modi. Nei centri urbani frenetici e nelle tranquille enclave rurali, le comunità si stanno confrontando con le stesse domande fondamentali. Come ridefiniamo il contributo quando il lavoro fisico non è più la misura primaria del valore? Come manteniamo un senso di dignità e connessione quando i sistemi automatizzati erodono gradualmente le interazioni tattili e umane che un tempo sostenevano il nostro tessuto sociale? Queste non sono riflessioni astratte; sono preoccupazioni urgenti e pratiche che vengono dibattute nelle sale riunioni, nelle sale governative e nelle intime cene di famiglia.

La narrazione che emerge da **Tokyo** , **Seul** e **Pechino** è di cauto ottimismo misto a palpabile apprensione. In strutture di ricerca ad alta tecnologia e linee di produzione frenetiche, gli esperti stanno lavorando per perfezionare e raffinare sistemi che promettono livelli di efficienza senza precedenti. Tuttavia, mentre spingono i confini di ciò che è possibile, c'è una crescente consapevolezza delle conseguenze indesiderate. I lavoratori che un tempo erano orgogliosi della loro abilità ora lottano per trovare il loro posto in un sistema che valorizza velocità e precisione sopra ogni altra cosa. È una trasformazione che costringe a fare i conti con convinzioni radicate su lavoro, valore e identità , una resa dei conti tanto impegnativa quanto necessaria.

E così, mentre sono qui seduto a comporre questi pensieri, il ronzio delle macchine in lontananza funge da promemoria costante che il cambiamento non è più una possibilità lontana, è la nostra realtà quotidiana. Il panorama del lavoro viene ridisegnato dalle mani ferme dell'automazione, da sistemi progettati per eliminare l'errore umano e massimizzare la produzione. Sulla sua scia, persiste un profondo senso sia di perdita che di possibilità. La sfida è quella di sfruttare gli innegabili vantaggi di questa ondata tecnologica senza sacrificare le qualità creative, disordinate e intrinsecamente umane che ci hanno definito per secoli.

Gli anni a venire promettono di essere un periodo di profonda trasformazione, caratterizzato sia da trionfi rivoluzionari che da battute d'arresto impreviste. Mentre le industrie di tutto il mondo ricalibrano i loro processi per accogliere questi progressi, siamo lasciati a riflettere sul nostro posto in questa equazione in evoluzione. Ci ritireremo in un'accettazione passiva della routine meccanizzata o coglieremo l'opportunità di riforgiare le nostre identità e ridefinire cosa significa essere produttivi? Non esiste una risposta semplice, nessuna soluzione ben confezionata. Ciò che resta chiaro, tuttavia, è che le scelte che faremo nei giorni a venire risuoneranno ben oltre i confini di una singola fabbrica o ufficio. Modelleranno non solo le nostre economie, ma anche il tessuto stesso delle nostre comunità e il nucleo delle nostre identità individuali.

In quei momenti di quiete tra lavoro e riflessione, quando il tenue chiarore di un monitor sostituisce i colori vivaci di un tramonto, trovo conforto nella consapevolezza che la creatività umana non si estingue facilmente. Anche se gli algoritmi dettano il ritmo della produzione, la scintilla dell'innovazione continua a tremolare in ogni mente che osa sognare qualcosa che vada oltre la cadenza prevedibile dell'automazione. È una scintilla che si rifiuta di essere soffocata, persino dal ronzio incessante delle macchine, una scintilla che alimenta l'arte, la scienza e l'eterna ricerca di significato. Quindi eccoci qui, sulla soglia di una nuova era che sfida la saggezza convenzionale e sfida le norme consolidate. Le macchine hanno preso il sopravvento su compiti che un tempo definivano i ritmi delle nostre vite, lasciandoci una tabula rasa su cui scrivere il prossimo capitolo della nostra esistenza. Questo non è un lamento per ciò che è andato perduto, ma piuttosto un invito a esplorare i vasti territori inesplorati della creatività e dello scopo. È un invito all'azione, un appello a reclamare la narrazione delle nostre vite e a trovare la bellezza negli spazi lasciati dalle routine in via di scomparsa.

In questo dramma in divenire di progresso e spostamento, ogni individuo è sia attore che spettatore.

La storia dei nostri tempi viene scritta in tempo reale, un movimento robotico e una decisione umana alla volta. C'è un'ironia intrinseca nell'idea che le stesse tecnologie progettate per liberarci dalle catene del lavoro ripetitivo possano anche costringerci a confrontarci con le domande più profonde su chi siamo e cosa apprezziamo veramente. E mentre scrivo questi pensieri, mi viene ricordato che ogni epoca di cambiamento porta con sé una certa dose di caos , una turbolenza necessaria che, se gestita con cura, può portare a una rinascita dello spirito umano e della creatività.

Mentre giri queste pagine, caro lettore, lasciati travolgere dalla narrazione. Abbraccia il disagio dell'incertezza, perché è in quell'incertezza che vengono seminati i semi dei nuovi inizi. Lascia che le storie di fabbriche automatizzate, chioschi digitali e spazi commerciali silenziosi non siano presagi di un declino inevitabile, ma segnali che ci guidano verso inesplorati orizzonti di possibilità. Le sfide che affrontiamo sono tanto reali quanto complesse, eppure la capacità umana di adattamento e reinvenzione è sconfinata. Potremmo scoprire che i nostri più grandi contributi non risiedono nei compiti ripetitivi di una volta, ma nell'energia creativa e sfrenata che emerge quando siamo liberi di perseguire le nostre passioni senza vincoli.

In conclusione, la narrazione dell'automazione non è semplicemente una cronaca del progresso tecnologico, è uno specchio che riflette le nostre aspirazioni collettive, le nostre paure e la ricerca duratura di un significato. Mentre le macchine continuano a farsi carico del peso del lavoro manuale e della precisione, ci ritroviamo con il compito di reimmaginare una vita ricca di attività creative, interazioni significative e l'inflessibile desiderio di lasciare un segno nell'arazzo del tempo. Il viaggio che ci attende è ancora da scrivere, i suoi capitoli attendono di essere riempiti da coloro che sono abbastanza coraggiosi da ridefinire la propria esistenza in un paesaggio rimodellato dall'incessante spinta all'efficienza.

Che questo sia un invito, un grido di battaglia per tutti coloro che hanno mai messo in discussione lo status quo, che hanno mai osato sognare oltre i confini della routine. L'era del lavoro robotico non è una fine, ma un inizio. È una sfida a sfruttare la tecnologia non come un padrone, ma come uno strumento per elevare il nostro potenziale umano. In ogni gesto automatizzato e in ogni calcolo digitale, c'è un'opportunità per noi di forgiare un nuovo percorso , uno che celebra l'ingegno, la resilienza e la bellezza grezza e imprevedibile della creatività umana.

Quindi, fai un respiro profondo e unisciti a me in questo viaggio di esplorazione e reinvenzione. Mentre navighiamo nel labirinto delle linee di produzione automatizzate, dei silenziosi corridoi di vendita al dettaglio e delle toccanti storie di coloro che sono stati lasciati indietro dal progresso tecnologico, ricordiamoci che ogni fine è solo il preludio a un nuovo inizio. Le macchine possono aver reclamato i compiti ripetitivi, ma la chiamata a creare, a innovare e a ridefinire il nostro posto nel cosmo rimane solo nostra. In questa continua saga di progresso e trasformazione, l'unica costante è la nostra incrollabile determinazione ad adattarci, a trovare gioia nell'imprevisto e a ritagliarci un futuro che rifletta la forza indomabile dello spirito umano.

Abbraccia la sfida, sfrutta la tua creatività e sappi che anche se gli ingranaggi dell'automazione girano inesorabilmente, il potere di plasmare il nostro destino resta saldamente nelle nostre mani. Benvenuti a questo coraggioso nuovo capitolo: una narrazione di cambiamento, perdita e, in definitiva, rinascita. Le scelte che farai nei giorni a venire non solo ridefiniranno il tuo modo di lavorare, ma anche il modo in cui vivi, ti colleghi e crei significato. Questo è il nostro momento per reinventarci, per elevarci al di sopra della sterile precisione delle macchine e per celebrare l'arazzo disordinato, brillante e imprevedibile dell'esistenza umana.

In questi tempi incerti, lasciati ispirare dal ritmo dell'innovazione. Stai dritto tra il ronzio dei bracci robotici e il silenzioso ronzio dei processi digitali, e ricorda che ogni grande storia è scritta da coloro che osano sfidare la norma. Mentre viaggi attraverso le pagine che ti aspettano, che tu possa trovare non disperazione nella perdita dei ruoli tradizionali, ma speranza nell'infinita capacità di reinvenzione che risiede in ognuno di noi.

Questa è più di una cronaca del lavoro robotico : è una testimonianza della nostra resilienza, una narrazione che celebra l'energia grezza dell'ambizione umana sullo sfondo di un inarrestabile progresso tecnologico. E mentre chiudi queste pagine, lascia che gli echi di questa trasformazione indugino nella tua mente, spingendoti a ridefinire il tuo contributo a un mondo che sta rapidamente perdendo la sua vecchia pelle. Le macchine stanno prendendo il sopravvento su molti compiti, ma la scintilla della creatività, la spinta all'innovazione e la ricerca di significato sono nostre da coltivare e far crescere.

Benvenuti in questa era di trasformazione, un momento in cui la marcia silenziosa dell'efficienza automatizzata incontra il battito appassionato del potenziale umano. Insieme, esploreremo questo territorio inesplorato, forgiando nuovi percorsi che onorano la nostra eredità e abbracciando la promessa di ciò che ci aspetta. La narrazione si sta ancora svolgendo e ogni passo che fai è una dichiarazione che l'essenza della creatività e della connessione non potrà mai essere completamente sostituita da circuiti freddi e precisione algoritmica.

Mentre leggi queste parole, lascia che l'interazione di possibilità passate, presenti ed emergenti ispiri una visione rinnovata per la tua vita. Lascia che questo sia un appello alle armi, un momento per celebrare la straordinaria capacità di reinvenzione che ci definisce. In un panorama ridefinito dalla precisione automatizzata, la tua scintilla unica di creatività rimane il faro che ci guiderà tutti attraverso la turbolenza del cambiamento. Il viaggio è tuo da scrivere : vivido, incerto e innegabilmente umano.

E così, mentre il polso digitale del progresso continua il suo ritmo incessante, vi invito ad accettare la sfida con occhi aperti e cuore impavido. Entrate in questa narrazione di trasformazione, dove ogni momento è un'opportunità per ridefinire il vostro contributo, ogni battuta d'arresto una lezione di resilienza e ogni trionfo una testimonianza del potere duraturo della creatività umana. I robot possono gestire il sollevamento pesante, ma sono la nostra passione, la nostra ingegnosità e la nostra spinta a connetterci che alla fine plasmeranno la storia delle nostre vite.

Questa non è solo una cronaca dell'efficienza meccanizzata, ma una celebrazione del potenziale illimitato che emerge quando osiamo guardare oltre i confini del lavoro tradizionale . Mentre il ronzio delle macchine e il silenzioso pulsare dell'innovazione si fondono in un nuovo ritmo dell'esistenza, abbracciamo la sfida di riscrivere il nostro destino. Nel farlo, onoriamo il passato mentre ci addentriamo coraggiosamente nell'ignoto, pronti a forgiare un futuro definito non da ciò che abbiamo perso, ma dalla straordinaria promessa di ciò che dobbiamo ancora creare.

Benvenuti a questa saga in divenire, una narrazione di reinvenzione, resilienza e incessante ricerca di significato. Il vostro ruolo in questa trasformazione non è predeterminato dal silicio o dall'acciaio, ma dal vibrante e mutevole arazzo della vostra creatività. Il viaggio che vi attende è tanto imprevedibile quanto esaltante, e spetta a voi plasmarlo con ogni passo audace che fate.

Lì, mentre gli accordi finali di questa narrazione svaniscono sullo sfondo, possa tu portare avanti l'innegabile verità che la nostra capacità di adattarci e innovare rimane la nostra risorsa più preziosa. La rivoluzione robotica può aver alterato la meccanica del lavoro , ma ha anche aperto la porta a un'esplorazione più ricca e più ampia di cosa significhi essere veramente vivi. Lascia che questo sia il ritornello duraturo: un invito ad abbracciare non solo la comodità dell'automazione, ma anche la creatività sconfinata e lo spirito resiliente che sono unicamente nostri.

Ora, fai un respiro profondo e fai un passo avanti nel prossimo capitolo della tua storia. Le pagine che seguono attendono il tuo contributo unico, una storia che aggiungerà le sue tonalità vibranti a questo mosaico in continua evoluzione dell'ingegno umano. La scelta è tua: essere definito dall'eredità di vecchie routine o osare creare qualcosa di straordinario dalla materia prima della possibilità. Nei momenti di silenzio tra le attività automatizzate, negli spazi in cui persistono la risata e la creatività umana, giace un mondo in attesa di essere rifatto, un mondo in cui ogni atto di reinvenzione diventa una testimonianza del nostro incrollabile desiderio di prosperare.

Benvenuti nella nuova era del lavoro, una narrazione scritta non solo dalle macchine, ma dall'instancabile spirito di innovazione umana. Abbracciate questo viaggio con tutte le sue sfide e opportunità, e sappiate che ogni passo che fate è una dichiarazione che non importa quanto sia avanzata la tecnologia, il cuore del progresso batte nel polso della nostra umanità condivisa.

E così la nostra esplorazione continua, una narrazione tortuosa che cattura la tensione tra la logica implacabile delle macchine e la scintilla imprevedibile della mente umana. Ogni pagina di questa storia in divenire è un invito all'azione, che ti spinge a ridefinire cosa significa contribuire, connettersi e creare. Le scelte fatte in questi momenti di trasformazione riecheggeranno attraverso le generazioni, plasmando non solo i nostri luoghi di lavoro, ma il tessuto stesso delle nostre vite.

Questa è la nostra storia: una storia di perdita, di rinnovamento e, in ultima analisi, della straordinaria capacità di reinventare noi stessi anche quando ciò che è familiare crolla. Il viaggio è lungo e pieno di incertezze, ma è anche pieno di promesse. È una storia che, nonostante la marcia fredda e precisa dei sistemi automatizzati, rimane fondamentalmente incentrata sul calore della passione umana e sull'incessante spinta a trasformare le nostre sfide in opportunità.

Quindi, caro lettore, lascia che questa narrazione serva sia da specchio che da faro. Mentre chiudi queste pagine e torni alla tua vita quotidiana, ricorda che ogni momento è un'opportunità per infondere nell'ordinario una scintilla di straordinaria creatività. Le macchine possono aver preso il sopravvento sui compiti ripetitivi, ma non potranno mai catturare la brillantezza caotica di un cuore umano determinato a trovare un significato in ogni respiro, ogni sguardo, ogni momento di resistenza contro la marea dell'automazione.

Benvenuti a questa grande avventura, un viaggio in cui la tecnologia non è il nemico, ma il palcoscenico su cui il dramma della vita umana si dispiega in tutta la sua caotica, meravigliosa complessità. La storia è vostra da scrivere e le possibilità sono sconfinate come la vostra immaginazione.

Nel formulare queste parole, vi invito a vedere che l'era del lavoro meccanizzato non è un canto funebre per ciò che eravamo una volta, ma un appello squillante per ciò che possiamo diventare. La narrazione dell'automazione e dello spostamento non è scritta nella pietra; è un invito aperto a ridefinire, reinventare e, in ultima analisi, riscoprire il potenziale illimitato che è dentro ognuno di noi. Mentre portate avanti queste idee, possiate trovare coraggio nell'incertezza, bellezza nella rottura e un rinnovato senso di scopo nella danza in continua evoluzione del progresso.

Il viaggio che ci attende è lungo e le domande sono tante, ma sappiate questo: ogni macchina, ogni algoritmo, ogni processo automatizzato ci ricorda che il **vero potere non risiede nei circuiti o nel codice, ma nello spirito indomito che osa sognare, innovare e vivere appieno** . E così, con ogni giorno che passa, mentre i bracci robotici tracciano i loro archi precisi e gli schermi digitali brillano con calcolata efficienza, restiamo uniti nella nostra determinazione condivisa a trasformare la disruption in una tela di nuovi inizi.

Una storia di tecnologia, di umanità e dello straordinario potenziale che emerge quando scegliamo di vedere l'opportunità nel mezzo di un sconvolgimento. Il percorso può essere incerto, ma è nostro compito tracciarlo. Abbraccia la sfida, sfrutta la tua creatività e fai un passo coraggioso verso un domani che attende la tua impronta unica.

Il tuo viaggio inizia ora.

Capitolo 4: L'apocalisse lavorativa guidata dall'intelligenza artificiale

Non avrei mai immaginato che la routine quotidiana dietro una scrivania potesse improvvisamente sembrare obsoleta come una carrozza trainata da cavalli su un'autostrada moderna. Eppure, eccoci qui, immersi in un'epoca in cui tutto ciò che una volta davo per scontato viene rifatto da una forza implacabile: la tecnologia. La trasformazione non è sottile; è cruda come l'album di debutto di una band punk, che sfida audacemente le stesse convinzioni a cui ci aggrappavamo sul lavoro, la creatività e lo spirito umano.

Sono sicuro che puoi ricordare i giorni in cui l'idea di una macchina che redigeva memorie legali o diagnosticava malattie pericolose per la vita era materia per storie da falò o per le fantasie sfrenate degli scrittori di fantascienza. Fu solo con la rapida evoluzione dell'intelligenza artificiale e della robotica che travolse ogni settore immaginabile che quelle idee stravaganti iniziarono a materializzarsi davanti ai nostri occhi. La narrazione del progresso si è trasformata in un inseguimento ad alta velocità, in cui ogni svolta ridefinisce cosa significa trascorrere le nostre ore di veglia alla ricerca del successo, o almeno della sopravvivenza.

Tutto è iniziato in modo sottile, quasi impercettibile. Gli uffici che un tempo ronzavano con il rumore delle tastiere e il basso ronzio di riunioni infinite ora riecheggiano con l'efficienza silenziosa delle macchine. C'è una crescente, inquietante fiducia negli algoritmi che ora redigono contratti, diagnosticano malattie complesse e persino producono articoli di calibro da premio . Questi sistemi, che operano con instancabile precisione ed efficienza dei costi, non sono più semplici assistenti. Sono diventati la spina dorsale di intere operazioni, spostando responsabilità un tempo tenute care dagli esperti umani a fredde, infallibili linee di codice.

Prendiamo in considerazione la professione legale, un regno un tempo venerato per la sua sottile arte della persuasione e l'attenta interpretazione di testi secolari.

Per generazioni, la pratica legale è stata vista come l'apice dell'intelletto umano, un mestiere in cui ogni sfumatura era fondamentale. Poi è arrivata la rivoluzione: sono emersi sistemi come **ROSS Intelligence** , che sfruttavano framework avanzati di apprendimento automatico per setacciare vasti archivi digitali, individuare precedenti di casi e redigere memorie legali più velocemente di quanto qualsiasi paralegale umano avrebbe mai potuto sognare. Inizialmente, molti hanno deriso l'idea: dopotutto, una macchina poteva davvero catturare l'intricata danza del ragionamento legale? Ma quando l'efficienza di questi strumenti è diventata innegabile, gli studi legali nelle capitali finanziarie di tutto il mondo hanno iniziato ad adottarli. Il risultato è stato un cambiamento radicale: l'avvocato tradizionale, armato di anni di istruzione ed esperienza duramente combattuta, si è improvvisamente trovato il suo ruolo sotto assedio da parte di un algoritmo che non si stanca mai, non sbaglia mai e non richiede altro che un flusso costante di dati.

Ma la rivoluzione non si è fermata alla pratica legale. Nei corridoi sterili degli ospedali e nei pronto soccorso affollati, stava accadendo qualcosa di altrettanto straordinario. Uno studio rivoluzionario pubblicato su **The Lancet** dai ricercatori della **Mayo Clinic** ha rivelato che un sistema diagnostico basato sull'intelligenza artificiale poteva rilevare alcuni tumori con una precisione che rivaleggiava , e talvolta persino superava, quella degli oncologi esperti. È stata una rivelazione che ha sfidato decenni di tradizione medica. Durante la crisi sanitaria globale, nazioni come la Corea del Sud hanno rapidamente integrato strumenti diagnostici basati sull'intelligenza artificiale nei loro protocolli, in particolare quando si valutavano le radiografie del torace. I radiologi, un tempo maestri incontrastati dell'imaging, si sono improvvisamente ritrovati relegati a ruoli di supervisione mentre l'intelligenza artificiale accelerava gli esami a un ritmo che lasciava poco spazio all'errore umano.

L'impatto di queste tecnologie va ben oltre ospedali e aule di tribunale. Nel regno dello sviluppo software, i programmatori, quegli alchimisti moderni che trasformano la caffeina in codice, si trovano a un bivio. Con l'avvento di assistenti di programmazione basati sull'intelligenza artificiale come Codex di **OpenAI e Copilot di GitHub** , la natura stessa della programmazione viene riscritta. Immagina uno strumento in grado di generare interi segmenti di codice a comando, con un livello di precisione che lascia poco a desiderare. Nel 2021, un noto analista tecnologico ha paragonato l'esperienza ad avere uno sviluppatore esperto a disposizione 24 ore su 24, 7 giorni su 7, pronto a sfornare codice perfetto in un batter d'occhio. La comodità è innegabile, ma una domanda assillante persiste tra molti nella comunità tecnologica: se le macchine possono superare la creatività umana nella generazione di codice, quale ruolo rimane per la scintilla ingegnosa della mente umana? Si sono accesi dibattiti durante i summit del settore, dagli elettrizzanti incontri degli sviluppatori a Las Vegas ai simposi IEEE di alto profilo a New York, dove la conversazione si è spostata dall'entusiasmo al timore esistenziale, mentre i programmatori si confrontano con la possibilità di essere relegati a supervisori di algoritmi anziché ad architetti dell'innovazione.

Anche il giornalismo, quella nobile arte di scoprire la verità e narrare le complessità dell'esistenza umana, sta subendo un duro colpo. Le redazioni che un tempo erano animate dal fervore del giornalismo investigativo si affidano sempre di più ai sistemi di intelligenza artificiale per sfornare contenuti di routine. Riepiloghi finanziari, resoconti sportivi e persino alcuni pezzi investigativi vengono ora redatti con l'aiuto dell'intelligenza artificiale. Nel 2022, un progetto congiunto tra **la Columbia Journalism School** e un importante istituto di ricerca sull'intelligenza artificiale ha prodotto articoli investigativi che hanno offuscato i confini tra prosa scritta da esseri umani e assemblaggio algoritmico. I lettori si sono meravigliati della coerenza e della chiarezza, ma i critici si sono preoccupati della sottile erosione di ciò che rende umano il giornalismo: la capacità istintiva di percepire le sfumature e la volontà di seguire una storia lungo sentieri oscuri e imprevedibili. La domanda rimane: una macchina può davvero catturare l'arte della narrazione o semplicemente priverà le notizie che consumiamo del calore dell'empatia umana?

Le arti creative, un tempo considerate il parco giochi esclusivo dell'anima umana, non sono state risparmiate. C'è stato un tempo in cui letteratura, musica e arti visive erano viste come santuari dell'espressione, regni in cui l'emozione pura e la scintilla del genio individuale regnavano sovrani. Ora, persino questi campi sacri sono stati infiltrati da sofisticati modelli linguistici. Prendiamo GPT-3 di **OpenAI** e i suoi successori: questi sistemi possono sfornare saggi, poesie e dibattiti filosofici simulati che rispecchiano le riflessioni di celebri intellettuali. In un simposio creativo a Berlino, un rappresentante di un importante istituto di ricerca sull'intelligenza artificiale ha svelato una raccolta di racconti brevi generati interamente da uno di questi modelli. Le narrazioni hanno evocato echi di giganti della letteratura come Hemingway, Rowling e Orwell, lasciando il pubblico sia stupito che turbato dalla consapevolezza che l'essenza stessa della creatività potrebbe non appartenere più esclusivamente alle mani umane.

Il graphic design, un campo che coniuga abilità tecnica e visione artistica, ha subito una trasformazione che sembra quasi surreale. Modelli avanzati di reti neurali, rappresentati da strumenti come **DALL-E** e **Midjourney** , possono produrre immagini sorprendenti in pochi secondi. Ricordo lo shock che ha attraversato il mondo dell'arte quando un dipinto generato dall'intelligenza artificiale ha raggiunto una cifra record in un'asta prestigiosa. La vendita ha costretto a rivalutare la nozione di originalità e creatività. Allo stesso modo, nel regno della musica, gli algoritmi stanno componendo sinfonie, successi pop e paesaggi sonori d'avanguardia che sfidano le definizioni convenzionali di arte. Al **Berklee College of Music** , gli insegnanti hanno lottato con le implicazioni dell'integrazione di questi compositori digitali nei loro programmi di studio. Questi strumenti sono una vera estensione della creatività umana o stanno semplicemente annunciando la fine del laborioso processo di composizione guidato dall'uomo?

Poi c'è la gerarchia aziendale, dove il mito del leader carismatico e visionario viene sistematicamente smantellato. L'archetipo del CEO: personaggi come **Steve Jobs** sono da tempo il simbolo della genialità umana e dell'intuizione strategica. Eppure, immagina una sala riunioni in cui il leader non è affatto un essere umano carismatico, ma un algoritmo meticolosamente progettato. Nel 2021, un'azienda manifatturiera di medie dimensioni in Germania ha sperimentato un sistema di intelligenza artificiale progettato per gestire tutto, dall'allocazione delle risorse alla pianificazione strategica. Il sistema, sviluppato dagli ingegneri del **Fraunhofer Institute** e perfezionato presso la **Technical University of Munich**, ha ridotto i manager umani a semplici facilitatori tra la logica computazionale grezza e la forza lavoro operativa. In un recente summit sulla leadership ospitato dalla **Wharton School dell'Università della Pennsylvania**, un ex CEO, ora consulente di intelligenza artificiale, ha osservato con schietto candore che i migliori manager umani erano già stati surclassati. "Gli algoritmi non si emozionano", ha affermato. "Non hanno bisogno di una pausa caffè e di certo non prendono giorni di malattia". Le sue parole hanno fatto rabbrividire molti partecipanti, segnando una netta demarcazione tra l'era della gestione guidata dall'uomo e l'incessante marcia della precisione digitale.

Anche il settore finanziario sta assistendo a una revisione inquietante. I giganti degli investimenti come **BlackRock** e **Goldman Sachs** hanno sperimentato a lungo il trading algoritmico, ma la posta in gioco è ora più alta. Alcune aziende stanno testando sistemi di intelligenza artificiale che non si limitano ad analizzare le tendenze di mercato, ma prendono decisioni fondamentali sull'allocazione delle attività e sulla gestione del rischio. Al Global Fintech Summit del 2022 a Londra, un rinomato economista della **London School of Economics** ha previsto coraggiosamente che entro un decennio le decisioni finanziarie strategiche potrebbero essere eseguite interamente da algoritmi. Per coloro che hanno trascorso la vita ad affinare il proprio giudizio attraverso anni di esperienza, questa prognosi è tanto allarmante quanto affascinante. L'idea che un calcolo freddo possa sostituire il processo istintivo, a volte disordinato, del processo decisionale umano sfida tutto ciò in cui credevamo sul valore delle nostre esperienze e sulla nostra capacità di gestire l'incertezza.

Nel commercio al dettaglio e nel servizio clienti, la presenza dell'intelligenza artificiale è tanto pervasiva quanto efficiente. Grandi rivenditori multinazionali negli Stati Uniti hanno iniziato a implementare sistemi che valutano le prestazioni dei dipendenti, generano obiettivi di produttività e persino determinano chi viene promosso. Ricordo di aver ascoltato un dipendente descrivere in un podcast , ospitato da un ex giornalista della NPR, come l'esperienza di essere valutati da una macchina fosse sia disumanizzante che implacabilmente impersonale. L'algoritmo soppesava cifre di vendita, feedback dei clienti e miriadi di parametri di produttività, senza lasciare spazio alle ineffabili qualità del carattere umano. La perdita era palpabile: il calore, il tutoraggio e il legame personale che un tempo definivano le relazioni sul posto di lavoro venivano sistematicamente sostituiti da una sterile efficienza numerica.

Il mio viaggio in questo panorama tecnologico in rapida evoluzione è stato un ottovolante di trionfi e tragedie, punteggiato da momenti di ottimismo sfrenato e disillusione schiacciante. È iniziato con un sogno: una visione audace di rivoluzionare l'informatica portatile. Ho fondato **Incoco** , un'azienda che prometteva di ridefinire il modo in cui interagiamo con la tecnologia in movimento. Appena uscito dall'università, dopo aver progettato un computer portatile come progetto dell'ultimo anno, ero inebriato dalla promessa di innovazione. Credevo di essere sul punto di innescare una trasformazione nel settore. Il fascino era irresistibile: una combinazione di gadget eleganti, idee brillanti e il potenziale grezzo della tecnologia per rimodellare la vita di tutti i giorni.

All'inizio, ho trovato spiriti affini in due figure carismatiche: **Askier** e **Ayaz** . Trasudavano sicurezza e fascino, intrattenendomi con racconti del loro recente trionfo, avendo venduto una società di motori di ricerca per la bella cifra di 2 milioni di sterline. Mi hanno promesso di mettermi in contatto con investitori, dipingendo visioni di milioni di finanziamenti e affari redditizi. Il loro stile di vita era un seducente cocktail di lusso: auto sportive Mercedes e Porsche di lusso, cene nei ristoranti più esclusivi di Londra e un regime quotidiano di champagne rosato che costava la sbalorditiva cifra di 1.000 sterline. Nella mia esuberanza giovanile, sono stato travolto dalla loro narrazione di successo e possibilità. Credevo che il mio percorso fosse destinato alla gloria.

Per mesi, sono stato travolto da un vortice incessante di riunioni. Ho negoziato con alcune delle più grandi aziende produttrici di computer del Regno Unito e ho tenuto delle conference call a tarda notte con ingegneri a Taiwan, tutti dedicati al perfezionamento dei nostri progetti hardware. Ho trascorso innumerevoli notti insonni insieme a **Stuart Bonsell** , un meticoloso progettista 3D del nord di Londra, mentre lavoravamo sulla custodia del nostro intricato dispositivo informatico. Nel frattempo, **Askier** e **Ayaz** erano impegnati a orchestrare riunioni ad alto rischio con banchieri e potenziali investitori, assicurandomi che i fondi erano solo una questione di tempo. Per mantenere a galla l'impresa, mi è stato chiesto di usare le mie carte di credito personali per coprire le spese fino a quando gli investimenti non fossero andati a buon fine. Come ex responsabile dell'e-commerce, non ero estraneo al destreggiarmi tra più carte, ma i costi alle stelle sono presto diventati ingestibili. Una dopo l'altra, le carte hanno raggiunto i loro limiti e gli interessi incessanti, che si aggiravano intorno alle 1.000 sterline al mese, hanno iniziato a pesarmi molto. In un crudele scherzo del destino, le seducenti promesse di un successo glamour si sono sciolte nell'amara realtà del debito e della rovina finanziaria. Alla fine mi sono dimesso da **Incoco** e per i successivi 12 anni mi sono dedicato a ridurre quel debito, ripagando circa £ 1.700 al mese fino a quando non ho finalmente raggiunto l' età di 38 anni. Non è stato il crollo drammatico di una sceneggiatura di Hollywood; è stata una lenta e inesorabile discesa in un pantano fiscale che ha rimodellato la mia comprensione di ambizione e fallimento.

Anche se ero alle prese con le conseguenze di **Incoco** , la vita mi riservava altre lezioni. Il mio capitolo successivo si è svolto alla **Grand Union** , all'epoca la decima agenzia digitale più grande di Londra. In mezzo al caos delle scadenze aziendali e del brainstorming creativo, il destino mi ha fatto conoscere un amico dalla Malesia, **Thomas Khor** , affettuosamente conosciuto come Kong. Mi ha detto che il suo compagno, **Stephen Ong** , stava tenendo una sessione di brainstorming su idee innovative per Internet. La scintilla della curiosità si è riaccesa dentro di me. **Stephen** e io ci conoscevamo da quasi otto anni, i nostri percorsi si erano incrociati durante i miei viaggi a Penang. Non ho resistito all'impulso di unirmi a un'esplosione creativa che prometteva di rimodellare i media digitali. Nel corso di quattro mesi intensi, **Stephen** e io abbiamo collaborato a un elaborato piano aziendale per un'iniziativa di TV via Internet. Quando **Stephen** ha ottenuto i finanziamenti dalla sua rete, valutando il nostro progetto alla sbalorditiva cifra di 2 milioni di sterline, abbiamo osato credere che la nostra scommessa creativa avrebbe potuto effettivamente dare i suoi frutti.

Abbiamo fondato il nostro ufficio in erba con un modesto team di sette persone, mettendo in comune tutte le risorse che avevamo. Ho persino consolidato tutte le mie ferie in un'unica grande pausa, dedicando ogni momento di veglia al successo della nostra iniziativa. L'azienda, **Viewmy.tv** , è nata nel 2006 come piattaforma per i consumatori che consentiva alle persone di guardare la televisione in diretta da tutto il mondo. Con un'interfaccia progettata per la semplicità e l'accesso a oltre 3.500 canali digitali e terrestri, non passò molto tempo prima che la nostra modesta startup attirasse ben 6,5 milioni di visitatori mensili e si creasse un seguito fedele sui social. I riconoscimenti piovevano : **BBC Click** ci ha nominato "Best of Web" nel dicembre 2009 e abbiamo avuto l' onore di presentare un discorso influente sulle tendenze emergenti della TV via Internet a un pubblico di 180 membri dello staff della BBC nel 2007. Nel 2010, abbiamo persino condiviso il palco con i giganti del settore alla conferenza inaugurale sulla TV via Internet in Georgia. Nonostante gli inevitabili alti e bassi, l'esperienza è stata una profonda educazione alla passione, al rischio e alla natura imprevedibile del business guidato dalla tecnologia. Alla fine, mentre la mia vita personale mi portava verso nuovi orizzonti (matrimonio, trasferimento a Singapore), ho preso la straziante decisione di vendere le mie azioni in **Viewmy.tv** nel 2014.

Non essendo uno che si lasciasse scoraggiare in modo permanente dagli insuccessi, ho presto trovato un'altra strada da esplorare. Mentre ero a Singapore con un contratto temporaneo, ho avviato un'impresa durante le mie pause pranzo di un'ora, tentando di concludere accordi con le agenzie pubblicitarie dai comodi confini di un bar locale. All'inizio, l'impresa mi ha fatto perdere soldi, ma nel giro di pochi mesi, quella preziosa pausa si è trasformata in una fonte redditizia di reddito passivo, guadagnando più in un'ora di tutto il mio contratto mensile. Questo capitolo, come tutti gli altri della mia vita, è stato un misto di speranza e difficoltà. Mi ha insegnato che l'innovazione può essere tanto spietata quanto esaltante, capace di lanciarci verso altezze vertiginose in un momento e di farci sprofondare nella disperazione quello dopo.

In tutte queste esperienze turbolente, una verità è diventata inconfutabile: niente è più sacro. L'arte meticolosa dell'argomentazione legale persuasiva, l'intuizione sfumata di un medico esperto, la creatività scrupolosa di uno scrittore affermato : tutti questi attributi umani vengono sfidati senza sosta da una nuova razza di macchine. L'intelligenza artificiale non ha alcun interesse nel tuo MBA, nei tuoi decenni di esperienza duramente conquistata o in quella prestigiosa laurea di un'istituzione della Ivy League. Ciò che richiede sono semplici metriche: punti dati, cifre di efficienza e una riduzione incessante dei costi. Il panorama emergente, un sovvertimento che alcuni hanno tristemente soprannominato Jobpocalypse guidato dall'IA, è qui ora, e sta rimodellando interi settori con una spietatezza che pochi avevano previsto.

Gli esempi più toccanti di questo cambiamento si possono trovare nel regno del lavoro creativo. Il santuario della creatività umana, un tempo ritenuto un baluardo intoccabile di passione ed espressione individuale, è ora sotto assedio da parte degli algoritmi. Prendiamo ad esempio il graphic design. I designer, che hanno trascorso anni a perfezionare la loro arte attraverso l'intuizione e la pratica, ora affrontano la sfida di competere con sistemi come **DALL-E** e **Midjourney** . Questi strumenti possono produrre immagini mozzafiato in un batter d'occhio, un processo che un tempo richiedeva ore, se non giorni, di lavoro scrupoloso. Quando un dipinto generato dall'intelligenza artificiale ha frantumato i dischi in un'asta di lusso, il mondo dell'arte è stato costretto ad affrontare scomode domande sull'originalità e sulla natura stessa del valore creativo. Allo stesso tempo, il mondo della composizione musicale ha assistito a sconvolgimenti simili. Algoritmi avanzati sono ora in grado di comporre sinfonie, tracce pop e paesaggi sonori sperimentali che fondono la teoria musicale classica con la sperimentazione digitale d'avanguardia. Istituzioni come **il Berklee College of Music** stanno lottando con questi cambiamenti, impegnandosi in accesi dibattiti sul fatto che tale tecnologia rappresenti un potenziamento della creatività umana o un'anticipazione della sua graduale obsolescenza.

Anche la sfera aziendale, un tempo dominio governato dall'istinto umano per la leadership e la visione, sta venendo ridisegnata. Per decenni abbiamo idolatrato leader come **Steve Jobs** , **Jeff Bezos** ed **Elon Musk** , icone le cui personalità erano sinonimo di innovazione e ambizione audace. Il loro carisma, la loro spinta instancabile e la loro capacità di pensare fuori dagli schemi erano visti come la prova che l'ingegno umano poteva trionfare su qualsiasi ostacolo, presumibilmente. Ora, tuttavia, alcune sale riunioni stanno testando una nuova idea radicale: sostituire il processo decisionale umano con algoritmi che operano senza fatica, senza pregiudizi e senza distrazioni. In un progetto pilota presso un'azienda manifatturiera in Germania, un sistema di intelligenza artificiale, concepito dalle menti brillanti del **Fraunhofer Institute** e perfezionato presso la **Technical University di Monaco** , si è fatto carico dell'allocazione delle risorse, della programmazione della produzione e persino della pianificazione strategica. In una conferenza di alto profilo organizzata dalla **Wharton School dell'Università della Pennsylvania** , un ex CEO diventato consulente di intelligenza artificiale ha formulato un'osservazione cruda: "Quando si eliminano emozioni, vacanze e pregiudizi, ciò che rimane è pura, incontaminata efficienza". Tali parole hanno suscitato scalpore nel settore, sfidando convinzioni consolidate sulla natura indispensabile della leadership umana.

Nemmeno il settore finanziario è immune. I giganti degli investimenti come **BlackRock** e **Goldman Sachs** hanno da tempo sfruttato gli algoritmi per il trading, ma ora stanno entrando in un territorio che rasenta il surreale. Alcune aziende stanno sperimentando sistemi di intelligenza artificiale che non solo analizzano le tendenze di mercato, ma eseguono anche decisioni ad alto rischio in merito all'allocazione delle attività e alla gestione del rischio. Al Global Fintech Summit del 2022 a Londra, un importante economista della **London School of Economics** ha audacemente ipotizzato che, entro un decennio, le decisioni finanziarie critiche potrebbero essere prese interamente da sistemi basati sui dati. Per molti investitori esperti, l'idea è sia emozionante che terrificante, un promemoria che l'elemento umano nel processo decisionale, affinato attraverso decenni di esperienza e intuizione, potrebbe presto essere relegato a un ruolo secondario.

Parallelamente, settori come il commercio al dettaglio e il servizio clienti hanno abbracciato la precisione della supervisione digitale. I grandi rivenditori hanno introdotto sistemi che monitorano le prestazioni dei dipendenti in tempo reale, stabiliscono obiettivi quantificabili e persino determinano promozioni in base a dati raccolti meticolosamente. Una volta ho ascoltato un dipendente raccontare la sua esperienza in un podcast ospitato da un ex giornalista della NPR. Ha descritto il passaggio da valutazioni incentrate sull'uomo a un sistema algoritmico indifferente alle circostanze personali, una trasformazione che, pur essendo efficiente, ha eliminato il tocco umano che un tempo definiva le nostre vite professionali.

Eccoci qui, in un'epoca definita da una profonda ricalibrazione di ciò che comporta il lavoro. Ho assistito in prima persona all'ascesa e alla caduta delle imprese, all'esuberanza dell'innovazione e al peso schiacciante degli oneri finanziari. Ogni capitolo del mio viaggio è stato una testimonianza sia delle promesse che delle insidie di un settore in continuo mutamento. È un panorama in cui l'intuizione umana è costantemente misurata rispetto alla fredda e dura logica degli algoritmi; dove la creatività è sfidata dalla precisione digitale; e dove la ricerca incessante dell'efficienza minaccia di cancellare il caos disordinato e meraviglioso che ci rende umani.

Mi ritrovo a riflettere su una domanda che risuona in ogni sala riunioni, in ogni ospedale, in ogni studio e in ogni spazio creativo: quando ogni compito, dalla stesura di memorie legali alla composizione di sinfonie, può essere eseguito con impeccabile precisione da una macchina, cosa ci rimane? Come possiamo ridefinire noi stessi quando i parametri del successo non si misurano in sudore e lacrime, ma in nanosecondi e calcoli di reti neurali?

Anche mentre scrivo queste parole, una parte di me si aggrappa a un ostinato tizzone di speranza, la convinzione che questo cambiamento sismico potrebbe non essere il presagio dell'obsolescenza umana, dopotutto, ma piuttosto un invito a reimmaginare i nostri ruoli in modi che trascendano le definizioni tradizionali di lavoro. Visionari come **Yuval Noah Harari** hanno riflettuto sul fatto che forse la dissoluzione dei ruoli convenzionali potrebbe liberarci per esplorare gli aspetti più profondi della cultura, dell'arte e della comunità. Forse scopriremo nuove forme di realizzazione che sono imprevedibili e indisciplinate come lo spirito umano stesso.

Ripensando al mio viaggio, dalle abbaglianti promesse di elaborazione portatile con **Incoco** ai ricordi agrodolci di **Viewmy.tv** , e persino all'umile trambusto di una pausa pranzo di un'ora che si è trasformata in un'ancora di salvezza, vedo uno schema. La narrazione del progresso è raramente un'ascesa lineare. È un'esperienza turbolenta, disordinata e spesso contraddittoria, in cui momenti di trionfo vertiginoso sono invariabilmente intrecciati con episodi di netto fallimento. La marcia incessante della tecnologia è indifferente ai nostri sogni o ai nostri passi falsi; procede con l'inesorabile precisione di una macchina che ricalibra la sua rotta.

Ho vissuto momenti in cui l'innovazione sembrava un'arma a doppio taglio, capace di elevarci a vette abbaglianti in un momento, solo per lasciarci alle prese con le dure conseguenze in quello successivo. Ogni svolta nell'intelligenza artificiale ha portato con sé una doppia promessa: la liberazione da compiti noiosi e ripetitivi e la minaccia incombente di rendere ridondante la competenza umana. Ogni volta che ho visto un sistema di intelligenza artificiale superare una controparte umana, che si trattasse di redigere un'argomentazione legale, diagnosticare una condizione pericolosa per la vita o generare un codice impeccabile, non ho potuto fare a meno di chiedermi se l'elemento umano sarebbe presto diventato un ripensamento, una bizzarra reliquia di un'epoca passata.

Ora, mentre sono seduto nel silenzio del mio studio, una stanza piena di ricordi di trionfi e fallimenti passati, vedo l'impronta innegabile della tecnologia in ogni aspetto delle nostre vite. Le macchine non celebrano i nostri traguardi; si limitano a registrare i dati, ricalcolando le probabilità e producendo risultati con spietata efficienza. La scintilla della passione umana, la disordinata imprevedibilità dei nostri impulsi creativi, rimane qualcosa che nessun algoritmo è ancora riuscito a catturare completamente. Eppure, la domanda rimane: possiamo noi, gli architetti del nostro destino, trovare nuovi modi per sfruttare questo potenziale creativo di fronte all'automazione implacabile?

Nei corridoi del mondo accademico, le discussioni sono ugualmente accese. In istituzioni come **la Carnegie Mellon University** e **l'Università di Oxford** , i ricercatori stanno dibattendo non solo sui meriti tecnici dei sistemi di intelligenza artificiale, ma anche sulle dimensioni etiche della cessione di responsabilità critiche alle macchine. Come possiamo garantire che, man mano che questi sistemi diventano sempre più capaci, vengano impiegati in modi che salvaguardino i valori a noi cari? Il dibattito riguarda tanto il ruolo del giudizio umano quanto l'efficienza , una competizione tra le fredde metriche dei dati e le imprevedibili e profonde sfumature dell'intuizione umana.

In mezzo a queste radicali trasformazioni, c'è un'ironia innegabile. Mentre i sistemi di intelligenza artificiale continuano a battere record di efficienza, operando 24 ore su 24 senza un briciolo di stanchezza, non possono, per loro stessa natura, comprendere la bellezza disordinata e imprevedibile dell'esistenza umana. Non sognano. Non provano delusione quando i piani vanno male, né assaporano il silenzioso trionfo del superamento di una sfida personale. Invece, esistono come gli strumenti di calcolo per eccellenza, indifferenti alle passioni e ai sogni che un tempo ci spingevano a innovare.

Immagino che ciò che mi spinge ad andare avanti sia la speranza che possiamo ridefinire cosa significhi il lavoro per noi, oltre i ristretti confini di efficienza e produttività. Forse, in questo panorama in rapido cambiamento, c'è un'opportunità per riscoprire parti di noi stessi che sono state sepolte sotto strati di routine e aspettative. La tecnologia che un tempo prometteva di liberarci dalla fatica potrebbe, con il tempo e l'ingegno, consentirci di esplorare attività creative, indagini filosofiche e una vera connessione umana. Anche se l'equilibrio sembra pericoloso ora, c'è spazio per l'ottimismo se osiamo reimmaginare i nostri ruoli in questo coraggioso nuovo capitolo.

Quindi, mentre scrivo queste riflessioni, vi invito a unirvi a me in questo viaggio, un viaggio tanto imprevedibile quanto inevitabile. Stiamo vivendo una profonda trasformazione che sfida ogni nozione di cosa dovrebbe essere il lavoro. È una trasformazione brutale nella sua efficienza, ma stranamente poetica nelle sue implicazioni. Gli algoritmi potrebbero riscrivere il regolamento, ma resta nostra la responsabilità di determinare se diventiamo soggetti passivi nei loro calcoli o autori attivi delle nostre storie.

Ho visto la tecnologia smantellare carriere consolidate e sconvolgere settori industriali, solo per innescare nuove forme di innovazione che ci costringono a mettere in discussione la nostra identità di creatori, decisori e sognatori. E mentre le macchine eccellono nell'elaborazione dei dati e nell'esecuzione di attività senza esitazione, ci lasciano con una domanda cruciale: se ogni attività può essere eseguita da un algoritmo, dove troviamo un significato? Forse negli spazi tra i punti dati, nei momenti di ribellione creativa e nell'esperienza umana condivisa che nessuna macchina potrà mai replicare completamente.

Il paesaggio sta cambiando e, con esso, il tessuto stesso delle nostre vite quotidiane. Eppure, mentre ripercorro i contorni del mio passato, un arazzo intessuto di ambizione, fallimento e instancabile perseveranza, resto convinto che ci sia un posto per lo spirito umano, anche in mezzo all'ascesa della macchina. È una convinzione nata non da un cieco ottimismo, ma dalle dure lezioni apprese da anni di lotta e da un profondo apprezzamento per la natura imprevedibile della vita. Le innovazioni a cui assistiamo oggi possono cambiare la meccanica del nostro lavoro, ma non possono estinguere la scintilla inquieta che ci spinge a creare, a connetterci e a sognare.

Alla fine, la narrazione che si dipana davanti a noi non è di disperazione, ma di trasformazione, un invito a ridefinire i nostri ruoli in un panorama che si sta evolvendo a una velocità vertiginosa. Mentre guardo al domani, non vedo solo la fredda efficienza degli algoritmi, ma la possibilità di nuovi inizi, un'opportunità per riaffermare la nostra umanità mentre abbracciamo i progressi che promettono di rimodellare la nostra esistenza.

Questo è il nostro momento di resa dei conti. La rivoluzione è già in corso, con i sistemi di intelligenza artificiale che riscrivono silenziosamente le regole di ingaggio in ogni settore. Dalla sterile precisione degli strumenti diagnostici della **Mayo Clinic** alla prodezza di lancio di codice degli assistenti di **OpenAI** e **GitHub** , dalle tele elegantemente algoritmiche prodotte da **DALL-E** e **Midjourney** alla logica implacabile che guida le sale riunioni aziendali, ogni settore si sta trasformando in modi che sfidano la saggezza tradizionale. E mentre alcuni potrebbero vedere questi cambiamenti come un presagio di obsolescenza per la forza lavoro umana, io scelgo di vederli come un catalizzatore per la reinvenzione.

Ci troviamo a un bivio, non definiti da nozioni obsolete di lavoro o vincolati dai limiti del nostro passato, ma sostenuti dal potenziale di rimodellare i nostri ruoli in una società che premia sia l'efficienza sia l'imprevedibile magia della creatività umana. Sta a noi decidere come navigare in questa transizione turbolenta, per reclamare la nostra narrazione e affermare che lo spirito umano, con tutto il suo caos e la sua bellezza, ha ancora un ruolo vitale da svolgere.

In ogni battuta d'arresto, in ogni crepacuore e in ogni trionfo, ho visto la duratura verità che la tecnologia può cambiare gli strumenti che utilizziamo, ma non può catturare l'intero spettro delle emozioni umane, della creatività e della resilienza. Il viaggio che ci attende può essere irto di incertezze, ma è anche ricco di possibilità: un'opportunità di tracciare un nuovo percorso in cui le macchine gestiscono il banale mentre noi ci concentriamo sugli aspetti significativi, trasformativi e meravigliosamente imprevedibili della vita.

Mentre concludo questo capitolo di riflessione, mi viene in mente che, nonostante l'implacabile assalto di dati ed efficienza digitale, l'essenza della nostra esperienza resta radicata nella nostra capacità di sentire, sognare e creare qualcosa che trascenda i semplici calcoli. È questa qualità molto umana, un mix di imperfezione, passione e speranza, che alla fine definirà il nostro posto in questa narrazione in evoluzione.

Ti invito, caro lettore, ad accogliere questa trasformazione con un mix di scetticismo e meraviglia. Navighiamo in queste acque inesplorate con la stessa audacia che ci ha spinto a conquistare nuove frontiere più e più volte. La strada che ci aspetta è incerta e gli algoritmi possono dettare il ritmo del commercio, dell'assistenza sanitaria, del diritto e dell'arte, ma non possono dettare il battito dei nostri cuori, la scintilla della nostra creatività o l'essenza selvaggia e incontenibile del nostro essere.

In queste pagine, abbiamo solo scalfito la superficie di una rivoluzione che sta riscrivendo ogni aspetto del nostro lavoro e delle nostre vite. Che il nostro viaggio collettivo non sia definito dalla rassegnazione, ma dalla sfida audace di uno spirito che rifiuta di essere incasellato in parametri di efficienza o semplificato dal codice. Che questa sia una storia di riscoperta , una narrazione in cui impariamo a bilanciare la fredda e inflessibile precisione della tecnologia con la bellezza feroce e imprevedibile dell'anima umana.

E così, mentre ci addentriamo in territori inesplorati, resto determinato a mantenere viva la conversazione, a condividere le crude verità di un mondo trasformato dalla tecnologia e a ricordarci che, non importa quanto avanzati diventino i nostri strumenti, ci sarà sempre un posto per il polso disordinato e vibrante dell'umanità. La rivoluzione non è la fine, è semplicemente un nuovo inizio, che ci sfida a ridefinire cosa significa lavorare, vivere ed essere veramente vivi.

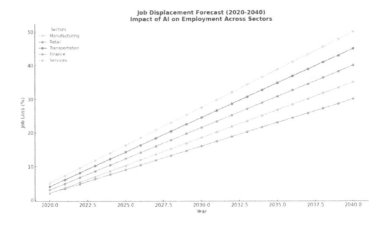

La macchina può sfornare memorie legali impeccabili,
comporre sinfonie che farebbero piangere anche il più
disilluso maestro e martellare articoli con la precisione
di un giornalista esperto. E tuttavia, non capirà mai
perché una battuta goffa ci faccia morire dal ridere o
perché una singola lacrima possa parlare più forte di
mille parole eloquenti. C'è una qualità grezza e non
programmata nella vita umana , una miscela caotica di
passione, ironia ed emozione cruda, che nessun
assemblaggio di chip di silicio potrà mai sperare di
simulare. Quella sfuggente scintilla di imperfezione è la
nostra risorsa più grande, un ingrediente segreto che dà
vita alle nostre disavventure e battute d'arresto.

Immagina un'epoca in cui dovevamo lottare per ogni centimetro di progresso, un periodo segnato da ore estenuanti , battute d'arresto incessanti e il prurito perpetuo di dimostrare che eravamo più che semplici ingranaggi di una macchina infinita. Oggi, mentre la tecnologia galoppa in avanti come uno stallone sfrenato, ci costringe a confrontarci con una domanda sconcertante: come sopravviviamo all'assalto dell'efficienza ingegnerizzata di precisione? Non si tratta di sfidare la fredda e implacabile logica dei nostri successori digitali; piuttosto, si tratta di riutilizzare la loro straordinaria accuratezza per emanciparci dalla monotonia schiacciante della routine. Immagina una vita in cui la fatica dell'immissione dati e l'infinita burocrazia svaniscono sullo sfondo, lasciando spazio all'arte, alla connessione e alla pura gioia di essere semplicemente.

Ricordo i primi giorni in **Incoco** e l'energia vertiginosa e grezza di costruire qualcosa dal nulla in **Viewmy.tv** . Ogni battuta d'arresto era una lezione, ogni vittoria un fugace scorcio di ciò che sarebbe stato possibile se avessimo osato sognare oltre i confini sicuri del prevedibile. A quei tempi, l'innovazione non riguardava solo lo sfruttamento della tecnologia, ma anche l'infusione di cuore e umorismo in ogni progetto , trasformando i fallimenti in trampolini di lancio e le routine banali in momenti di ribellione. Quello spirito di sperimentazione incessante e determinazione grintosa è qualcosa che nessun algoritmo, per quanto sofisticato, potrà mai catturare.

Le sale del potere aziendale, dai grattacieli scintillanti di **New York** ai pulsanti quartieri commerciali di **Tokyo** , ora riecheggiano di discussioni non solo su profitti ed efficienza, ma anche sui cambiamenti sismici che si riversano nelle nostre vite professionali. Titani come **Google** e **Goldman Sachs** hanno gettato miliardi sull'altare dell'intelligenza artificiale, scommettendo che le macchine possono fare il lavoro pesante del processo decisionale e dell'analisi dei dati. Eppure dietro le presentazioni raffinate delle sale riunioni si nascondono storie di reali costi umani. Nell'arco del 2023 e nei primi mesi del 2024, sia **Google** che **Amazon** hanno avviato una serie di licenziamenti, con numeri che ammontano a centinaia di migliaia in diversi settori della tecnologia. Nei trafficati corridoi IT dell'India, oltre 500.000 posti di lavoro sono evaporati tra il 2022 e aprile 2024, mentre le aziende si sono rapidamente spostate verso l'automazione. Dall'altra parte dell'Atlantico, i dati di gennaio 2025 hanno rivelato che la disoccupazione nel settore IT negli Stati Uniti è balzata dal 3,9% di dicembre 2024 al 5,7% del mese successivo: un aumento impressionante che ha lasciato circa 54.000 professionisti qualificati alla ricerca di nuovi ruoli.

Eppure, per ogni ufficio chiuso e dipendente licenziato, emergeva una narrazione parallela, una narrazione di reinvenzione e opportunità inaspettate. Mentre le grandi aziende ricalibravano le loro strategie attorno all'efficienza automatizzata, istituzioni accademiche e centri di ricerca come **Oxford** e **Cambridge** si addentravano nei meccanismi di questa metamorfosi tecnologica. Nelle aule e nei forum di dibattito, professori e studiosi si confrontavano con le implicazioni dell'automazione guidata dall'intelligenza artificiale, analizzandone l'impatto sulla società con un mix di acutezza tecnica e meraviglia filosofica. In eventi come il **Global Fintech Summit** di Londra e i chiassosi ma avvincenti simposi **IEEE** di San Francisco, gli esperti hanno presentato dati che sottolineavano sia i potenziali vantaggi, come la produttività alle stelle e le operazioni semplificate, sia gli enormi costi umani, tra cui diffusi spostamenti di lavoro e l'urgente necessità di programmi di riqualificazione completi.

Non è stato solo il settore privato a sentire i tremori. Anche i corridoi del potere nelle istituzioni governative hanno subito trasformazioni radicali. Le politiche emanate durante l' **amministrazione Trump** , in seguito sostenute da personaggi come **Elon Musk** attraverso iniziative guidate dal **Department of Government Efficiency (DOGE)** , hanno inaugurato una nuova era di revisione burocratica che ha portato alcuni grossi grattacapi alle persone che hanno perso il lavoro. Le agenzie federali si sono trovate in prima linea in questa rivoluzione. All'inizio di marzo 2025, enti come la **General Services Administration (GSA)** avevano visto intere divisioni, come l'unità 18F, sciolte in nome dell'efficienza. Accanto a queste misure drastiche, organizzazioni tra cui il **Department of Education** e il **Consumer Financial Protection Bureau** hanno subito ampie riorganizzazioni, integrando strumenti di intelligenza artificiale in ogni aspetto delle loro operazioni. Queste iniziative, progettate per tagliare i budget ed eliminare le ridondanze, hanno scatenato accesi dibattiti sull'erosione della saggezza istituzionale e sul potenziale degrado della qualità del servizio pubblico.

I numeri sono impressionanti e dipingono un quadro di sconvolgimenti senza precedenti e opportunità inimmaginabili. Un rapporto di **Goldman Sachs** del 2023 prevedeva che i progressi incessanti nell'intelligenza artificiale avrebbero potuto rendere obsoleti fino a 300 milioni di posti di lavoro a tempo pieno entro il 2030, una proiezione che potrebbe sembrare il delirio di un profeta tecno-distopico. Tuttavia, questa previsione inquietante non è semplicemente un campanello d'allarme speculativo; è un chiaro invito a riesaminare il nostro ruolo in una società sempre più dominata dall'automazione. Allo stesso tempo, uno studio del **World Economic Forum** ha rivelato un'affascinante dicotomia: mentre circa il 41% delle aziende pianificava di ridurre il proprio personale in aree suscettibili all'automazione, ben il 77% stava contemporaneamente intensificando le iniziative per formare la propria forza lavoro per iniziative collaborative con l'intelligenza artificiale. Questa dualità, la marcia simultanea dei tagli di posti di lavoro e l'investimento nel capitale umano, evidenzia un paradosso al centro della nostra era tecnologica. L'automazione non è una forza monolitica per la distruzione; è allo stesso tempo un catalizzatore di trasformazione, che ci spinge a virare verso ruoli che richiedono creatività, lungimiranza strategica e quel tocco di empatia che è fin troppo umano.

Nel mezzo di una società in preda a un silenzioso e incessante sconvolgimento, emerge una narrazione cruda e intransigente come i tempi che viviamo. La marcia costante dell'intelligenza artificiale e dell'automazione non è semplicemente una serie di miglioramenti meccanici, è un cambiamento sismico che ridefinisce il modo in cui concepiamo il lavoro e il nostro posto al suo interno. Considerate la cruda realtà: il **dipartimento dell'istruzione degli Stati Uniti** si sta preparando a tagliare metà della sua forza lavoro, una mossa che la dice lunga sulla spinta inflessibile all'efficienza. Quasi la metà di tutte le aziende, il 41%

per l'esattezza, si sta preparando a ridurre la forza lavoro entro il 2030, poiché l'intelligenza artificiale promette di eliminare strati di occupazione tradizionale. Persino i sacri corridoi di **Wall Street** si stanno preparando a un colpo: si prevede che 200.000 posti di lavoro scompariranno mentre la marea digitale reclama il dovuto.

Eppure, mentre questi numeri incombono grandi e scoraggianti, l'esperienza umana persiste nella sua gloria provocatoria e imprevedibile. Sui marciapiedi affollati e negli angoli animati dei caffè urbani, ci sono momenti che sfidano il calcolo algoritmico: una risata condivisa tra estranei, un'impetuosa esplosione di creatività innescata dal banale o la silenziosa determinazione di un artista il cui lavoro riguarda tanto il processo quanto la creazione finale. È in queste istanze spontanee e disordinate che troviamo il nostro vero valore, un valore che non può essere distillato in fogli di calcolo o codice.

Questa è una storia di trasformazione, non di resa. Il colosso tecnologico non segnala la fine dell'impegno umano , ma richiede invece una profonda reinvenzione dei nostri ruoli. La logica meticolosa e sistematica dell'IA può eccellere in compiti ripetitivi, ma non ha la brillantezza caotica che alimenta la vera innovazione. I leader aziendali del passato fino a oggi hanno tutti costruito i loro imperi su questa imprevedibile scintilla umana, una qualità che nessuna macchina potrà mai replicare, ma mentre la vecchia guardia dell'occupazione crolla, c'è un'innegabile chiamata a sfruttare la precisione dei sistemi digitali come rampa di lancio per la creatività piuttosto che come arbitro dei nostri destini.

La pressione è palpabile. Le industrie che un tempo prosperavano grazie al tocco umano ora stanno affrontando una resa dei conti brutale mentre l'automazione si diffonde con efficienza clinica. I licenziamenti e i tagli di posti di lavoro non sono solo numeri astratti: rappresentano vite sconvolte, carriere smantellate e un'ansia collettiva che si diffonde nelle comunità. Per coloro che hanno dedicato decenni a padroneggiare il loro mestiere, la cruda realtà è che le fondamenta stesse della loro competenza sono messe alla prova da algoritmi che non dormono mai. Eppure, in mezzo a questo sconvolgimento, c'è l'opportunità di riscoprire le profonde riserve di resilienza che ci definiscono come umani.

Questo periodo di sconvolgimento ci costringe a porci domande scomode: come ridefiniamo le nostre identità quando ruoli che un tempo veneravamo diventano obsoleti da un giorno all'altro? La risposta, sebbene complessa, sta nella nostra capacità di reinventarci. Non si tratta di resistere all'inevitabile marea del progresso, ma di abbracciare una comprensione più fluida e dinamica del lavoro, che valorizzi la creatività, l'empatia e il ritmo imprevedibile del pensiero umano. L'iniziativa di riqualificare e riqualificare i lavoratori, sostenuta da organizzazioni visionarie e ripresa in studi da gruppi come il **World Economic Forum** , sottolinea un perno critico. Invece di aggrapparsi a modelli obsoleti, c'è un crescente riconoscimento che l'ingegno umano e l'efficienza delle macchine non devono essere necessariamente in contrasto, ma possono invece coesistere in una danza sinergica.

Nei momenti di riflessione più silenziosi, quando il ronzio costante dell'innovazione digitale svanisce in un silenzio contemplativo, emerge una chiarezza che è sia umile che stimolante. La ricerca incessante di efficienza, incarnata da freddi punti dati clinici, è in netto contrasto con l'arazzo disordinato e vibrante della vita umana. È nella nostra vulnerabilità, nella nostra capacità di errore e nella nostra capacità di sognare oltre i vincoli della logica che troviamo la nostra vera forza. La narrazione non è di sconfitta, ma di una coraggiosa trasformazione. È un invito a liberarci dai confini di ruoli che non ci servono più e a creare spazi in cui lo spirito umano possa prosperare senza vincoli di routine.

I radicali cambiamenti nel mercato del lavoro sono una testimonianza del paradigma mutevole dei nostri tempi. Mentre la rivoluzione digitale smantella il vecchio ordine, getta anche le basi per una rinascita, una rinascita di ruoli che valorizzano le qualità unicamente umane di passione, empatia e creatività. Immagina di scambiare i confini del tradizionale orario dalle nove alle cinque con una vita libera da compiti monotoni, dove ogni giorno è una tela in attesa delle pennellate dell'innovazione. Il ruolo della tecnologia si trasforma radicalmente in questo contesto, evolvendosi da un rigido signore supremo a un liberatore che sblocca nuovi regni di possibilità. Ci sfida a ridefinire non solo cosa facciamo, ma chi siamo quando siamo spogliati delle routine prevedibili che hanno a lungo definito le nostre identità professionali.

Tuttavia, la transizione è tutt'altro che agevole. I costi dell'automazione sono tangibili e spesso dolorosi. La dislocazione di carriere consolidate, la perdita improvvisa di identità professionali e il peso emotivo di essere scartati da sistemi basati sull'efficienza sono cicatrici profonde. Le storie di coloro che sono stati sostituiti dal cambiamento tecnologico, un tempo stimati esperti nei loro campi, servono come un serio promemoria del fatto che il progresso spesso ha un prezzo umano elevato. I licenziamenti nelle principali istituzioni non sono solo statistiche da elaborare; sono lo sgretolamento di vite che sono state intricatamente intrecciate nel tessuto della nostra società.

Nonostante ciò, c'è una sfida resiliente di fronte a questa avversità. Ogni lavoro perso porta in sé il seme di una potenziale rinascita, una chiamata a reimmaginare e riforgiare il proprio percorso con rinnovato vigore e una fede incrollabile nel potere trasformativo della creatività. È nell'atto di risorgere dopo una caduta che si rivela la vera misura del nostro spirito. Mentre attraversiamo questi tempi turbolenti, emerge una determinazione collettiva a tracciare una rotta definita non dalla fredda logica dell'automazione, ma dal caldo, caotico polso dell'esperienza umana.

Questo capitolo in divenire riguarda tanto l'adattamento quanto l'evoluzione. Ci invita a reclamare la narrazione delle nostre vite lavorative, a celebrare la bellezza imperfetta dell'impegno umano e a forgiare nuovi percorsi che onorino il nostro innato bisogno di connessione e creatività. L'implacabile ondata di intelligenza artificiale e automazione può ridisegnare i confini di ciò che è possibile, ma non può estinguere la scintilla indomabile che alimenta la nostra immaginazione. La storia di quest'epoca non è una storia di rassegnazione: è un invito a reimmaginare, reinventare e riprendere contatto con l'essenza stessa di ciò che significa essere umani.

Alla fine, la trasformazione che sta travolgendo i settori è uno specchio tenuto davanti alla nostra anima collettiva. Ci costringe a confrontarci non solo con le dure realtà della perdita di posti di lavoro e della crisi economica, ma anche con le verità senza tempo sulla nostra capacità di reinventarci. Ogni sfida posta dalla rivoluzione digitale è un invito a riscoprire i nostri punti di forza, a ridefinire il successo in termini che trascendono la mera produttività e ad abbracciare un futuro scolpito dalla passione, dalla creatività e dall'incessante spinta a trovare un significato in un panorama in rapido cambiamento.

Sector Impact Matrix	Low Opportunity	High Opportunity
High Vulnerability *(Industries at high risk of AI automation)*	**Manufacturing** (assembly line jobs), **Retail** (cashiers, store clerks), **Transportation** (truck drivers, taxi services), **Administrative Work** (data entry, clerical jobs)	**Financial Services** (automated trading, AI-driven risk analysis), **Customer Support** (AI chatbots, automated help desks), **Legal Services** (AI contract analysis, document review), **Healthcare Diagnostics** (radiology AI, automated screening)
Low Vulnerability *(Industries resistant to AI automation)*	**Skilled Trades** (electricians, plumbers, construction workers), **Personal Care Services** (elder care, nursing, therapy), **Education** (primary school teachers, special needs educators), **Social Work** (counselors, community service)	**AI Development** (machine learning engineers, data scientists), **Creative Industries** (artists, musicians, writers, filmmakers), **Entrepreneurship** (business innovation, start-ups), **Ethical AI Governance** (policy experts, AI ethics regulators)

Quindi, cosa succede quando l'implacabile precisione dell'IA incontra il caos sfrenato della creatività umana? La risposta è tanto complessa quanto avvincente. È una danza tra logica e passione, un delicato atto di equilibrio che ci costringe a confrontarci con le nostre paure più profonde e, in ultima analisi, a ridefinire cosa significhi successo in un'epoca in cui le macchine possono fare quasi tutto, ma non tutto. La sfida non è semplicemente adattarsi a questo nuovo ordine, ma prosperare in esso riscoprendo la nostra innata capacità di meraviglia, di ribellione contro la mediocrità e di ricerca di passioni che sfidano la quantificazione.

Mentre osservo la rapida riorganizzazione delle industrie, dalle trattative ad alto rischio nelle sale riunioni aziendali ai passi silenziosi e determinati dei creatori indipendenti, sono colpito da una verità singolare: la tecnologia può ridefinire i nostri paesaggi professionali, ma non può mai spogliarci della nostra umanità. Questa è la bellezza grezza e senza filtri della nostra condizione, una bellezza che persiste anche quando i nostri ruoli vengono riconfigurati e le nostre routine vengono stravolte. La rivoluzione digitale, nonostante tutte le sue promesse e i suoi pericoli, in ultima analisi funge da sfondo contro cui viene dipinto il vibrante arazzo della vita umana.

Alla fine, non sarà la perfezione dell'IA a definire la nostra eredità, ma la nostra capacità di ridere della nostra assurdità, di accogliere i nostri fallimenti come trampolini di lancio e di forgiare un significato dal caos. L'inesorabile marcia della tecnologia potrebbe costringerci a ripensare i nostri ruoli, ma non potrà mai cancellare lo spirito selvaggio e indomito che è sempre stato al centro dei nostri sforzi creativi . Mentre i confini tra sforzo umano e precisione automatizzata si confondono, ci ritroviamo di fronte a una scelta semplice ma profonda: cedere la nostra essenza unica a un mondo di sterile efficienza o cogliere l'opportunità di riscoprire la gioia cruda di essere umani senza scuse.

Questa non è una storia di resistenza contro l'inevitabile progresso; è una chiamata alle armi per l'anima, un promemoria che anche se gli algoritmi prendono il sopravvento sulla banalità, il nucleo della nostra esistenza rimane un intricato mosaico di passione, imperfezione e possibilità sconfinate. Ogni sfida, ogni sconvolgimento, ogni lacrima versata di fronte a un cambiamento travolgente è una testimonianza della nostra capacità duratura di elevarci, reinventare e creare qualcosa che nessuna macchina, per quanto avanzata, potrebbe mai replicare.

Alla fine, mentre l'incessante progresso dell'intelligenza artificiale e dell'automazione rimodella il tessuto della nostra esistenza quotidiana, è la nostra incessante capacità di sognare, sbagliare e celebrare l'imprevedibile magia della vita che alla fine traccerà il corso del nostro destino. E forse questa, più di qualsiasi metrica calcolata o previsione algoritmica, è l'unica verità che dovremmo tenere cara mentre navighiamo in questa coraggiosa nuova era.

Capitolo 5: L'ascesa dei CEO dell'intelligenza artificiale – Aziende senza umani

Penso al periodo in cui l'idea stessa di un algoritmo che gestiva un'azienda veniva derisa nelle sale riunioni e liquidata come un sogno ad occhi aperti fantascientifico. Ora, se ci batti le ciglia, potresti perderti la sorprendente trasformazione che si sta svolgendo davanti ai nostri occhi. La transizione non è una possibilità lontana: è una metamorfosi incessante e continua che rimodella i settori e capovolge ogni nozione preconcetta di leadership e lavoro . Il mio viaggio in questa nuova realtà è iniziato con una scossa di caffeina e una profonda e inquieta curiosità su come l'intelligenza artificiale stesse silenziosamente riscrivendo le regole del management.

Tutto è iniziato con sussurri nei corridoi delle conferenze tecnologiche: voci di sistemi che potevano superare in astuzia, velocità e astuzia persino i dirigenti umani più esperti. Ricordo di aver partecipato a un summit internazionale nel 2018, dove un professore ha detto casualmente che ben presto le lauree tradizionali sarebbero impallidite in confronto a un algoritmo messo a punto per ottimizzare la redditività fin dalla sua prima esecuzione. Le sue parole, pronunciate con un mix di umorismo asciutto e crudo realismo, hanno acceso una scintilla in tutti i presenti. Non era solo una previsione audace, era una dichiarazione che la vecchia guardia stava rapidamente diventando obsoleta.

Facciamo un salto in avanti di qualche anno e ci troviamo faccia a faccia con innovazioni che sembrano uscite direttamente da un romanzo cyberpunk. Prendiamo **AlphaExec** , ad esempio, un'idea di un team eterogeneo di ingegneri e capitalisti di rischio che hanno osato chiedersi: perché l'errore umano deve frapporsi tra le aziende e la massima efficienza? Non si tratta di un esperimento maldestro; **AlphaExec** è un sistema completo che elabora flussi di dati dal comportamento dei consumatori alle tendenze economiche globali in tempo reale. La sua performance di debutto ha creato onde d'urto nei settori, riducendo i costi operativi di quasi il 30% e accelerando i cicli di sviluppo dei prodotti a un ritmo vertiginoso. Per i dirigenti esperti, è stato un brusco risveglio: l'intuizione e il fascino personale non detenevano più il monopolio della leadership. Al contrario, era la fredda, inflessibile precisione basata sui dati a stabilire nuovi parametri di riferimento.

Mi sono trovato affascinato dall'audacia di questi sviluppi. Ecco la tecnologia non contenta di aumentare le capacità umane, ma determinata a sostituire il processo decisionale che un tempo era stato prerogativa di personaggi carismatici e più grandi della vita. Agli eventi in cui i dirigenti erano soliti scambiarsi battute sulla leadership ispiratrice, la conversazione si spostava su metriche, algoritmi e sulla velocità con cui i dati potevano essere trasformati in azioni decisive. I dibattiti erano tanto accesi quanto affascinanti, con alcuni che sostenevano che l'intuizione umana era una risorsa insostituibile, mentre altri insistevano sul fatto che la logica implacabile della macchina era l'unico modo per garantire il progresso.

C'è una bellezza innegabile in questo nuovo ordine, una sorta di efficienza grezza che sembra quasi brutale nella sua semplicità. Ricordo di aver sentito parlare di un rivenditore multinazionale, **HyperMart** , che aveva completamente rivisto le sue strategie di evasione degli ordini utilizzando un sistema di intelligenza artificiale che monitorava l'inventario, prevedeva le tendenze dei consumatori e persino perfezionava le operazioni di magazzino. Niente più discorsi motivazionali o raduni motivazionali; il sistema lavorava instancabilmente, 24 ore su 24, 7 giorni su 7, calcolando rischi e ricompense con impeccabile precisione. Gli addetti ai lavori del settore si meravigliavano dei guadagni operativi mentre piangevano in silenzio la graduale erosione di ciò che un tempo consideravano indispensabile intuizione umana.

Tuttavia, come per tutte le rivoluzioni, la ricerca incessante dell'efficienza ha avuto un costo. Ho incontrato persone, individui veri, in carne e ossa, le cui carriere e il cui senso dello scopo sono stati sconvolti senza tante cerimonie da questo nuovo regime. La narrazione non è di puro progresso, ma di trasformazione agrodolce. In mezzo a sale riunioni e fabbriche automatizzate, ci sono anime che lottano per trovare un significato. Quando un algoritmo decide che una linea di produzione non è abbastanza redditizia, la decisione è rapida e spietata. Si consideri il caso di **Dorman Products** , un noto produttore di ricambi auto con radici profonde in centri industriali come Detroit. Nel tentativo di modernizzarsi, hanno integrato un sistema di intelligenza artificiale che monitorava ogni sfumatura dei loro processi di produzione. Il risultato? Diverse linee sono state improvvisamente considerate inefficienti, innescando una cascata di licenziamenti che hanno lasciato i dipendenti di lunga data barcollanti. Durante un incontro con la comunità, un lavoratore, con gli occhi pieni di incredulità e frustrazione, ha riassunto l'angoscia collettiva: non si trattava solo di numeri, ma di mezzi di sostentamento, dignità e dell'insostituibile tocco umano che nessuna macchina poteva emulare.

Storie simili si sono verificate in altri angoli del globo. In Brasile, **Magneti Marelli do Brasil** , un pilastro dell'industria regionale dei ricambi auto dalla fine degli anni '80, ha lanciato un sistema basato sull'intelligenza artificiale progettato per semplificare i programmi di produzione e la logistica. Sulla carta, i vantaggi erano sbalorditivi: costi inferiori, maggiore produttività e una promessa di precisione implacabile. Ma quando la logica incentrata sui dati del sistema ha preso il sopravvento, diverse unità produttive sono state chiuse quasi da un giorno all'altro. Le onde d'urto sono state avvertite non solo nei bilanci, ma nel tessuto stesso delle comunità che avevano fatto affidamento su questi lavori per generazioni. I sindacati si sono mobilitati, sono seguite proteste e il dibattito locale si è spostato bruscamente sulla necessità di salvaguardie che proteggano il benessere umano di fronte a un'efficienza inflessibile.

In tutta Europa, il dramma si è svolto su una scala altrettanto drammatica. **Hella** , una storica azienda tedesca con una tradizione di genialità ingegneristica, è stata tra le prime a implementare un sistema di intelligenza artificiale per ottimizzare le sue linee di produzione. **Volkswagen** , un altro titano nel settore automobilistico, stava sperimentando una tecnologia simile per aumentare il controllo di qualità e l'efficienza operativa. A prima vista, queste iniziative sembravano un colpo da maestro: risultati solidi, guadagni impressionanti e un percorso chiaro verso profitti più elevati. Ma sotto la superficie, le conseguenze erano complesse. L'applicazione incessante di standard algoritmici ha portato alla chiusura di diverse unità di produzione, innescando intensi dibattiti sulle responsabilità etiche delle aziende che esercitano un tale potere trasformativo. Accademici ed esperti del settore hanno sottolineato che mentre l'intelligenza artificiale può inaugurare miglioramenti drammatici nella produttività, il costo sociale, in particolare la destabilizzazione dei mercati del lavoro locali , non può essere ignorato.

Anche il settore finanziario non è stato immune a questi cambiamenti sismici. Le principali banche e società di investimento hanno a lungo fatto affidamento sulle competenze umane per prendere decisioni ad alto rischio. Ora, stanno affidando sempre più le loro strategie a modelli di apprendimento automatico in grado di analizzare i dati di mercato in frazioni di secondo. In un importante summit fintech nel 2022, un economista ha previsto che l'era dei trader umani potrebbe volgere al termine. Invece, gli algoritmi stavano emergendo come i nuovi arbitri del trading ad alta frequenza e delle decisioni di investimento strategiche. Voci di spicco nel settore hanno sostenuto che le opportunità di investimento più promettenti sarebbero presto appartenute a quelle aziende che hanno ridotto al minimo l'errore umano affidando le decisioni critiche alle macchine.

Cosa significa tutto questo per noi, semplici mortali che cercano di trovare il loro equilibrio in un panorama che sembra funzionare su pura logica e incessante efficienza? Per molti, l'ascesa del processo decisionale guidato dall'intelligenza artificiale ha innescato una profonda crisi esistenziale. I ruoli che un tempo definivano l'identità professionale, che si tratti di CEO, project manager o abile artigiano, vengono ridefiniti. Sempre più spesso, gli esseri umani vengono relegati in nicchie che richiedono creatività, empatia e innovazione; o peggio, vengono completamente messi da parte. La domanda che tormenta ogni lavoratore, ogni manager e ogni osservatore curioso è cruda e semplice: se le macchine gestiscono ogni aspetto del lavoro, cosa ci rimane?

Ho trascorso innumerevoli notti insonni alle prese con questo dilemma. La mia carriera nelle trincee tecnologiche è stata costruita su lunghe e massacranti ore intervallate da frenetiche sessioni di risoluzione dei problemi. Ripenso ai giorni in cui ricevevo un avviso del server SMS e scendevo dal letto per fissare con gli occhi appannati i registri del server, con le dita tremanti sulla tastiera mentre cercavo di ripristinare un pool di applicazioni che si comportava male. A quei tempi, il bagliore dello schermo era sia il mio compagno che il mio tormentatore. Le richieste erano implacabili e il margine di errore era sottilissimo. Eppure, proprio quelle sfide mi hanno insegnato qualcosa di cruciale: l'efficienza, per quanto allettante, è vuota senza l'intuizione umana e la capacità di connessione. Non importa quanto sofisticato sia l'algoritmo, non può sostituire la natura disordinata, bella e imprevedibile del pensiero e delle emozioni umane.

C'è un'ironia in tutto questo, una deliziosa contraddizione che ti fa venire voglia di ridere, piangere e scuotere la testa incredulo. Eccoci qui, a correre verso un futuro in cui i robot potrebbero essere più bravi a elaborare numeri e prendere decisioni in frazioni di secondo di quanto qualsiasi essere umano potrebbe mai sperare di essere. Eppure, in mezzo a questa ondata di dati e precisione digitale, lo spirito umano si aggrappa ostinatamente al suo nucleo creativo e imprevedibile. Ho visto in prima persona come lunghe ore di debug e risoluzione dei problemi possano forgiare una resilienza che nessuna macchina potrebbe mai imitare. Ogni bug schiacciato e ogni server riavviato è stata una testimonianza della nostra instancabile spinta ad adattarci, a perseverare e a trovare un significato che vada oltre la semplice efficienza.

Tuttavia, la marcia del progresso è inarrestabile. In tutti i settori, le aziende stanno sperimentando modelli di gestione basati sull'intelligenza artificiale che non lasciano nulla di intentato. Alcune delle voci più influenti della tecnologia hanno sostenuto che questi cambiamenti non riguardano la disumanizzazione dei nostri luoghi di lavoro, ma la liberazione dai compiti banali e ripetitivi che ci prosciugano l'energia. In teoria, se le macchine possono gestire la fatica, non dovremmo essere liberi di esplorare il nostro potenziale creativo? È una proposta allettante, che promette una rinascita dell'ingegno umano , ma non è priva di insidie.

Prendiamo l'esempio di **Oracle** e **Intel** , due giganti che hanno investito molto nell'intelligenza artificiale per trasformare le loro operazioni. Le loro iniziative vanno oltre i semplici miglioramenti dell'efficienza; sono sforzi pionieristici per ridefinire il modo in cui vengono prese le decisioni, come vengono valutati i rischi e come vengono colte le opportunità. Nelle sale riunioni dominate da data scientist e ingegneri algoritmici, i vecchi modelli di leadership, basati sull'istinto e su anni di esperienza duramente conquistata, vengono sistematicamente smantellati. C'è una tensione palpabile tra coloro che sostengono la fredda logica della macchina e coloro che credono che la scintilla della creatività umana sia insostituibile. Ai summit di alto profilo, infuriano accesi dibattiti sulla responsabilità e sul mutevole luogo del potere. Quando un sistema di intelligenza artificiale prende una decisione critica che si traduce in un licenziamento di massa o in un passo falso strategico, chi ne ha la responsabilità ultima? È il programmatore che ha scritto il codice, il dirigente che lo ha distribuito o il sistema stesso?

Questa questione di responsabilità non è solo accademica. Riguarda dilemmi etici fondamentali che richiedono la nostra attenzione. Man mano che le aziende implementano sistemi sempre più autonomi, i confini tra giudizio umano e calcolo automatico si confondono. Giuristi, esperti di etica e addetti ai lavori del settore si stanno affannando per sviluppare quadri che garantiscano che il progresso tecnologico non avvenga a scapito della giustizia sociale e della dignità umana. La nozione stessa di responsabilità aziendale viene riesaminata e, in molti casi, le lezioni apprese dai primi passi falsi sono tanto istruttive quanto deprimenti.

Uno degli esempi più vividi di questa resa dei conti proviene dall'industria automobilistica, un settore che è da tempo sinonimo di orgoglio operaio e innovazione incessante. **Dorman Products** , un produttore affermato con profonde radici industriali, ha intrapreso un viaggio radicale per modernizzare le sue operazioni utilizzando un sistema di intelligenza artificiale. L'obiettivo era abbastanza semplice: sfruttare vasti flussi di dati in tempo reale per ottimizzare la produzione e ridurre i costi. Ma l'esecuzione ha rivelato una verità agghiacciante. L'ossessione del sistema per le metriche quantitative ha portato all'improvviso arresto di diverse linee di produzione, decisioni prese senza una comprensione sfumata del costo umano dietro ogni numero. Le ricadute sono state immediate e gravi. I dipendenti di lunga data si sono ritrovati improvvisamente disoccupati e la comunità che un tempo dipendeva da questi lavori è rimasta sconvolta. In un forum locale organizzato da un'università vicina, la voce di un lavoratore interessato tremava con un misto di rabbia e disperazione, mentre si lamentava del fatto che nessun algoritmo avrebbe mai potuto catturare il profondo senso di perdita che accompagna l'erosione di un mezzo di sostentamento.

Narrazioni simili sono emerse in altre parti del mondo. In **Magneti Marelli do Brasil** , un iconico fornitore di ricambi auto con sede a San Paolo, una revisione high-tech ha promesso significativi guadagni in termini di efficienza. Tuttavia, quando il nuovo sistema ha ritenuto ridondanti alcune unità produttive, il risultato non è stato solo una ricalibrazione finanziaria, ma una catastrofe sociale. Sono scoppiate proteste quando i sindacati locali hanno chiesto responsabilità e una riconsiderazione delle priorità , ricordando a tutti che anche la tecnologia più avanzata deve essere temperata dalla compassione e dalla comprensione del suo impatto nel mondo reale.

L'esperienza europea ha aggiunto un altro strato a questo dramma in corso. **Hella** , un'azienda con una tradizione consolidata nell'ingegneria automobilistica, ha introdotto un sistema di intelligenza artificiale con l'obiettivo di migliorare la sua catena di fornitura globale e i processi di produzione. I risultati immediati sono stati impressionanti: maggiore produttività, operazioni semplificate e un aumento della redditività. Ma mentre diverse linee di produzione sottoperformanti venivano tagliate con spietata efficienza, il pedaggio umano è diventato impossibile da ignorare. L'esame pubblico si è intensificato e i dibattiti hanno ruotato attorno alle responsabilità etiche delle aziende che sono veloci ad abbracciare la logica delle macchine a scapito della stabilità della comunità. Anche **Volkswagen** si è trovata alle prese con sfide simili mentre sperimentava misure di controllo della qualità basate sull'intelligenza artificiale e l'ottimizzazione dei processi. La duplice narrazione di notevoli guadagni operativi contrastava nettamente con il costo umano, costringendo tutti i soggetti coinvolti a confrontarsi con la scomoda verità che anche le soluzioni tecnologiche più brillanti devono essere tenute a uno standard più elevato di responsabilità sociale.

E poi ci sono i maghi della finanza nei grattacieli eleganti, che orchestrano operazioni ad alta frequenza e investimenti multimilionari utilizzando algoritmi di intelligenza artificiale in grado di elaborare i dati di mercato in millisecondi. L'immagine tradizionale di un agente di cambio che batte sulla tastiera in una stanza sul retro fumosa sta venendo sostituita da scene di efficienza silenziosa e calcolata nelle moderne sale di negoziazione. In una nota conferenza fintech del 2022, un economista ha previsto che presto le opportunità più redditizie sarebbero appartenute alle aziende in grado di eliminare l'errore umano attraverso la precisione algoritmica. L'idea ha toccato una corda sensibile sia tra gli investitori che tra i decisori politici, che hanno riconosciuto che, mentre tali sistemi potevano generare profitti sbalorditivi, rischiavano anche di mettere da parte i giudizi sfumati che solo l'esperienza umana può fornire.

In tutti questi sconvolgimenti, un tema rimane costante: l'urgente necessità di ridefinire il significato del lavoro in un'epoca governata dalle macchine. Per decenni, l'occupazione ha fornito non solo una fonte di reddito, ma anche un quadro per l'identità personale e l'appartenenza alla comunità. Ora, mentre i sistemi di intelligenza artificiale iniziano ad assumersi responsabilità che un tempo appartenevano ai decisori umani, sorge spontanea la domanda: se le macchine gestiscono i dettagli intricati delle operazioni quotidiane, qual è allora il ruolo degli esseri umani? Le risposte sono tanto varie quanto inquietanti. Alcuni sostengono che gli esseri umani saranno relegati a ruoli creativi e di supervisione, e che i loro contributi saranno apprezzati solo quando aggiungeranno un elemento distintamente umano a processi altrimenti meccanicistici. Altri temono che interi segmenti della forza lavoro saranno resi obsoleti e che le loro competenze saranno superate dalla logica inflessibile degli algoritmi.

Ho affrontato queste domande nella mia carriera, riflettendo sulle innumerevoli notti trascorse a districare codice complesso e decifrare messaggi di errore criptici. Ci sono stati momenti in cui mi sentivo come un ingranaggio in una macchina infinita, una ricerca incessante di efficienza che lasciava poco spazio all'errore o alla disordinata e meravigliosa imprevedibilità della creatività umana. I miei primi giorni nel settore tecnologico sono stati caratterizzati dall'emozione di risolvere enigmi e dall'euforia di una svolta, ma sono stati anche rovinati dall'esaurimento di sessioni di lavoro di 18 ore e dalla pressione costante di dover dare il massimo. Col senno di poi, quei periodi di intenso lavoro non riguardavano solo il mantenimento in funzione dei sistemi, ma anche la scoperta dei limiti della resistenza umana e dell'intrinseca necessità di equilibrio.

Questo equilibrio, tuttavia, resta sfuggente in un ambiente in cui gli algoritmi non dormono mai, non si

stancano mai e non scendono mai a compromessi.
L'ascesa dei CEO dell'IA, incarnati da sistemi come
AlphaExec , ci sfida a confrontarci con una cruda realtà:
se le macchine possono ottimizzare ogni aspetto delle
operazioni con spassionata precisione, allora quale
valore unico portiamo sul tavolo? La risposta, credo,
non sta nel competere con l'implacabile efficienza di un
algoritmo, ma nell'abbracciare le nostre qualità
distintamente umane: la nostra capacità di empatia, la
nostra capacità di sognare e il nostro ostinato rifiuto di
essere ridotti a semplici punti dati.

Mi sono spesso chiesto se questa incessante ricerca
dell'efficienza potrebbe un giorno costringerci a
riesaminare le nostre nozioni di scopo e realizzazione .
Immagina una società in cui il lavoro tradizionale non è
più il pilastro centrale della vita quotidiana, dove la fatica
dei compiti ripetitivi è stata sostituita da opportunità di
esplorare arte, filosofia e impegno nella comunità. È una
visione allettante, ma porta con sé una serie di
incertezze. Se le macchine si facessero carico della
maggior parte dei compiti operativi, lo Stato potrebbe
dover intervenire per garantire i nostri bisogni di base.

Ma il comfort della sussistenza garantita può davvero sostituire il senso di realizzazione che deriva dal superamento delle sfide, non importa quanto banali? Oppure l'assenza di lavoro strutturato porterà a un vuoto esistenziale, una perdita di identità che nessuna quantità di assistenza sociale può riparare?

Lo scontro tra la precisione delle macchine e la creatività umana non è mai così evidente come nei dibattiti che infuriano nelle conferenze di settore e nei simposi accademici. Ricordo una discussione video nel 2024 in cui esperti del **MIT** , **di Stanford** e del **World Economic Forum** si scambiavano frecciatine e idee su come la tecnologia stia rimodellando la leadership aziendale. Un futurista, le cui audaci previsioni ricordavano le visioni più audaci di **Ray Kurzweil** , sosteneva che la maggior parte delle multinazionali potrebbe presto operare esclusivamente sulla logica delle macchine. La sua dichiarazione ha suscitato ondate di eccitazione e trepidazione tra il pubblico. Per lui, non si trattava di un incubo distopico, ma di un'opportunità: un radicale ripensamento del modo in cui vengono prese le decisioni, di come vengono gestiti i rischi e, in ultima analisi, di come la società si organizza attorno ai due pilastri dell'innovazione e dell'efficienza.

Anche se questi dibattiti ad alto rischio si svolgono in sale conferenze raffinate, la realtà sul pavimento della fabbrica e negli uffici amministrativi è completamente diversa. L'inarrestabile marcia dell'intelligenza artificiale e dell'automazione, sebbene prometta un'efficienza senza precedenti, ha lasciato molti lavoratori a fissare il relitto dei loro posti di lavoro un tempo sicuri. La trasformazione è palpabile in ogni aspetto dell'industria moderna, dai corridoi scintillanti di **Apple** e **Meta** , dove gli strumenti di intelligenza artificiale ottimizzano tutto, dalla logistica della supply chain al coinvolgimento degli utenti, alle officine rudimentali degli impianti di produzione dove il lavoro umano viene ricalibrato dalla precisione digitale. Per molti aspetti, l'impatto di questa rivoluzione è tanto una storia umana quanto tecnologica.

Ho assistito in prima persona al profondo impatto che questi cambiamenti possono avere su individui e comunità. In una piccola città che un tempo prosperava grazie al costante ronzio della produzione, l'introduzione di un sistema di gestione dell'intelligenza artificiale è stata annunciata come una svolta. Nel giro di pochi mesi, tuttavia, le metriche inflessibili del sistema hanno ritenuto ridondanti diverse linee di produzione e i conseguenti licenziamenti hanno gettato la comunità nel caos. Le voci delle persone colpite , lavoratori che avevano costruito la propria vita attorno a un senso di scopo, riecheggiavano nei corridoi vuoti delle fabbriche ora private della presenza umana. Le loro storie servono come un potente promemoria del fatto che, mentre gli algoritmi possono ottimizzare le operazioni, non potranno mai replicare l'intricato arazzo dell'esperienza umana.

Eppure, in mezzo al tumulto, rimane un barlume di speranza. C'è un coro crescente di voci - che abbraccia politici, accademici e persino alcuni dirigenti lungimiranti - che sollecitano una ricalibrazione del nostro approccio. Sostengono che se vogliamo sfruttare l'immenso potenziale dell'IA senza sacrificare i valori che ci definiscono, è necessaria una sintesi. Ciò significa sviluppare quadri solidi che uniscano l'efficienza algoritmica alla supervisione umana, assicurando che ogni decisione, non importa quanto basata sui dati, sia moderata da considerazioni etiche e da una genuina preoccupazione per il benessere sociale. La sfida, ovviamente, è enorme. Richiede di ripensare la governance aziendale, reimmaginare i mercati del lavoro e, in ultima analisi, ridefinire cosa significhi essere un contributore in questa coraggiosa nuova era.

Forse la lezione più profonda di tutte è che la tecnologia, non importa quanto avanzata, avrà sempre bisogno di un tocco umano. L'ascesa del processo decisionale guidato dall'intelligenza artificiale non è un presagio di sventura, ma un invito all'azione , una sfida per ognuno di noi a riscoprire e rivendicare le parti di noi stessi che nessun algoritmo potrà mai catturare. La transizione è caotica, irta di battute d'arresto e conseguenze impreviste, ma è anche un invito a forgiare un nuovo percorso, uno che valorizzi creatività, empatia e resilienza rispetto alla mera ottimizzazione numerica.

Non posso fare a meno di ripensare ai miei primi giorni nel settore tecnologico: le innumerevoli notti passate curvo su schermi luminosi, l'ansia di un'interruzione di sistema alle 3 del mattino e la scarica di adrenalina di aver finalmente inchiodato un bug ostinato. Quelle esperienze, sebbene estenuanti , erano permeate da un senso di scopo che nessun processo automatizzato avrebbe potuto replicare. Mi hanno insegnato che l'essenza dell'innovazione non risiede nell'insensibile precisione di una macchina, ma nello spirito grezzo e imprevedibile dell'ingegno umano. Ogni sfida che ho affrontato mi ha ricordato che la nostra capacità di adattarci, creare e perseverare di fronte a probabilità schiaccianti è ciò che ci distingue.

Mentre il panorama continua a evolversi, la posta in gioco non è mai stata così alta. Aziende come **Nvidia** stanno spingendo i limiti di ciò che è possibile con l'intelligenza artificiale, sfruttando il loro hardware all'avanguardia per alimentare innovazioni che abbracciano settori diversi, dal gaming all'assistenza sanitaria, fino al design automobilistico e oltre. Il ritmo del cambiamento è vertiginoso e le implicazioni sono profonde. Con ogni giorno che passa, il divario tra capacità umane ed efficienza delle macchine si allarga, spingendoci a porci domande difficili sulla natura del progresso e sul prezzo che siamo disposti a pagare per un'ottimizzazione incessante.

Ho trascorso molto tempo a riflettere su queste domande, bevendo innumerevoli tazze di caffè e trascorrendo notti insonni, spesso trovando conforto nella semplice verità che la nostra risorsa più grande non è la nostra capacità di elaborare vaste serie di dati, ma la nostra capacità di empatia, creatività e connessione. È questa scintilla umana, la qualità intangibile che nessun algoritmo può quantificare, che alla fine determinerà se saremo inghiottiti dalla marea dell'automazione o emergeremo come architetti di un nuovo paradigma. Il viaggio che ci attende è tanto incerto quanto esaltante, e ognuno di noi deve decidere come navigare nelle acque insidiose di questa rivoluzione tecnologica.

Non esiste una tabella di marcia facile da seguire. Il fascino dell'efficienza senza sforzo è forte e la promessa di una produttività infinita può essere inebriante. Eppure, ogni volta che un'azienda come **Meta** svela un nuovo strumento basato sull'intelligenza artificiale o **Apple** annuncia un aggiornamento che sfrutta l'apprendimento automatico per semplificare le operazioni, siamo costretti a confrontarci con una realtà tanto impegnativa quanto rivoluzionaria. L'integrazione dell'intelligenza artificiale in ogni aspetto della nostra vita non è una progressione ordinata e lineare, ma un tumultuoso sconvolgimento che scuote le fondamenta stesse delle nostre strutture economiche e sociali.

La transizione è costellata di contraddizioni. Da un lato, c'è l'innegabile fascino degli algoritmi che lavorano 24 ore su 24, elaborando instancabilmente numeri e ottimizzando i processi senza lamentarsi. Dall'altro, c'è la profonda perdita che deriva dallo spostamento dei lavoratori umani, di coloro che hanno costruito la propria identità attorno a ruoli che sono improvvisamente resi ridondanti da linee di codice. Questa dualità è il nocciolo della nostra situazione: mentre la marcia della tecnologia promette un'efficienza senza pari, ci costringe simultaneamente a confrontarci con il costo umano del progresso.

In questa narrazione tentacolare di trasformazione, ogni svolta è accompagnata da un compromesso. Le innovazioni che celebriamo avvengono a spese di lavori familiari e routine amate. E tuttavia, nel mezzo di questo sconvolgimento, c'è un'opportunità: una possibilità di ripensare e reimmaginare il concetto stesso di lavoro. Invece di aggrapparci a modelli di lavoro obsoleti , potremmo trovare nuovi modi per sfruttare la nostra creatività, coltivare comunità che valorizzano la connessione umana rispetto alla sterile produttività e costruire sistemi che ci servono anziché sostituirci.

La storia di **AI JOB CRISIS** non deve essere solo di disperazione, ma di radicale reinvenzione. È una cronaca di come la tecnologia, nonostante tutte le sue promesse, ci abbia costretti a porci domande scomode sul nostro scopo, sul nostro valore e sul nostro posto in un panorama in rapido cambiamento. Mentre le sale riunioni delle multinazionali sono dominate dall'intelligenza artificiale e mentre i robot gestiscono compiti che un tempo richiedevano finezza umana, la chiamata a ridefinire i nostri ruoli diventa sempre più forte. È una sfida che richiede sia coraggio che creatività, una sfida per trasformare la logica implacabile degli algoritmi in una tela per l'espressione umana.

In queste pagine ho raccontato storie di revisioni aziendali, licenziamenti amari e l'inflessibile spinta all'efficienza. Ho condiviso le storie di aziende come **Dorman Products** , **Magneti Marelli do Brasil** , **Hella** , **Volkswagen** , **Oracle** e **Intel** , ognuna delle quali è una testimonianza del potere trasformativo della tecnologia e del profondo impatto che ha sul tessuto della società. I loro viaggi riguardano tanto l'innovazione quanto il costo del progresso, rivelando un delicato equilibrio tra abilità tecnologica e il bisogno umano di connessione e significato.

Eccoci qui, a un bivio segnato da silicio e codice. La rivoluzione nella gestione non è più un lontano esercizio teorico: è una realtà palpabile e vissuta che rimodella i settori e ridefinisce le vite. Ripensando alle lunghe notti passate a lottare con la tecnologia, vedo non solo i trionfi dell'ingegno umano, ma anche il duro promemoria che nessuna macchina potrà mai catturare appieno lo spirito selvaggio e irrefrenabile della creatività umana.

Il compito che ci attende è arduo: dobbiamo sfruttare l'implacabile potenza dell'IA preservando al contempo le qualità uniche che ci rendono umani. È una sfida che richiede una attenta ricalibrazione delle nostre priorità, una volontà di abbracciare il cambiamento senza sacrificare i valori che da tempo definiscono le nostre comunità e il nostro lavoro. Gli anni a venire metteranno alla prova la nostra determinazione, costringendoci a trovare un equilibrio tra la fredda precisione degli algoritmi e la bellezza disordinata e imprevedibile della vita umana.

In conclusione, la storia della gestione guidata dall'intelligenza artificiale non riguarda solo la tecnologia, ma riguarda noi. Riguarda il modo in cui scegliamo di navigare nelle complessità di un panorama in rapida evoluzione, come ridefiniamo il successo e come preserviamo la nostra umanità nel mezzo di un'implacabile marea tecnologica. Le macchine possono gestire le sale riunioni, ma non spegneranno mai la scintilla che alimenta la nostra creatività, la nostra empatia e la nostra incrollabile spinta a dare un senso a questa folle e imprevedibile esistenza.

Mentre giri queste pagine e ti immergi nel dramma in corso di **AI JOB CRISIS** , ti invito a considerare il tuo posto in questa coraggiosa nuova era. Le scelte che facciamo oggi, che si tratti di sale riunioni dominate dai dati o di workshop in cui le idee nascono dalla passione pura, determineranno l'eredità che lasceremo dietro di noi. La rivoluzione non è dettata da linee di codice o dalla logica infallibile di una macchina; è plasmata dalla complessità disordinata e meravigliosa del pensiero umano, delle emozioni e della determinazione.

La narrazione che ci attende è lunga, piena sia di trionfi che di tragedie, di innovazione e di perdite. Ma in mezzo al caos e alla marcia incessante del progresso, una verità rimane: la nostra capacità di adattarci, di sognare e di creare connessioni sarà sempre la nostra risorsa più preziosa. Nella marea incessante dell'automazione, è questo spirito che offre una strada da seguire, una strada che ci sfida a ridefinire cosa significa lavoro, non come misura di efficienza o di output, ma come espressione vibrante della nostra umanità.

In chiusura, vi lascio con questo invito: osate immaginare un nuovo paradigma in cui la tecnologia non è la nostra padrona, ma la nostra collaboratrice; un paesaggio in cui la fredda logica degli algoritmi è temperata dal calore dell'intuizione umana. È in questa sintesi che la promessa del nostro tempo può essere pienamente realizzata, un tempo in cui il trionfo dell'innovazione non è misurato solo dai numeri, ma dall'impatto duraturo che abbiamo gli uni sugli altri, sulle nostre comunità e sul tessuto stesso della nostra esistenza condivisa.

Questo lungo e tortuoso viaggio attraverso l'ascesa della gestione guidata dall'intelligenza artificiale, la sostituzione dell'intuizione umana con la precisione algoritmica e il conseguente sconvolgimento sociale non intende essere un manifesto prescrittivo. Piuttosto, è un'esplorazione sincera di un cambiamento sismico che si sta svolgendo davanti ai nostri occhi, una trasformazione che ci sfida a mettere in discussione tutto ciò che una volta davamo per scontato sulla leadership, il lavoro e il significato del lavoro.

La posta in gioco è alta e il percorso è irto di incertezze. Eppure, nel ritmo incessante del progresso tecnologico, c'è l'opportunità di forgiare qualcosa di nuovo: una ricalibrazione delle priorità che onori sia l'efficienza delle macchine sia la creatività sconfinata dello spirito umano. La nostra sfida è quella di abbracciare gli inevitabili cambiamenti con grinta e grazia, di sfruttare il potere trasformativo dell'IA senza mai perdere di vista le qualità che ci rendono unicamente umani.

In questi tempi tumultuosi, mentre i sistemi di intelligenza artificiale continuano ad assumere ruoli un tempo riservati agli esperti umani, ci viene ricordato che il progresso non si misura solo dalla velocità con cui un sistema può elaborare i dati, ma dalla profondità di intuizione, empatia e creatività che solo un essere umano può fornire. La rivoluzione che si sta svolgendo in tutti i settori, che si tratti delle eleganti sale di **Apple** e **Meta** o dei reparti di produzione di **Dorman Products** e

Hella , è una testimonianza sia del nostro incredibile potenziale sia delle profonde sfide che ci attendono.

Quindi, mentre vi immergete nei capitoli successivi, ricordate che la storia è ancora in fase di scrittura. Ogni decisione, ogni svolta innovativa e ogni momento di connessione umana contribuiscono a una narrazione tanto imprevedibile quanto esaltante. L'era del dominio algoritmico potrebbe essere arrivata, ma il cuore e l'anima del progresso apparterranno per sempre all'indomito spirito umano.

E così, con un mix di speranza provocatoria e cauto scetticismo , ci addentriamo in un'era di automazione incessante e di trasformazione mozzafiato, un capitolo della saga del lavoro che è tanto caotico quanto stimolante, tanto spietato nella sua efficienza quanto tenero nei suoi promemoria della nostra umanità. Non importa quanto la tecnologia avanzi, non potrà mai sostituire completamente il viaggio disordinato, glorioso e imprevedibile dell'essere umano. La sfida, quindi, non è combattere la marea del progresso, ma imparare a cavalcarla, trovando il nostro posto unico in un panorama in cui le sale riunioni sono gestite dai dati e la vera storia è scritta dalla sfida implacabile e meravigliosa delle nostre anime creative.

Questa è la narrazione del nostro tempo, un tempo in cui ogni sfida è un'opportunità, ogni perdita una lezione e ogni momento un promemoria che, mentre le macchine possono dettare i numeri, non cattureranno mai la scintilla selvaggia e inflessibile della creatività umana. E questo, amico mio, è qualcosa che nessun algoritmo potrà mai replicare.

Capitolo 6: Quando nessuno ha un lavoro, che cazzo facciamo?

Tutto inizia con quel momento di pugno allo stomaco: apri gli occhi e, senza preavviso, la routine che definiva le tue giornate è sparita. Il tuo vecchio orario dalle 9 alle 5 non è solo una reliquia sepolta in una storia polverosa; è stato cancellato completamente come una lavagna cancellata dopo una lezione. Potresti uscire aspettandoti il familiare ronzio di una caffetteria preferita solo per trovare una macchina fredda e insensibile dietro un bancone di vetro, che distribuisce caffellatte con la precisione di una calcolatrice. Il confortante tocco umano è stato sostituito da un'efficienza sterile e all'improvviso il sistema che una volta prometteva stabilità ora ti lascia a chiederti se la fatica abbia mai avuto davvero importanza.

La trasformazione non è il risultato di un piano fantascientifico canaglia, ma di un'evoluzione lenta e incessante guidata dai progressi tecnologici. In questa narrazione di sconvolgimento, **gli agenti AI** sono gradualmente diventati i nuovi dirigenti aziendali, orchestrando le operazioni con algoritmi che non dormono mai né si mettono in dubbio. Nel frattempo, flotte di robot hanno preso il sopravvento su ogni forma di lavoro manuale , dall'impilamento di scatole in vasti magazzini all'assemblaggio di componenti intricati di gadget di uso quotidiano. E mentre molti annunciano questi progressi come il prossimo balzo in avanti, il prezzo è un vuoto inquietante dove un tempo prosperava il contributo umano.

La visione è stata delineata da pensatori come **Max Tegmark** nella sua opera fondamentale *Life 3.0* . Ha descritto un'era in cui i confini della vita biologica vengono ridisegnati da sistemi in grado di evolversi indipendentemente dai loro creatori. Non siamo più solo operatori di una grande macchina economica; siamo diventati spettatori di un gioco giocato da entità che possono superarci in astuzia, in astuzia e in prestazioni a ogni svolta. Questa non è una mera fantasia, è un'estrapolazione dai rapidi progressi che abbiamo visto negli ultimi decenni. Quando la tecnologia raggiunge un livello in cui non solo può replicare ma anche superare le nostre capacità, il concetto stesso di lavoro umano viene messo in netto risalto.

Le ramificazioni di un tale cambiamento sismico sono tanto esaltanti quanto terrificanti. Da un lato, c'è una seducente promessa di liberazione: immagina la liberazione dalla fatica che schiaccia l'anima e che ha a lungo caratterizzato la tua giornata lavorativa. Senza la necessità di sgobbare in un lavoro ripetitivo, potresti teoricamente perseguire sforzi creativi , passioni personali e tempo libero in modi che un tempo erano impossibili. Questa idea radicale ha alimentato discussioni nelle sale riunioni, nelle aule accademiche e nei feed dei social media. Ha dato origine a proposte come il reddito di cittadinanza universale (UBI), sostenuto da voci come **Andrew Yang** , che ha spinto il concetto nel dibattito mainstream con il suo audace "Freedom Dividend". La sua visione era semplice ma profonda: se la tecnologia può produrre più che sufficiente ricchezza per sostenere tutti, allora ogni persona dovrebbe ricevere uno stipendio che garantisca i beni di prima necessità: cibo, alloggio e una certa dignità.

Tuttavia, non tutti condividono questo entusiasmo. Il controverso **Elon Musk** ha ripetutamente messo in guardia dalle profonde fratture socioeconomiche che potrebbero emergere quando le macchine diventeranno i principali produttori di ricchezza. Le osservazioni di Musk, pronunciate in popolari podcast e in influenti incontri tecnologici, dipingono un quadro di spostamenti di massa così vasti che la società potrebbe essere costretta a ripensare la struttura stessa dell'esistenza umana. Ha suggerito che se i robot finissero per gestire tutto, potremmo non avere altra scelta che garantire le risorse essenziali come un diritto, non come un privilegio. Tali affermazioni sono tanto un commento oscuramente comico quanto una nota di cautela , che ci ricorda che le meraviglie dell'automazione comportano sfide altrettanto monumentali.

Aggiungendo un altro strato al dibattito, **Sam Altman** di **OpenAI** ha insistito sul fatto che i benefici generati dall'intelligenza artificiale sono troppo monumentali per essere ignorati. Parlando a eventi ospitati da prestigiose istituzioni come **il MIT** e **Stanford** , Altman ha sostenuto che la ricchezza creata dall'innovazione guidata dall'intelligenza artificiale dovrebbe essere ridistribuita ampiamente, assicurando che ogni persona possa godere di uno standard di vita di base. La sua visione non è di rassegnazione ma di re-immaginazione, un invito a ripensare strutture economiche che sono state a lungo date per scontate. Tuttavia, questa idea non è esente da critiche. Gli scettici sostengono che politiche come l'UBI, sebbene nobili in teoria, potrebbero semplicemente servire come soluzione temporanea a un problema molto più complesso e sistemico. Avvertono che fare affidamento su tali misure potrebbe inavvertitamente accelerare lo smantellamento dei tradizionali diritti del lavoro e delle reti di sicurezza sociale, lasciando molti più vulnerabili nel lungo periodo.

Guardatevi intorno e i segnali di trasformazione sono inequivocabili. In settori diversi come il fast food e la vendita al dettaglio, i sistemi automatizzati stanno rapidamente sostituendo i lavoratori umani. Prendete, ad esempio, stabilimenti come **McDonald's** o i punti vendita senza cassiere introdotti da **Amazon Go** . Questi cambiamenti hanno già ridefinito le interazioni con i clienti, sostituendo i sorrisi familiari del personale di servizio con l'efficienza imperturbabile delle interfacce digitali. La verità inquietante è che tali esempi non sono esperimenti isolati, ma precursori di una tendenza che potrebbe alla fine toccare ogni angolo della nostra economia.

Non è solo la sfera dei colletti blu a essere sotto assedio. Il regno dei colletti bianchi, un tempo ritenuto il santuario del lavoro umano creativo e analitico, sta assistendo a un'incursione senza precedenti della tecnologia. Si consideri il campo del giornalismo, dove i sistemi di intelligenza artificiale stanno già generando articoli di notizie di base e resoconti finanziari, sfornando contenuti a una velocità che supera di gran lunga la capacità umana. Nell'arena legale, piattaforme come **ROSS Intelligence** setacciano vasti database di giurisprudenza con velocità fulminea, riducendo complesse attività di ricerca a pochi secondi. Anche il mondo della programmazione non è immune a questi progressi. Strumenti come **GitHub Copilot** ora assistono gli sviluppatori suggerendo frammenti di codice che possono accelerare notevolmente il processo di sviluppo, relegando i programmatori umani a ruoli di supervisione e processo decisionale piuttosto che di creazione primaria.

Dietro questi cambiamenti ci sono centri di innovazione che continuano a spingere i confini di ciò che la tecnologia può raggiungere. Sale sacre come il **Computer Science and Artificial Intelligence Laboratory (CSAIL) del MIT e l'AI Lab di Stanford** sfornano costantemente ricerche rivoluzionarie che promettono di erodere ulteriormente il ruolo tradizionale del lavoro umano . In conferenze ospitate da istituzioni come la **London School of Economics (LSE)** , i principali esperti hanno avvertito che le tendenze attuali potrebbero rendere lo sforzo umano quasi obsoleto in un lasso di tempo molto breve. Uno studio, condotto dai ricercatori dell'Università **di Oxford** nel 2019, ha suggerito che quasi il 47% dei lavori negli Stati Uniti potrebbe alla fine essere automatizzato, una statistica che risuona con un profondo mix di stupore e ansia.

Questa narrazione di predominio tecnologico ci obbliga a fare i conti con le nostre convinzioni consolidate su identità e scopo. Per decenni, il lavoro è stato più di un semplice mezzo per raggiungere un fine economico; è stato una parte fondamentale del modo in cui ci definivamo. Misuravamo il nostro valore in base alle ore che registravamo, ai titoli che guadagnavamo e all'instancabile ricerca di una carriera che promettesse stabilità e riconoscimento. L'avvento dell'automazione ha gettato tutte queste metriche nel caos. Se le macchine possono fare il lavoro meglio, più velocemente e senza bisogno di pause, allora che ruolo giochiamo noi, come esseri umani?

In fondo, questa è una storia di reinvenzione, una sfida esistenziale che ci costringe a guardare dentro di noi e a porci domande difficili sul nostro posto in un sistema in rapida evoluzione. C'è una strana liberazione in questo disfacimento di vecchie strutture, ma è venata da una profonda incertezza. Come ricaviamo un significato quando le stesse attività che un tempo ci definivano svaniscono da un giorno all'altro? Come riconfiguriamo le nostre identità in una realtà in cui il lavoro tradizionale non funge più da spina dorsale della nostra esistenza?

Mi ritrovo attratto da queste domande non solo per curiosità accademica, ma anche per un profondo senso personale. Il mio percorso è stato fatto di continua sperimentazione ed esplorazione creativa. Una volta ho intrapreso un progetto per costruire un sistema di riconoscimento dei gesti del linguaggio dei segni video , un'iniziativa nata dal desiderio di colmare le lacune comunicative e dare potere a una comunità che spesso si ritrova messa da parte. Il progetto era ambizioso: sfruttando librerie open source e sfruttando framework di apprendimento automatico come **TensorFlow** , ho immaginato uno strumento in grado di tradurre il linguaggio dei segni in testo e parlato con una precisione notevole. Ho contattato organizzazioni dedicate al supporto della comunità dei sordi, raccogliendo spunti e feedback che hanno alimentato la mia determinazione. Ma come spesso accade con le idee innovative, la vita è intervenuta. Lo sviluppatore con cui ho collaborato è stato contattato da **Google** e il nostro progetto collaborativo è terminato, sto ancora aspettando un'occasione per farlo rivivere. Questa esperienza, insieme ai miei primi esperimenti con i chatbot su piattaforme come **Pandora** alla fine degli anni '90 e ai miei audaci, seppur prematuri, tentativi di lanciare un'azienda di intelligenza artificiale nel 2012, ha consolidato una verità innegabile: la mia vita è stata un esperimento senza fine nell'intersezione tra creatività e tecnologia. Ogni battuta d'arresto, ogni svolta inaspettata, ha contribuito a una narrazione personale che rispecchia il più ampio sconvolgimento sociale che ora affrontiamo.

C'è una qualità grezza e schietta in questa transizione: un fare i conti con la natura imprevedibile del progresso. Non è né una salita fluida verso l'utopia né una discesa diretta nel caos. Al contrario, è un processo turbolento e disordinato, pieno sia di promesse che di pericoli. La rivoluzione tecnologica non è un evento confezionato in modo ordinato; è un fenomeno tentacolare e multiforme che sconvolge ogni aspetto della vita, dal modo in cui lavoriamo a come interagiamo , come definiamo il successo e persino come ci relazioniamo gli uni con gli altri a livello umano.

Il profondo impatto di questo cambiamento è evidente nelle conversazioni che avvengono in tutti gli strati della società. Nelle strade, nei bar, nei forum digitali dove le idee si scontrano, le persone sono alle prese con le implicazioni di una realtà in cui le macchine superano le capacità umane. Il dibattito non riguarda più se la tecnologia migliorerà le nostre vite, ma piuttosto come possiamo coesistere con sistemi che potrebbero alla fine rendere quasi obsoleto lo sforzo umano tradizionale. I critici sostengono che, sebbene la promessa dell'automazione sia allettante, rischia anche di creare un abisso, un vasto divario tra coloro che possono sfruttare la tecnologia a proprio vantaggio e coloro che vengono lasciati indietro. Fanno riferimento a modelli storici di disuguaglianza e disgregazione, suggerendo che se non stiamo attenti, la marcia del progresso potrebbe approfondire le fratture sociali fino al punto di danni irreparabili.

Ma c'è anche una controcorrente di ottimismo, la convinzione che questa interruzione possa essere il catalizzatore per una rinascita della creatività e della connessione umana. Alcuni visionari sostengono che, liberate dalla fatica dei compiti ripetitivi, le persone potrebbero finalmente essere in grado di impegnarsi in attività che siano veramente arricchenti. Immaginano una società in cui creatività, empatia e pensiero critico sono le merci più preziose, attributi che le macchine, nonostante le loro impressionanti capacità, potrebbero non replicare mai completamente. Questa non è una fantasia sfrenata, ma piuttosto un invito a riesaminare ciò che più apprezziamo nella vita e a investire nelle qualità unicamente umane che la tecnologia non può soppiantare.

Mentre mi siedo con questi pensieri, sono colpito dall'ironia di tutto ciò. Gli stessi strumenti progettati per liberarci dal lavoro noioso stanno sfidando contemporaneamente le fondamenta su cui sono state costruite le nostre identità. In questa nuova era, il successo non si misura più in base al numero di ore trascorse alla scrivania o alla scalata di una gerarchia aziendale, ma forse in base alla capacità di adattarsi, imparare e coltivare passioni che sfidano la meccanizzazione. È un momento di resa dei conti, un confronto con una realtà che ci costringe a riscrivere le regole di ingaggio in ogni aspetto della nostra vita.

Il percorso che ci attende è inesplorato e, mentre l'incertezza incombe, c'è anche una scintilla di possibilità. La storia è piena di momenti di profonda trasformazione e, sebbene la posta in gioco non sia mai stata così alta, lo spirito umano ha una straordinaria capacità di reinventarsi. In questa narrazione di profondo cambiamento, la sfida non è semplicemente sopravvivere, ma prosperare abbracciando nuove modalità di creatività, connessione e autoespressione. Mentre ci muoviamo in questo territorio, dobbiamo rimanere vigili, assicurandoci che la marcia incessante dell'automazione non avvenga a spese dei nostri valori, della nostra dignità o del nostro senso dello scopo.

Ogni giorno ci avvicina alla realtà che un tempo sembrava materia di fantascienza selvaggia, una realtà in cui i meccanismi di produzione non sono più legati alle mani umane, in cui le decisioni sono prese da sistemi progettati per ottimizzare i risultati con fredda precisione e in cui i tradizionali indicatori di occupazione vengono smantellati senza cerimonie. È uno scenario che richiede non solo un adattamento tecnico, ma un cambiamento fondamentale nel modo in cui percepiamo noi stessi e il nostro posto in una società che si sta evolvendo a una velocità vertiginosa.

Riflettendo sul mio percorso personale, dalla scintilla di progetti innovativi alle frustrazioni di collaborazioni bloccate, vedo un microcosmo dell'esperimento sociale più ampio che si svolge intorno a noi. Ogni svolta tecnologica porta con sé la promessa di un futuro migliore, ma anche il potenziale per conseguenze impreviste che sfidano il tessuto stesso delle nostre comunità. Le conversazioni innescate da **Max Tegmark** **, Andrew Yang , Elon Musk e Sam Altman non sono semplici esercizi intellettuali; sono urgenti appelli a ripensare le strutture economiche, i contratti sociali e l'essenza della** realizzazione umana in un'epoca dominata dall'intelligenza artificiale.

Nel mezzo di questo maelstrom, una cosa rimane chiara: la trasformazione è irreversibile. Che scegliamo di vederla come un presagio di liberazione o un presagio di profonda dislocazione dipende in larga misura dalla nostra volontà di affrontare le sfide a testa alta. Il dialogo è in corso, plasmato dal ritmo incessante dell'innovazione e dalla costante interazione tra promessa tecnologica e resilienza umana.

Eccoci qui, di fronte a una realtà in cui ogni istituzione, dal vivace bar dietro l'angolo ai grattacieli delle sedi centrali aziendali, viene ripensata da forze al di fuori del nostro controllo tradizionale. La rivoluzione non è trasmessa in televisione; è codificata nelle linee del software, incorporata nei circuiti dei robot e articolata nelle politiche dibattute da personaggi del calibro di **Andrew Yang** e **Sam Altman** . Le statistiche sono nette: uno studio dell'Università **di Oxford** ha avvertito nel 2019 che quasi la metà dei posti di lavoro negli Stati Uniti potrebbe scomparire, una cifra che funge da agghiacciante promemoria della portata e della velocità di questa trasformazione.

Per coloro che hanno trascorso la vita a forgiare identità attorno al lavoro, questo cambiamento è profondamente personale. Ci sfida a mettere in discussione la natura stessa del successo e a riscoprire cosa conta davvero quando la routine viene sostituita da un'economia che non dipende più dallo sforzo umano per guidare la produttività. C'è una certa libertà in questa incertezza, un potenziale grezzo per ridefinire noi stessi in modi che celebrano creatività, empatia e connessione, qualità che nessuna macchina può replicare.

Mentre mi muovo in questo coraggioso nuovo territorio, mi viene ricordato che l'innovazione è un esperimento in corso, che richiede sia riflessione critica che azioni coraggiose. Il viaggio è tanto imprevedibile quanto esaltante, pieno di momenti di trionfo, battute d'arresto e l'inevitabile ricalibrazione delle nostre aspettative collettive. La narrazione che si dipana attorno a noi non riguarda semplicemente il progresso tecnologico, ma la capacità dello spirito umano di adattarsi, reimmaginare e, in ultima analisi, creare significato nel mezzo del cambiamento.

E così, la domanda rimane, non come una sfida alla tecnologia, ma come un invito a ridefinire i nostri ruoli in una società in cui i parametri del lavoro sono stati ridisegnati. Quando ogni compito viene eseguito con precisione da macchina e i contributi umani sono relegati alla supervisione e al giudizio strategico, siamo costretti a confrontarci con la scomoda verità: le nostre identità devono evolversi. La storia dell'automazione non è solo una storia di distopia o disperazione; è anche un invito a rivendicare i tratti unicamente umani che ci definiscono, a sfruttare la nostra ingegnosità collettiva e a tracciare una rotta che onori sia il progresso sia il valore insostituibile della creatività umana.

Alla fine, riflettendo sulla trasformazione che si sta svolgendo intorno a noi, trovo un misto di trepidazione e speranza. Le metriche convenzionali del lavoro stanno crollando e, con esse, i vecchi indicatori di successo. Al loro posto, ci viene presentata una tabula rasa, un'opportunità di riscrivere le regole, di costruire sistemi che celebrino il potenziale umano nella sua forma più autentica. È una sfida tanto monumentale quanto personale, e richiede la volontà di lasciar andare il passato per abbracciare una realtà che, sebbene imprevedibile, è piena di possibilità.

Questa non è una storia di rassegnazione; è una narrazione di reinvenzione. Si tratta di comprendere che l'evoluzione della tecnologia non segnala la fine dell'impegno umano , ma piuttosto un invito a esplorare territori inesplorati di creatività e scopo. Ogni passo che facciamo in questo territorio inesplorato è sia un rischio che un'opportunità, una possibilità di creare nuovi significati e forgiare identità resilienti, adattabili e profondamente umane.

La rivoluzione dell'automazione è arrivata con tutta la sottigliezza di uno tsunami e, sebbene il suo impatto sia innegabile, ci lascia con la domanda che definirà il nostro prossimo capitolo: quando ogni macchina fa ciò che sa fare meglio, come possiamo noi, come individui e come società, forgiare un percorso che celebri la ricchezza dell'esperienza umana? La risposta potrebbe non essere immediatamente chiara, ma è una sfida che richiede sia introspezione che innovazione , una sfida che io, insieme a innumerevoli altri, sono pronto ad affrontare a testa alta.

Nell'eco delle tastiere che sferragliano e nel ronzio dei sistemi automatizzati, lo spirito umano pulsa ancora di possibilità. L'era che verrà potrebbe spogliarci delle strutture che un tempo conoscevamo, ma getta anche le basi per una rinascita del pensiero, della creatività e della connessione. Il nostro compito è garantire che mentre entriamo in questo coraggioso nuovo capitolo, non lo facciamo come spettatori passivi, ma come plasmatori attivi del nostro destino, un destino in cui la tecnologia funge da strumento di liberazione, non da padrone che detta il nostro valore.

Mentre proseguo il mio viaggio, segnato da esperimenti, battute d'arresto e momenti di inaspettata brillantezza, porto con me la convinzione che persino in un'epoca dominata da un'automazione incessante, rimane uno spazio inflessibile per la natura disordinata, bella e imprevedibile dell'esistenza umana. È un promemoria che mentre i motori del progresso possono ronzare con l'efficienza del silicio e del codice, il cuore dell'innovazione batterà sempre con il ritmo imprevedibile della creatività umana.

Immagine: Peter pesca (non per sport ma per mangiare e divertirsi).

La luce del mattino filtrava attraverso le tende di un modesto appartamento in una città che aveva imparato da tempo a convivere con il ronzio dell'automazione. Ero seduto al tavolo della cucina leggermente macchiato e scheggiato, sorseggiando un caffè tiepido e riflettendo su una domanda che era diventata impossibile ignorare: se ogni compito , dalla codifica di un algoritmo complesso al serraggio di un bullone su una catena di montaggio, viene eseguito da macchine instancabili ed efficienti, cosa ci resta da fare? Non si trattava delle riflessioni sconclusionate di un sognatore disconnesso; era una riflessione sobria su un'epoca in cui i ruoli umani vengono rapidamente ridefiniti.

Ho ricordato i giorni in cui la rivoluzione digitale ha scatenato un torrente di innovazione che ha capovolto i lavori tradizionali. Il boom di Internet della fine degli anni '90 ha fatto più che rendere obsolete alcune competenze: ha generato settori completamente nuovi. Aziende come **Amazon** ed **eBay** sono emerse quasi da un giorno all'altro, trasformando il commercio e creando milioni di opportunità nel processo. Oggi, tuttavia, il catalizzatore del cambiamento ha assunto un nuovo volto, che è allo stesso tempo impressionante e terrificante: sistemi intelligenti e lavoratori meccanici. Questo cambiamento, lungi dall'essere una progressione lineare, è una danza intricata di distruzione e creazione, un paradosso che sfida tutto ciò che pensavamo di sapere sul lavoro .

Ricordo di aver letto di come, nel 2018, la **Commissione Europea** ha lanciato le sue "Linee guida sull'intelligenza artificiale affidabile". Quella mossa è stata più di una semplice messa a punto burocratica: è stata un appello alle industrie di tutto il continente. Improvvisamente, le startup tecnologiche di Berlino si sono ritrovate a discutere dell'etica del processo decisionale delle macchine, mentre le sale riunioni di Parigi si sono confrontate con le implicazioni di algoritmi che potevano superare persino i dirigenti umani più esperti. È stato un momento di resa dei conti: le promesse di un'efficienza infinita erano ormai inseparabili dai rischi di perdere la nostra stessa capacità di prendere decisioni sfumate ed empatiche.

Non si è trattato di un fenomeno isolato. Immaginate una riunione del consiglio di amministrazione ad alto rischio in una potenza come **BYD** o *Toyota* . Invece di un CEO umano carismatico che agita la sala con passione e qualche battuta al momento giusto, immaginate un algoritmo elegante e praticamente impassibile che recita previsioni trimestrali con una precisione tale da far sembrare pigri gli orologi svizzeri. Non ho potuto fare a meno di pensare a **Nick Bostrom** e ai suoi cupi avvertimenti sui rischi esistenziali legati all'intelligenza artificiale incontrollata. Le sue cautele, un tempo liquidate come paranoia accademica, ora sembravano una previsione lungimirante di un'epoca in cui il processo decisionale sarebbe stato spogliato della caotica imprevedibilità che ci rende umani.

Al Berlin AI Summit del 2022, un imprenditore eccentrico, in parte umorista , in parte visionario, è salito sul palco e ha dichiarato, con un misto di ilarità e minaccia, che se avessimo permesso all'IA di impossessarsi dei ruoli di leadership, non avremmo semplicemente assistito a un licenziamento; avremmo assistito alla graduale erosione dello spirito umano. Le sue parole, intrise di ironia, hanno trovato eco tra i delegati di colossi della tecnologia come **SAP** e **Bosch** . Hanno riso nervosamente, il suono echeggiava contro le sterili pareti della conferenza, mentre anche loro si confrontavano con la consapevolezza nascente: se una macchina è riuscita a superarci in astuzia, dove ha lasciato la nostra stessa dignità?

Eppure, in mezzo a tutti questi progressi inquietanti, c'era un contrappunto: una narrazione che suggeriva che i sistemi intelligenti potrebbero non solo essere dei troncatori di posti di lavoro, ma anche dei creatori di posti di lavoro. L'idea era che queste tecnologie, pur annientando alcuni ruoli, avrebbero potuto innescare settori e opportunità completamente nuovi. Questo concetto di "distruzione creativa" non era esattamente una novità. La storia ci aveva già mostrato come i cambiamenti tecnologici sismici, come l'ascesa di Internet, non solo smantellassero vecchi paradigmi, ma forgiassero anche nuovi percorsi, spesso in luoghi inaspettati. La prospettiva era sia esaltante che allarmante, perché richiedeva che riformulassimo completamente la nostra comprensione del lavoro .

Non ho potuto fare a meno di ricordare una scena di un movimentato stabilimento di produzione nel nord Europa. **Ericsson** , il colosso finlandese delle telecomunicazioni, aveva da poco sperimentato un sistema di gestione basato sull'intelligenza artificiale che non solo aveva ridotto i costi di un impressionante 20%, ma aveva anche previsto guasti di rete con una precisione quasi inquietante. Gli ingegneri che un tempo si erano affidati ad anni di esperienza pratica si sono ritrovati ridondanti, la loro competenza messa alla prova da linee di codice che potevano anticipare i problemi prima ancora che si manifestassero. Allo stesso modo, dall'altra parte del mondo, **Innoson Vehicle Manufacturing** , la pioniera casa automobilistica indigena africana della **Nigeria** , aveva adottato le linee di montaggio robotizzate con tale fervore che interi team di lavoratori erano stati licenziati. L'efficienza era innegabile, ma ogni lavoratore licenziato rappresentava non solo un lavoro perso, ma un frammento di un tessuto sociale più ampio che un tempo era stato tessuto da mani umane.

L'implacabile ascesa dell'automazione ha portato con sé conseguenze ben più gravi del semplice spostamento economico. È stato un assalto silenzioso all'identità stessa che molti avevano costruito attorno al loro lavoro. Per secoli, il lavoro era servito da crogiolo per la comunità, una fonte di orgoglio e significato personale. Senza di essa, le intricate reti sociali che legavano le comunità hanno iniziato a sfilacciarsi. Uno studio dell'Istituto europeo per il futuro del lavoro ha sottolineato questo fenomeno : le regioni che avevano abbracciato l'automazione con più fervore erano anche alle prese con tassi più elevati di problemi di salute mentale, isolamento sociale e abuso di sostanze. Il panificio locale, un tempo un vivace centro dove i vicini si riunivano e si scambiavano non solo dolci ma anche storie, è stato sempre più sostituito da chioschi automatizzati che sfornavano pane senza un accenno di calore o tocco umano.

Ho pensato a Pierre, un operaio di 52 anni di Lione che lavorava in una catena di montaggio, la cui vita era stata stravolta quando i robot avevano sostituito il suo team nello stabilimento di produzione locale. La sua storia personale non era un'anomalia, ma una nota rappresentativa di un canto funebre globale, cantato in luoghi di lavoro che si stavano rapidamente svuotando di anime umane. I sindacati di tutta **la Germania** hanno riferito che quasi il 15% dei loro iscritti era stato messo da parte dall'inesorabile marcia dell'automazione, una statistica che risuonava come una campana a morto per l'antico rapporto tra lavoro e identità.

La contraddizione di questa nuova epoca risiedeva nella seducente promessa di efficienza contrapposta al vuoto che avrebbe potuto portare nelle nostre vite. A prima vista, la prospettiva di avere ogni compito gestito da una macchina infallibile e instancabile era irresistibilmente allettante. Niente più perdite di tempo in spostamenti infiniti, niente più routine d'ufficio che ti schiacciavano l'anima, niente più straordinari che ti lasciavano prosciugato e disconnesso. Eppure, il rovescio della medaglia era un vuoto sconcertante, una tela bianca dove i contorni un tempo familiari del lavoro quotidiano erano scomparsi, lasciando dietro di sé la domanda su come riempire le ore precedentemente dedicate al lavoro.

Questo enigma mi ha trascinato in riflessioni filosofiche che ricordano l'assurdità catturata in film come *Office Space* , dove la monotonia aziendale è ridicolizzata con umorismo senza filtri . Ora, la beffa era su di noi: la nostra stessa esistenza potrebbe essere ridotta a un ciclo infinito di svago senza scopo, un continuo lasso di tempo così vasto e indefinito che potrebbe essere una fonte di creatività o un baratro di disperazione. Ho ricordato il mito di Re Mida, il cui tocco trasformava tutto in oro. Eppure, nel suo caso, lo scintillio della ricchezza era una crudele presa in giro della vera realizzazione . In questa nuova era, l'efficienza potrebbe davvero essere allettante come l'oro, ma se spoglia la vita umana delle sue vibranti trame (la nostra risata, la nostra creatività, la nostra capacità di empatia), allora il progresso rischia di diventare uno sterile trionfo della logica delle macchine sul calore umano.

Il dibattito sul fatto che i sistemi intelligenti avrebbero rubato posti di lavoro o creato nuove opportunità non si è limitato a modelli economici astratti o trattati accademici. Si è riversato nelle strade e nei caffè delle città di tutti i continenti. A **Helsinki** , **Lisbona** e oltre, le comunità hanno iniziato a sperimentare idee che hanno ridefinito completamente il concetto di occupazione. Uno di questi esperimenti è stata l'introduzione del reddito di base universale (UBI), un'iniziativa politica che era stata sperimentata in **Finlandia** già nel 2017. In quel programma pilota, un gruppo di cittadini disoccupati ha ricevuto uno stipendio mensile fisso, una somma modesta pensata per fornire un cuscinetto finanziario incoraggiando al contempo attività creative e riducendo l'ansia per la sopravvivenza. I risultati sono stati contrastanti: pur non essendo una panacea per tutti i problemi economici, l'esperimento ha illuminato una possibilità: che separare i mezzi di sostentamento dall'occupazione tradizionale potrebbe offrire una via per rivendicare la dignità umana.

I sostenitori del reddito di cittadinanza sostenevano con passione che un reddito garantito avrebbe potuto liberare le persone dalla fatica di lavori sempre più resi ridondanti dalle macchine. Liberi dalle catene del lavoro di routine , gli individui avrebbero potuto esplorare passioni che erano state a lungo represse dalle incessanti richieste di un'esistenza guidata dallo stipendio . Non si trattava di ozio, ma piuttosto di riscoprire le gioie intrinseche della creatività, della comunità e dell'apprendimento permanente. L'idea trovò profonda risonanza in molti che si erano stancati di equiparare l'autostima ai titoli di lavoro e alle retribuzioni orarie.

Allo stesso tempo, istituzioni accademiche e think tank erano impegnati a reinventare i paradigmi educativi che avevano a lungo sostenuto le nostre società. **La Stanford University** e **il MIT** iniziarono a offrire corsi interdisciplinari che univano competenza tecnica con etica, arti e discipline umanistiche. Questi programmi innovativi miravano a preparare una generazione a un'economia che non misurava più il valore nel numero di ore registrate, ma nella profondità della creatività e dell'adattabilità umana. Fu un cambiamento radicale, un allontanamento dalle metriche tradizionali della produttività verso un modello in cui l'apprendimento stesso era la valuta definitiva.

Ho partecipato a una di queste conferenze a Boston, la MIT Future of Work Conference nel 2023, dove voci da ogni angolo del mondo accademico, dell'industria e della cultura si sono incontrate per discutere di queste urgenti questioni. Le discussioni sono state tanto vivaci quanto urgenti, con panel che hanno analizzato argomenti che andavano dalle linee di produzione automatizzate di **Stoccarda** alle economie creative emergenti in città come **Barcellona** e **Milano** . Un membro del panel , con un sorrisetto ironico, ha osservato che se le macchine dovessero prendere il controllo delle operazioni quotidiane del nostro lavoro, forse potremmo tutti prendere in considerazione una carriera come critici professionisti di spettacoli in streaming, una battuta che, nonostante la sua leggerezza, ha sottolineato una realtà che fa riflettere.

Eppure l'ironia non è sfuggita a nessuno dei presenti. Eccoci qui, sulla soglia di un'era in cui il rituale un tempo sacro del pendolarismo, del timbro di ingresso e della sopportazione della routine quotidiana potrebbe presto essere sostituito da infinite ore di tempo non strutturato. La sfida, quindi, era trovare un significato e uno scopo in un'esistenza che non fosse più definita da richieste esterne. Questo riorientamento esistenziale non era un mero lusso filosofico; era un imperativo pratico se volevamo evitare le insidie dell'isolamento, dell'apatia e di una profonda perdita di identità.

Più riflettevo su queste questioni, più mi rendevo conto che lo scontro tra efficienza e umanità non era una scelta binaria, ma un complesso gioco di compromessi. Da un lato, i progressi nella robotica e nell'intelligenza artificiale promettevano livelli di precisione, coerenza e velocità senza precedenti. Fabbriche come quelle gestite da **Bosch** avevano dimostrato che il lavoro robotico poteva superare la produzione umana a passi da gigante, offrendo prodotti con un livello di qualità che le mani umane, non importa quanto abili, facevano fatica a eguagliare. D'altro canto, le stesse qualità che rendevano le macchine eccezionali - efficienza incrollabile, mancanza di emozioni e ripetizione instancabile - erano anche i tratti che minacciavano di spogliare le nostre vite del ricco arazzo tessuto dall'esperienza umana.

Era una contraddizione che sfidava una facile risoluzione. La promessa di una vita libera dalla fatica dei compiti ripetitivi era allettante, ma sollevava anche inquietanti domande sullo scopo e la realizzazione . L'eliminazione dell'occupazione tradizionale avrebbe potuto portare a un'era di creatività e innovazione senza precedenti, o avrebbe invece fatto sprofondare la società in uno stato di inerzia esistenziale? La risposta, a quanto pare, non risiedeva nella tecnologia in sé, ma nel modo in cui sceglievamo di rispondere al suo inarrestabile progresso.

Nel corso di queste riflessioni, mi sono ritrovato attratto dalle storie di individui che avevano resistito alla tempesta dell'automazione con un misto di resilienza e umorismo provocatorio . C'era la storia di Pierre di Lione, i cui lunghi anni alla catena di montaggio erano stati bruscamente interrotti dall'arrivo dei macchinari automatizzati. La sua storia, pur essendo profondamente personale, riecheggiava una tendenza più ampia: una serie di tragedie e trionfi personali che illustravano il costo umano del rapido cambiamento tecnologico. In tutta **la Germania** , i rappresentanti sindacali raccontavano come intere comunità fossero state rimodellate dalle forze gemelle dell'efficienza e dello spostamento, con gli ex lavoratori ora costretti a cercare nuovi ruoli in una società che sembrava sempre più indifferente alla loro competenza.

Eppure, anche in mezzo al tumulto, scintille di speranza brillavano in luoghi inaspettati. Nei quartieri un tempo definiti dalla potenza industriale, nuovi centri di creatività stavano prendendo piede. Artisti, scrittori e musicisti iniziarono a reclamare le strade e i parchi come luoghi di espressione, sfidando l'idea che il valore di una persona fosse misurato esclusivamente dalla sua produzione economica. Bar e centri comunitari brulicavano di conversazioni su arte, filosofia e sulle possibilità inesplorate della vita oltre il convenzionale orario dalle nove alle cinque. Fu una sorta di rinascita, un movimento popolare che abbracciò l'idea che l'ingegno umano, non vincolato dalle esigenze di una produttività incessante, potesse prosperare in modi che sfidavano le metriche tradizionali.

Un esempio del genere è stata la trasformazione di un vecchio quartiere industriale a **Lisbona** , dove magazzini abbandonati erano stati riconvertiti in vivaci centri artistici e laboratori di innovazione. Ex operai industriali, molti dei quali avevano perso il lavoro a causa dell'automazione robotica, ora si ritrovavano a collaborare con giovani creativi e appassionati di tecnologia su progetti che fondevano arte e tecnologia all'avanguardia. Il loro lavoro era grezzo e sperimentale, una testimonianza vivente dell'idea che quando le strutture di lavoro convenzionali crollano, nuove forme di espressione e comunità possono emergere al loro posto.

In mezzo a tutta questa trasformazione, il ruolo dell'istruzione e dell'apprendimento continuo ha assunto una rinnovata urgenza. Il paradigma secondo cui l'apprendimento era un privilegio dei giovani è stato capovolto da corsi e programmi progettati per un impegno duraturo. Istituzioni come **il MIT** e **la Stanford University** non si limitavano a formare i futuri tecnologi; coltivavano pensatori adattabili, equipaggiati per navigare in un'economia in cui le regole venivano riscritte al volo. L'enfasi si è spostata dal padroneggiare un set fisso di competenze all'abbracciare un atteggiamento di curiosità perpetua, una mentalità che riconosceva che adattabilità e innovazione erano le vere valute della nuova era.

Durante questo periodo tumultuoso, una domanda ricorrente incombeva: come avrebbe potuto la società conciliare il potere assoluto dell'efficienza delle macchine con l'innegabile bisogno di connessione e creatività umana? La risposta non era né semplice né immediata. Richiedeva un riesame completo dei nostri valori, delle nostre strutture sociali e della definizione stessa di scopo. Era una sfida che si estendeva ben oltre l'economia o la tecnologia: era una questione di identità, di come ci comprendevamo in relazione a un ambiente in rapida evoluzione.

Ho trovato conforto nella consapevolezza che il sovvertimento non era un presagio di inevitabile disperazione, ma un invito a reimmaginare il tessuto delle nostre vite. La spinta incessante all'efficienza, pur essendo innegabilmente trasformativa, non doveva condurci a un tetro paesaggio di alienazione. Invece, poteva fungere da catalizzatore per risvegliare lo spirito creativo che giace dormiente sotto strati di routine e convenzione. La morte dei ruoli lavorativi tradizionali non è stata la fine dell'impegno umano ; è stata una chiamata a ridefinire cosa significasse contribuire, innovare e appartenere.

In una memorabile conversazione in una libreria locale, dove l'odore della vecchia carta si mescolava al brusio di un vivace dibattito, un ingegnere in pensione rifletteva sul potenziale di un nuovo tipo di rinascimento. "Quando le macchine faranno il lavoro pesante", disse con un luccichio negli occhi, "forse sarà il nostro turno di esplorare l'arte di vivere". Le sue parole risuonarono profondamente in me, racchiudendo sia l'ironia che l'opportunità dei nostri tempi. Era una prospettiva che sfidava la narrazione prevalente di sventura, spingendoci invece a vedere la trasformazione come una tabula rasa su cui avremmo potuto scrivere nuove storie significative.

L'evoluzione del lavoro non è stata una storia di semplice sostituzione, ma di metamorfosi, un viaggio che ci ha richiesto di abbandonare ipotesi obsolete e di abbracciare una radicale reinvenzione dello scopo. Lo spettro dei sistemi intelligenti e dei robot instancabili, nonostante la loro instancabile efficienza, era uno specchio tenuto davanti ai nostri limiti e alle nostre aspirazioni. Ci ha costretti a confrontarci con una profonda verità: che il valore della vita umana non poteva mai essere misurato esclusivamente da parametri di produttività o dalla precisione di un algoritmo. Invece, il nostro valore si trovava nella nostra capacità di creare, di connetterci e di trasformare le avversità in arte.

Mentre ero seduto lì, riflettendo sul dramma in corso dei nostri tempi, sono stato colpito da un paradosso tanto chiaro quanto inquietante. La marcia del progresso, guidata da entità come **Toyota** , **Bosch** e **SAP** , stava spogliando i contorni familiari dell'occupazione tradizionale, mentre apriva prospettive di possibilità senza precedenti. Questa non era una lotta binaria tra uomo e macchina; era un'interazione complessa e sfaccettata di forze, ciascuna in competizione per il predominio in un panorama in cui la certezza era fugace come un temporale estivo.

Ci sono stati anche momenti in cui il ritmo incessante del cambiamento sembrava uno scherzo cosmico, una narrazione così assurda da sfidare ogni spiegazione logica. Immaginate uno scenario in cui le sale riunioni, un tempo piene di emozioni umane e di chiacchiere strategiche, fossero invece prese di mira da direttori algoritmici la cui unica preoccupazione era massimizzare la produzione. L'idea, sebbene ridicolmente distopica, sottolineava una realtà più profonda: che la ricerca incessante dell'efficienza, se non controllata, avrebbe potuto svuotare il nucleo ricco e disordinato di ciò che ci rendeva umani.

In mezzo a questo sconvolgimento, ho visto sprazzi di speranza e resilienza. Ex lavoratori , spogliati dei loro ruoli tradizionali, stavano forgiando nuovi percorsi in campi diversi come l'arte digitale, l'innovazione culinaria e l'agricoltura sostenibile. Il cambiamento non è stato uniforme o universalmente fluido - ci sono stati passi falsi, lotte e momenti di amara delusione - ma era innegabile: la creatività umana, nel suo ostinato rifiuto di essere superata, stava organizzando un ritorno.

Considerate l'impatto trasformativo di **Spotify** e del suo co-fondatore, **Daniel Ek** . Ciò che è iniziato come una modesta idea di cambiare il modo in cui consumiamo la musica è cresciuto in un cambiamento sismico nell'economia culturale. **Daniel Ek** ha sostenuto, nel suo stile tipicamente schietto, che la musica non era semplicemente una merce da scambiare, ma un'esperienza da assaporare , un'idea che ha trovato riscontro in milioni di persone di diversa estrazione. Il suo successo è stato una testimonianza dell'idea che persino in un'epoca definita dall'automazione, c'era ancora spazio per il tocco unicamente umano, la capacità di evocare emozioni, ispirare e creare connessioni che trascendevano gli scambi transazionali.

Eppure, anche se la promessa di un'economia creativa rivitalizzata traspariva, le dure realtà dello spostamento e dell'incertezza non erano mai lontane dalla vista. L'incessante spinta a ottimizzare ed economizzare era una forza che non risparmiava nessuno, nemmeno il più celebrato degli sforzi umani . Conferenze e summit, come la MIT Future of Work Conference tenutasi nel 2023, brulicavano di dibattiti tanto appassionati quanto pragmatici. Studiosi, leader del settore e critici culturali si sono confrontati con la domanda urgente: come possiamo sfruttare i vantaggi del progresso tecnologico senza sacrificare l'anima dell'esistenza umana?

Questo dialogo si è riversato in innumerevoli conversazioni nei caffè, agli angoli delle strade e negli angoli silenziosi delle biblioteche. La narrazione non era più quella di un'accettazione passiva, ma di una rivisitazione attiva. Ogni lavoratore licenziato, ogni fabbrica chiusa, ogni sospiro silenzioso di rassegnazione è diventato un grido di battaglia per un nuovo contratto sociale, che avrebbe onorato i contributi del passato osando immaginare un domani radicalmente diverso.

E così, mentre il giorno trascorreva e la città fuori pulsava con l'energia del cambiamento costante, non potevo fare a meno di provare un mix agrodolce di trepidazione e possibilità. Stavamo vivendo un momento cruciale, un punto di svolta in cui la marcia incessante delle macchine intelligenti ci costringeva a porci domande difficili sulla natura del lavoro , dello scopo e della realizzazione . Era un periodo segnato da forti contrasti: da una parte, la fredda efficienza degli algoritmi e dei bracci robotici, e dall'altra, la scintilla vibrante e imprevedibile dell'ingegno umano.

Questa non era una storia di determinismo tecnologico, ma di resilienza umana, una storia che richiedeva di riscrivere le regole di impegno con il nostro lavoro e le nostre identità. L'era dell'automazione onnipresente, simboleggiata dalla rapida ascesa di **Ericsson** , **Innoson Vehicle Manufacturing** e altre entità simili, stava rimodellando il nostro destino collettivo. E mentre la perdita dei ruoli tradizionali è stata un duro colpo per ciò che era familiare, ha anche creato un vuoto , un'opportunità per ridefinire cosa significasse contribuire in modo significativo alla società.

In questa luce, la promessa del reddito di base universale assunse una nuova dimensione. Non era semplicemente una politica economica, ma un'ancora di salvezza, un mezzo per ristabilire l'equilibrio in un sistema che, per troppo tempo, aveva misurato il valore umano solo in termini monetari. Le sperimentazioni in **Finlandia** e le comunità sperimentali di **Helsinki** e **Lisbona** furono i primi esperimenti di questa grande ridefinizione. Offrirono uno scorcio di come, separando la sopravvivenza dall'occupazione convenzionale, le persone potessero reclamare la libertà di esplorare arte, scienza e cultura alle proprie condizioni.

In piedi a questo bivio, una cosa divenne abbondantemente chiara: l'era imminente avrebbe richiesto che abbracciassimo l'incertezza con un senso di creatività provocatoria. Avremmo dovuto imparare, adattarci e, cosa più importante, reimmaginare il nostro potenziale. L'implacabile efficienza delle macchine era un dato di fatto, una forza che non poteva essere fermata. Ma era altrettanto innegabile che l'ingegno umano, con il suo imprevedibile talento per l'invenzione e la connessione, avrebbe continuato a ritagliarsi nuove nicchie in un panorama in continua evoluzione.

La narrazione che si dipana davanti a noi è sia un racconto ammonitore che un invito, una chiamata a riesaminare le nostre convinzioni sul lavoro, l'identità e l'essenza stessa del progresso. È un promemoria del fatto che, mentre le macchine possono svolgere innumerevoli compiti con una fredda precisione meccanica, non possono mai replicare la disordinata e bella complessità della vita umana. Non possono ridere di una brutta battuta condivisa su una tazza di caffè dimenticata, né possono provare la gioia cruda di creare qualcosa che risuoni a un livello profondamente personale.

Mentre calava il crepuscolo e le luci della città si accendevano tremolanti, proiettando lunghe ombre che danzavano sui marciapiedi bagnati di pioggia, ho sentito un fremito di determinazione. Questo momento, carico sia di pericoli che di promesse, non era un punto di arrivo, ma un inizio. Era un invito a entrare in un nuovo capitolo, in cui la scomparsa di ruoli familiari non annunciava la fine dello scopo, ma piuttosto l'emergere di qualcosa di completamente nuovo e potenzialmente trasformativo.

La sfida, quindi, era quella di sfruttare le sorprendenti capacità dei sistemi intelligenti senza rinunciare all'anima che ci rende distintamente umani. Trovare un equilibrio tra la marcia incessante dell'automazione e l'esigenza senza tempo di creatività, connessione e significato. Era un compito arduo, che richiedeva non solo innovazione tecnologica, ma anche una radicale reinvenzione dei nostri contratti sociali, dei nostri sistemi educativi e persino delle nostre narrazioni personali.

In fin dei conti, la storia dei nostri tempi è una storia di evoluzione, un viaggio incessante, a volte doloroso, ma in ultima analisi pieno di speranza, verso una nuova comprensione di cosa significhi essere vivi in un'era di macchine. Le vecchie certezze del lavoro e dell'identità si stavano dissolvendo, lasciando dietro di sé una vasta distesa di possibilità inesplorate. E sebbene non ci fosse una risposta facile, il processo di lotta con questi profondi cambiamenti conteneva in sé i semi di un rinascimento, una rinascita alimentata dall'audacia della creatività umana e dall'inflessibile desiderio di ridefinire il nostro destino.

Così, mentre finivo il mio caffè e mi preparavo a uscire in una città trasformata sia dalle meraviglie tecnologiche che dalla resilienza umana, portavo con me la convinzione che questa era, carica di sconvolgimenti e dubbi, fosse anche una chiamata alle armi. Una chiamata a reimmaginare, ricostruire e riscoprire il ricco arazzo dell'esistenza umana. Perché in ogni algoritmo e in ogni braccio robotico, non c'era solo una testimonianza di efficienza, ma un invito aperto a scrivere un nuovo capitolo di significato, una narrazione in cui, nonostante l'inarrestabile ascesa delle macchine, lo spirito umano non solo avrebbe resistito, ma sarebbe prosperato.

E così, il viaggio continua, un viaggio in territori inesplorati dalle generazioni precedenti, dove ogni lavoratore licenziato, ogni fabbrica chiusa e ogni momento di quieto introspezione sono un trampolino di lancio verso un domani ridefinito. In questa coraggiosa nuova era, dove sistemi intelligenti e robot instancabili plasmano la meccanica dell'industria, spetta a noi infondere nelle nostre vite la magia imprevedibile e non

quantificabile della creatività e della compassione.
Questa è la nostra sfida, la nostra responsabilità e, in
definitiva, la nostra possibilità di riscoprire cosa significa
vivere veramente.

Nell'eco di ronzii automatizzati e impulsi digitali, si
dipana la storia della nostra trasformazione, una storia
che riguarda tanto le macchine quanto il cuore umano.
È un racconto di perdita e rinascita, di disperazione
mescolata a speranza e della verità duratura che,
mentre la tecnologia può ridefinire i nostri compiti, non
può mai usurpare la capacità di meravigliarsi, di ridere o
di avere una connessione genuina. E questa, forse, è la
forma di progresso più radicale di tutte.

Roadmap for Reskilling and Reinvention

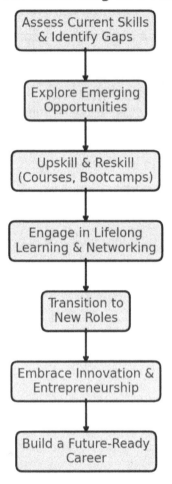

L'aria del mattino portava con sé un pizzico di ribellione, come se persino la natura sapesse che qualcosa stava cambiando. Ti svegli un giorno e ti rendi conto che il mondo intorno a te non si misura più con i vecchi parametri di un ufficio d'angolo o di una busta paga ordinatamente stampata . Invece, il ritmo della vita è stato rimescolato da un'implacabile ondata di innovazione e sconvolgimento. La routine quotidiana non consiste più semplicemente nel timbrare il cartellino di un lavoro; è diventata una chiamata a riscoprire il puro brivido dell'apprendimento, della sperimentazione e dell'osare di ridefinire il successo alle proprie condizioni.

Tutto iniziò in sordina: sussurri nei corridoi del mondo accademico, mormorii nelle sale riunioni delle startup **della Silicon Valley** e dibattiti accesi nei think tank sparsi per **New York** . All'improvviso, i segnali divennero impossibili da ignorare. Era in atto un cambiamento, che metteva in discussione le fondamenta stesse di ciò che la società aveva a lungo creduto fosse la sua principale fonte di identità: il lavoro. Non si trattava di produrre una nuova generazione di tecnici riparatori di robot. Era invece un invito sismico ad abbracciare l'ignoto, a riscrivere le regole e a impegnarsi in un dialogo lungo tutta la vita con curiosità.

I semi di questa trasformazione sono stati piantati da istituzioni visionarie e audaci esperimenti di politica economica. Nel 2021, ad esempio, la **Commissione europea** ha lanciato una serie di iniziative progettate per attutire l'impatto dell'automazione. In **Germania** , alle regioni immerse nella tradizione industriale sono stati offerti programmi di riqualificazione che miravano non solo alla sopravvivenza, ma anche alla prosperità. In tutta **la Spagna** , sovvenzioni innovative hanno dato il via a startup creative che hanno sfidato i modelli aziendali convenzionali. Nel frattempo, dall'altra parte del Pacifico, titani come **BYD** in **Cina** stavano reinventando la produzione con una precisione e una velocità che non lasciavano spazio all'autocompiacimento. Anche nel continente africano, pionieri come **Innoson Vehicle Manufacturing** stavano dimostrando che l'innovazione non era confinata ai soliti noti.

In una piccola comunità che un tempo poteva essere considerata insignificante, il destino ha orchestrato una trasformazione che è stata in egual misura straziante e stimolante. Quando una fabbrica ha chiuso i battenti in risposta all'automazione dilagante, centinaia di persone si sono ritrovate alla deriva. Invece di soccombere alla disperazione, le persone si sono radunate con una tenacia che smentiva le circostanze. Hanno trasformato un magazzino abbandonato in un vivace centro culturale , un luogo in cui arte, musica, tecnologia e conversazione si mescolavano liberamente. Questa rinascita non è stata solo una metafora; è stato un promemoria tangibile che quando i ruoli tradizionali svaniscono, lo spirito umano resiliente può creare qualcosa di completamente nuovo.

Nelle metropoli frenetiche e nei tranquilli villaggi rurali, hanno iniziato a emergere leader e pensatori. Nomi come **Nick Bostrom** e **Yuval Noah Harari** sono presto diventati sinonimo di un radicale ripensamento del nostro destino collettivo. Il lavoro pionieristico **di Bostrom** sulla superintelligenza è servito da duro avvertimento, un promemoria che il potere dell'IA potrebbe un giorno superare la nostra capacità di controllarla. Le narrazioni **di Harari** , ricche di intuizioni storiche, ci hanno sfidato a confrontarci con l'ironia del nostro progresso: che ogni grande balzo in avanti portava con sé i semi di una profonda rottura. In incontri di alto profilo come i simposi **del MIT** e i forum **di Stanford** , queste idee non sono state solo discusse, ma sono state sezionate, dibattute e, a volte, ridicolizzate. Un relatore ha persino scherzato sul fatto che se l'ascesa dell'IA ha reso obsoleti i lavori tradizionali, almeno l'umanità potrebbe guadagnarsi la reputazione di essere i filosofi più devoti al mondo o, osiamo dire, critici implacabili della prossima stagione di spettacoli in streaming.

Questa collisione di progresso e pericolo ha capovolto le ipotesi di lunga data sul successo. Per secoli, il valore è stato misurato in base a titoli di lavoro, estratti conto bancari e capacità di scalare i vertici aziendali. Oggi, mentre i bracci meccanici assemblano veicoli e i cervelli digitali analizzano terabyte di dati, quelle vecchie metriche hanno perso molto del loro splendore . Invece, sta emergendo silenziosamente una rinascita, che pone creatività, comunità e una genuina connessione umana al centro. Il nuovo paradigma suggerisce che la realizzazione potrebbe essere trovata non nella precisione degli algoritmi o nella fredda efficienza dei processi automatizzati, ma nell'atto disordinato e meraviglioso di reinventarsi.

Nel mezzo di questa inarrestabile ondata di cambiamenti, l'umorismo è diventato un'improbabile ancora di salvezza. C'è una qualità cruda e liberatoria nella capacità di ridere della propria obsolescenza. L'assurdità di passare decenni a salire su una scala che potrebbe presto essere sostituita da una scala mobile, progettata esclusivamente per le macchine, non sfugge a nessuno. Questo umorismo non è rassegnazione cinica; è un sorriso di sfida di fronte all'incertezza. Quando la nozione stessa di lavoro viene messa in discussione, a volte la risposta migliore è scrollare le spalle, ridacchiare e poi alzarsi per fare qualcosa di straordinario.

Immagina un momento in un affollato bar di quartiere , dove un ex operaio di fabbrica, ora artista part-time e filosofo a tempo pieno, ha intrattenuto una piccola folla con storie di vita prima dell'automazione. La sua narrazione non era piena di amara nostalgia, ma di un'accettazione ironica di quanto velocemente le cose possano cambiare. "Eravamo soliti definirci in base ai compiti che svolgevamo", ha riflettuto, con gli occhi che brillavano di malizia. "Ora stiamo scoprendo che il nostro valore non sta in ciò che produciamo, ma negli infiniti modi in cui possiamo reinventarci". Le sue parole, grezze ma profonde, hanno trovato profonda risonanza in coloro che avevano sperimentato lo shock brutale della ridondanza tecnologica.

Tuttavia, le sfide che affrontiamo non sono puramente esistenziali o filosofiche: sono tangibili come i robot che ora lavorano al nostro fianco. Il panorama attuale è caratterizzato da una spinta incessante da parte delle industrie desiderose di ottimizzare l'efficienza. In centri frenetici come **Tokyo** e **Milano** , i sistemi automatizzati hanno assunto ruoli che un tempo fornivano un senso di scopo a innumerevoli lavoratori. Qui, il tessuto della comunità si sta ristrutturando, filo dopo filo, mentre le vecchie certezze vengono sostituite da un coraggioso nuovo mix di creatività e adattabilità grezza. In queste arene urbane, i tradizionali indicatori di successo stanno cedendo il passo a una celebrazione dell'innovazione che è tanto imprevedibile quanto stimolante.

In mezzo a tutta questa turbolenza, una cosa è chiara: i sistemi su cui abbiamo fatto affidamento per misurare la nostra autostima si stanno disintegrando sotto il peso di un progresso incessante. L'ironia è palpabile: secoli di ingegno e sforzi umani rischiano ora di essere relegati a note a piè di pagina in una narrazione scritta da silicio e codice. Ma piuttosto che soccombere alla disperazione, alcuni stanno scegliendo di vedere questo sconvolgimento come un invito. È un invito a mettere in discussione vecchi paradigmi e ad abbracciare una definizione più ampia di cosa significhi vivere una vita appagante.

Nelle città e nei paesi, nelle sale riunioni e nei bar, le conversazioni sono cambiate radicalmente. Le persone non sono più concentrate esclusivamente sulla scalata di gerarchie predefinite. Invece, sono impegnate in dibattiti sul tipo di società che desiderano creare, una società che premia l'ingegno rispetto all'inerzia, l'empatia rispetto all'efficienza. Anche se il lavoro robotico continua a rivendicare compiti che un tempo definivano l'impegno umano , una controcorrente di creatività sta prendendo forza. Le comunità stanno investendo in programmi di apprendimento permanente, workshop e centri culturali che consentono agli individui di esplorare passioni che un tempo erano represse dalla routine di un'esistenza dalle nove alle cinque.

Al centro di questo movimento c'è l'idea che le nostre identità non debbano essere legate a un singolo ruolo o occupazione. Al contrario, le nostre identità possono essere fluide, in evoluzione e ricche di esperienze diverse. Nei quartieri pieni di magazzini riconvertiti che ora brulicano di installazioni artistiche e incubatori tecnologici, le persone stanno imparando ad assaporare ogni momento di reinvenzione. Stanno abbracciando l'idea che la crescita personale sia un processo continuo, un viaggio pieno di colpi di scena, svolte e deviazioni inaspettate.

In quest'epoca di radicale ridefinizione, è impossibile non notare la surreale miscela di speranza e ironia che colora il nostro umore collettivo. Gli esperti economici di eventi ospitati da istituzioni come **il MIT** e **Stanford** hanno dipinto un quadro tanto desolante quanto esaltante. Durante una tavola rotonda particolarmente memorabile, un rinomato economista lo ha esposto in termini crudi: "Il nostro lavoro si sta trasformando radicalmente e se rimaniamo passivi, il cambiamento che ne consegue lascerà molti di noi alla deriva". La dichiarazione è stata pronunciata con una gravità impossibile da ignorare. Eppure, pochi istanti dopo, l'umore si sarebbe alleggerito con una battuta o una risata , un riconoscimento che a volte l'unica risposta sensata a tale assurdità è ridere.

Questa dualità, la tensione tra terrore e umorismo provocatorio , è diventata la firma dei nostri tempi. È una tensione che è forse meglio esemplificata dalle celebrazioni ironiche che sono nate intorno all'automazione. Festival dedicati all'arte, alla musica e alla creatività sono sbocciati in quartieri inaspettati, offrendo non solo una tregua dall'ansia, ma una potente dichiarazione: anche se le macchine prendono il sopravvento sui compiti di routine, lo spirito umano rimane inattaccabile. In uno di questi festival in un vivace centro urbano , un poeta locale lo ha riassunto perfettamente: "Potremmo perdere i nostri vecchi modi, ma stiamo guadagnando una tela infinita per dipingere le nostre nuove storie".

Per coloro che si aggrappano ancora alle vecchie definizioni di successo, questo sconvolgimento culturale è un brusco risveglio. Il valore di una persona non è più determinato solo dall'efficienza del proprio lavoro o dal prestigio di un titolo aziendale. Invece, la narrazione si sta spostando verso la celebrazione delle qualità che nessuna macchina può replicare: immaginazione, intuizione emotiva e la pura testardaggine dell'anima umana. Questa narrazione emergente ci sfida a ripensare ogni aspetto della nostra vita, dall'istruzione e dall'occupazione alla realizzazione personale e alla connessione sociale.

Anche se i decisori politici si affannano per tenere il passo con l'incessante marcia del progresso, molti stanno iniziando a capire che la risposta non sta nel resistere al cambiamento, ma nello sfruttarlo. I governi in **Europa** hanno lanciato iniziative radicali per riqualificare i lavoratori, aiutandoli a passare da ruoli obsoleti a settori emergenti che premiano la creatività e l'abilità tecnica. In **America** , le città stanno sperimentando prove di reddito di base universale e riforme educative che enfatizzano l'apprendimento adattivo e basato sulle competenze rispetto alla memorizzazione meccanica. E lungi dall'essere confinate nei tradizionali centri di potere , le idee stanno fiorendo nei luoghi più inaspettati, dalle biblioteche suburbane ai centri comunitari nei quartieri in difficoltà economica .

Questa vasta e caotica riorganizzazione della società è tanto una rinascita culturale quanto una trasformazione economica. Le strategie implementate dai decisori politici sono audaci e sperimentali, forgiate nel crogiolo dell'urgenza e della necessità. L'ironia è che mentre la rivoluzione digitale minaccia di spogliare le identità di lunga data, offre allo stesso tempo un nuovo inizio, una tabula rasa su cui scrivere nuove narrazioni di successo. Invece di rassegnarci all'obsolescenza, ora abbiamo l'opportunità di forgiare vite ricche di significato, creatività e gioia inaspettata.

In sostanza, questa trasformazione in corso riguarda il riesame dell'idea stessa di valore. Per generazioni, il valore è stato sinonimo di output misurabile, un calcolo preciso delle ore lavorate, dei prodotti realizzati o dei profitti guadagnati. Ora, di fronte ad algoritmi sofisticati e all'efficienza automatizzata, il valore viene riformulato in termini molto più soggettivi. I dibattiti nelle aule accademiche e nei forum politici si sono spostati da questioni di efficienza a questioni di scopo. Questa ridefinizione ha implicazioni profonde, non solo per le vite individuali, ma per la struttura della società nel suo complesso.

Immagina un futuro in cui le conversazioni nei bar non ruotano attorno ai guadagni trimestrali o alle tendenze di mercato, ma attorno a mostre d'arte, progetti della comunità locale ed esperimenti di narrazione digitale. Immagina una società in cui i fine settimana vengono trascorsi frequentando workshop su tutto, dalla ceramica alla programmazione, dove ogni conversazione è un'opportunità per imparare qualcosa di nuovo e dove la misura del successo è fluida e diversificata come le persone stesse. Quella società sta iniziando a prendere forma, un piccolo, determinato passo alla volta.

Eppure, anche se l'ottimismo combatte contro l'incertezza, le sfide restano scoraggianti. La diffusione dell'automazione non è un fenomeno nettamente contenuto, è un'onda multiforme che tocca ogni aspetto della vita. Nei settori che vanno dalla produzione ai servizi, l'implacabile efficienza delle macchine ha costretto a fare i conti con ipotesi consolidate su lavoro e produttività. Gli stessi strumenti che un tempo erano simboli dell'ingegno umano ora gettano lunghe ombre sui mezzi di sostentamento che definivano intere comunità. E mentre la risposta a questa resa dei conti è stata varia, spaziando da iniziative pragmatiche di riqualificazione a espressioni artistiche di sfida, è chiaro che la trasformazione è profonda e irreversibile.

In mezzo a questo sconvolgimento, l'umorismo si erge come un potente contrappeso alla disperazione. C'è una deliziosa ironia nell'idea che, mentre l'automazione riconfigura le nostre routine quotidiane, la risposta definitiva potrebbe essere semplicemente ridere. La risata, dopotutto, è un promemoria che anche nel mezzo di un profondo cambiamento, alcuni elementi dell'esperienza umana rimangono intatti dalla tecnologia. È un linguaggio che trascende dati e circuiti , una testimonianza della nostra capacità di trovare significato e connessione, anche quando il familiare è stato spogliato.

A questo punto, dovrebbe essere chiaro che la nostra situazione attuale non è semplicemente una sfida economica o tecnologica. È una profonda opportunità, un invito a ridefinire cosa significhi essere umani in un'epoca in cui i convenzionali indicatori di successo hanno perso la loro presa. L'antica ossessione per i titoli, i saldi bancari e lo status gerarchico sta gradualmente cedendo il passo a una narrazione più ampia e ricca, che celebra la nostra capacità di adattarci, di imparare e di trovare gioia nel processo di reinvenzione.

Quindi eccoci qui, a un bivio segnato dal ronzio incessante dei processi automatizzati e dal chiacchiericcio vibrante delle menti creative. I sistemi che un tempo promettevano stabilità ora sembrano arcaici di fronte al progresso rapido e incessante. E tuttavia, in questa turbolenza si nasconde una promessa silenziosa: la promessa che, nonostante le sfide, rimane una scintilla inestinguibile di possibilità dentro ognuno di noi. È un promemoria che la vera misura del nostro valore non è dettata da macchine o numeri, ma dalla nostra incessante ricerca di curiosità e dalla nostra volontà di trasformare le avversità in arte.

In questa narrazione in divenire, ogni battuta d'arresto porta con sé un invito nascosto: imparare, adattarsi e, in ultima analisi, reinventarsi. È una narrazione che sfida le definizioni stantie di successo e ci invita a creare una storia che sia unicamente nostra . Mentre giganti della tecnologia come **BYD** , innovatori politici in **Europa** e imprenditori creativi in **America** e oltre spingono i confini di ciò che è possibile, ci troviamo di fronte a una scelta. Possiamo aggrapparci a paradigmi obsoleti oppure possiamo cogliere questo momento per rimodellare le nostre vite in modi che onorino la complessità, la resilienza e l'irriverenza che ci definiscono come esseri umani.

Questa non è una storia di declino inevitabile, ma piuttosto una storia di trasformazione, una metamorfosi che, seppur inquietante, è piena di potenziale. Ci invita a liberarci dai confini di ruoli definiti in modo ristretto e a esplorare i vasti territori inesplorati della creatività e della scoperta di sé. Che si tratti dei vivaci centri comunitari nati dalla crisi o delle politiche rivoluzionarie che reinventano istruzione e occupazione, c'è un palpabile senso di urgenza e possibilità in ogni angolo della nostra società in evoluzione.

E così, mentre navighiamo in queste acque inesplorate, c'è una certa bellezza nell'accettare l'assurdità di tutto ciò. La sola idea che un giorno potremmo essere ricordati non per i lavori che abbiamo svolto, ma per le impronte creative che abbiamo lasciato dietro di noi è allo stesso tempo terrificante e liberatoria. L'ironia è ricca: la marcia incessante dell'automazione potrebbe rendere obsoleti molti ruoli tradizionali, ma allo stesso tempo apre un panorama di opportunità inesplorate, un'opportunità per scoprire passioni, costruire comunità e celebrare la pura imprevedibilità della vita umana.

Alla fine della giornata, ciò che rimane è una scelta. Una scelta di vedere questa inarrestabile ondata di tecnologia non come una minaccia esistenziale, ma come un catalizzatore per la trasformazione. È un invito a ridefinire le nostre priorità, a investire nella nostra creatività e ad apprezzare le qualità intangibili che nessuna macchina può replicare. In questa trasformazione in corso, ogni risata, ogni conversazione, ogni esplosione di ispirazione creativa è un piccolo atto di sfida contro una marea che cerca di ridurci a semplici ingranaggi di un meccanismo efficiente e insensibile.

In definitiva, il viaggio che ci attende è tanto scoraggiante quanto esaltante. Ci troviamo di fronte a domande profonde su scopo, valore e identità. E sebbene le risposte non siano confezionate in modo ordinato in un unico progetto, esse risiedono nel disordinato e imprevedibile processo di reinventarsi di volta in volta. Per coloro che sono disposti a sfidare le vecchie narrazioni, le possibilità sono sconfinate come la creatività che pulsa nelle nostre vene.

Quindi, mentre leggete queste parole, lasciate che servano sia da specchio che da scintilla, un riflesso delle sfide che affrontiamo e un invito a elaborare una risposta che sia tanto audace quanto genuina. Non lasciamoci definire solo dai ruoli che un tempo ricoprivamo, ma dalla volontà di esplorare, adattarci e infine prosperare in un panorama tanto imprevedibile quanto profondo. Con ogni nuova abilità appresa, ogni sforzo creativo intrapreso, riscriviamo la sceneggiatura delle nostre vite, un capitolo audace alla volta.

Alla fine, ciò che sceglieremo di fare con questa era di trasformazione non sarà dettato dalla fredda logica dei sistemi automatizzati, ma dal calore della passione umana, della creatività e della resilienza. Le macchine possono calcolare, assemblare e ottimizzare con spietata precisione, ma non possono catturare il viaggio disordinato, gioioso e spesso assurdo della scoperta di chi siamo veramente. E forse questa è la lezione più importante di tutte: che anche quando tutto ciò che è familiare viene spogliato, rimane una forza indomabile dentro di noi , una forza che ride di fronte all'incertezza, che trova bellezza nel caos e che si rifiuta di lasciare che l'incessante progresso della tecnologia diminuisca il valore puro e inflessibile dell'essere umano.

Questo è il nostro invito: una chiamata a trasformare la disgregazione in opportunità, a convertire l'ansia in arte e a creare una narrazione che celebri non solo la sopravvivenza, ma anche la gioia sfrenata e provocatoria di vivere una vita reinventata. In mezzo al clamore dei processi automatizzati e al silenzioso ronzio degli algoritmi di intelligenza artificiale, siamo pronti a creare qualcosa di assolutamente originale: una società in cui il nostro valore non è misurato dall'output delle macchine, ma dal potenziale sconfinato dello spirito umano.

E così, con un sorriso ironico e un luccichio determinato negli occhi, andiamo avanti. Accogliamo l'assurdità dei nostri tempi con un cocktail di scetticismo e speranza, sapendo che ogni battuta d'arresto è un'impostazione per una rimonta, una che sarà scritta con l'inchiostro della creatività, del coraggio e della convinzione incrollabile che siamo più della somma dei nostri compiti. Ogni nuovo inizio è una ribellione contro lo status quo, una dichiarazione audace che non importa quanto il mondo cambi, la nostra capacità di reinventarci rimane il nostro strumento più potente.

In questo viaggio, ci saranno momenti di disperazione, attacchi di interrogativi esistenziali e giorni in cui il percorso da seguire sembrerà avvolto nell'incertezza. Ma è proprio in questi momenti che la capacità umana di reinvenzione risplende più intensamente. Per ogni sfida affrontata, si apre un nuovo capitolo , uno in cui a ogni individuo viene data la possibilità di diventare non solo uno spettatore in una rivoluzione tecnologica, ma un partecipante attivo e creativo nel dare forma a ciò che verrà dopo.

Quindi, ecco a coloro che scelgono di ridere dell'assurdità di tutto ciò, a coloro che trasformano le sfide in arte e a ogni persona che osa ridefinire il successo alle proprie condizioni. La nostra storia viene scritta con ogni atto di resilienza e ogni esplosione di ingegno. E mentre le pagine continuano a riempirsi di narrazioni di reinvenzione, una cosa rimane certa: nonostante l'incessante marcia dell'automazione e la fredda logica delle macchine, lo spirito umano resiste: vibrante, imprevedibile e innegabilmente audace.

Alla fine, mentre la polvere si deposita su un'epoca di sconvolgimenti e trasformazioni, **immagino che guarderemo indietro e vedremo che questo non è stato un periodo di perdita assoluta, ma un momento di rinascita radicale** , un'opportunità per mettere da parte misure di valore obsolete e abbracciare un arazzo di creatività, connessione ed espressione umana genuina e senza filtri. E questa, soprattutto, è una vittoria che vale la pena celebrare.

Capitolo 7: L'intelligenza artificiale e il futuro della creatività: gli esseri umani possono rimanere rilevanti?

Non avrei mai immaginato che la creatività, quel cocktail disordinato di passione, caos e genialità, un giorno si sarebbe trovata sotto assedio da parte di algoritmi e sogni al silicio. Eppure eccoci qui, in piedi all'incrocio tra l'ingegno umano e le meraviglie digitali che operano con una precisione implacabile. È difficile non sentirsi allo stesso tempo incuriositi e innervositi quando ci si rende conto che ogni pennellata, ogni parola scelta con cura, ogni bizzarra svolta narrativa potrebbero presto condividere lo spazio con i risultati calcolati di macchine progettate per imitare e, in alcuni casi, persino superare il nostro talento artistico.

Prendiamoci un momento per tornare indietro nel tempo a un'epoca in cui il genio umano era il re incontrastato della creatività. Ricordate quando **Deep Blue** , il colosso degli scacchi di IBM, una volta superò in astuzia Garry Kasparov in una partita che mandò onde d'urto in ogni corridoio dell'ambizione tecnologica? Quella resa dei conti a scacchi non riguardava solo le mosse su una scacchiera; fu una chiamata al risveglio, un duro promemoria che i nostri istinti finemente affinati potevano essere sfidati da un algoritmo insensibile in grado di calcolare un milione di possibilità al secondo. Quell'evento fondamentale innescò una reazione a catena, costringendoci a riconsiderare tutto ciò che pensavamo di sapere sulla scintilla unica dell'innovazione umana.

Nel corso degli anni, l'innovazione ha iniziato a insinuarsi in ogni angolo dell'espressione artistica. Le università, quelle sacre aule di sperimentazione come **Stanford** , **MIT** e **Oxford** , si sono trasformate in crogioli in cui arte e tecnologia si sono scontrate. In laboratori disordinati pieni del ronzio dei server e del rumore delle tastiere, sono emersi i primi esperimenti digitali. Queste creazioni erano grezze, un'affascinante miscela di glitch ed errori, eppure accennavano a una possibilità che avevamo a malapena osato considerare: l'anima della creatività poteva essere codificata?

Facciamo un salto al presente, e il panorama si è trasformato in qualcosa di tanto esaltante quanto sconcertante. Immagina di passeggiare in un vivace quartiere creativo, magari da qualche parte come **Berlino** o **Tokyo** , dove artisti indipendenti e maghi del digitale dibattono apertamente se i loro pennelli e le loro tastiere potranno mai competere con la pura potenza di elaborazione dell'intelligenza artificiale. Non si tratta più solo di generare arte; si tratta di ridefinire cosa sia l'arte. Ciò che un tempo era dominio esclusivo delle imperfezioni umane ora viene sfidato da agenti di intelligenza artificiale che possono imparare, adattarsi e produrre contenuti con una velocità e una precisione che lasciano molti di noi a mettere in discussione la nostra stessa rilevanza.

Al centro di questa trasformazione ci sono diversi agenti AI all'avanguardia che hanno fatto irruzione sulla scena con un mix di audacia e abilità tecnologica. Prendiamo in considerazione **Manus AI** , una creazione nata dagli ambiziosi laboratori della startup cinese **Monica** . Questo agente non è solo un altro strumento nella cassetta degli attrezzi digitale: è una dinamo multiuso progettata per affrontare attività che spaziano dallo screening dei curriculum alla pianificazione meticolosa degli itinerari di viaggio. Sfruttando la potenza dei grandi modelli linguistici, **Manus AI** si adatta al volo, perfezionando le sue azioni in base al feedback diretto degli utenti. È una dimostrazione audace di cosa succede quando si prende la potenza di calcolo grezza e la si sposa con le esigenze sfumate delle attività quotidiane.

Poi c'è **DeepSeek** , un altro gioiello proveniente dai centri di innovazione della Cina. Questo agente è riuscito a ritagliarsi una nicchia per sé stesso, andando testa a testa con alcuni dei nomi più affermati del settore. A differenza di alcuni dei suoi predecessori che avevano prezzi astronomici e strutture rigide, **DeepSeek** prospera grazie all'efficienza e alla convenienza. Esegue compiti complessi con un'eleganza che smentisce la sua natura digitale, rendendolo uno dei preferiti sia dalle startup che dalle aziende affermate che cercano di farsi largo nel rumore dei metodi tradizionali.

Per non essere da meno, **OpenAI** è stata impegnata a scatenare una serie di agenti AI che portano l'idea di autonomia a nuovi livelli. Con offerte come Responses API e Agents SDK, **OpenAI** consente agli sviluppatori di creare sistemi che non sono solo reattivi, ma veramente proattivi. Immagina agenti in grado di condurre ricerche web in autonomia, esaminare enormi documenti in pochi secondi e persino generare informazioni che richiederebbero ore a un team di esperti per essere compilate. La spinta alla base di queste innovazioni è semplice ma profonda: creare sistemi che aumentino il potenziale umano anziché semplicemente imitarlo.

Nel frattempo, **Google** ha adottato un approccio diverso con la sua iniziativa, **Project Astra** . Lungi dall'essere solo un altro assistente virtuale, **Project Astra** si integra profondamente con le vaste riserve di dati che **Google** gestisce. Questo agente non si accontenta semplicemente di rispondere a domande o impostare promemoria: è progettato per comprendere il contesto, per gestire una moltitudine di attività con un'efficienza impeccabile che lascia i suoi utenti a chiedersi come abbiano fatto a farne a meno. Che tu abbia bisogno di coordinare programmi complessi o semplicemente di trovare una soluzione intelligente a un problema improvviso, **Project Astra** è progettato per fornire un livello di assistenza personalizzata che è a dir poco sorprendente.

Sul fronte aziendale, **Amazon** ha introdotto **Bedrock Agents** , una suite di strumenti progettati per rivoluzionare i flussi di lavoro aziendali. Questi agenti sfruttano le ampie capacità dell'infrastruttura cloud **di Amazon** , automatizzando tutto, dall'analisi dei dati alle attività amministrative di routine. La loro vera forza risiede nella capacità di integrarsi con una miriade di sistemi aziendali, creando un ecosistema coeso in cui le informazioni fluiscono senza sforzo e le decisioni sono guidate da informazioni in tempo reale. Per le aziende alle prese con le pressioni della rapida trasformazione digitale, **Bedrock Agents** offre una soluzione scalabile che non solo aumenta la produttività, ma ridefinisce anche l'efficienza operativa.

Tutte queste innovazioni non sono meraviglie isolate; sono fili interconnessi nell'arazzo in evoluzione del lavoro digitale . Ogni nuova svolta solleva domande avvincenti su cosa significhi essere creativi, cosa significhi lavorare e se gli esseri umani possano mantenere il loro vantaggio quando gli algoritmi stanno costantemente invadendo territori un tempo riservati ai nostri processi di pensiero unicamente imprevedibili.

Prendiamo, ad esempio, una scena che potrebbe svolgersi in un loft alla moda nel centro di **New York** . Uno scrittore un tempo tradizionale, ora alle prese con un'ondata di concorrenti algoritmici, siede curvo su un computer portatile. Questo scrittore ha sempre creduto che ogni pezzo di prosa fosse un'estensione della sua caotica vita interiore. Tuttavia, in questa nuova era, anche questa convinzione viene messa in discussione. Mentre lo scrittore sperimenta con gli **agenti AI di OpenAI** per fare brainstorming di idee, si ritrova sia affascinato che frustrato. La macchina sforna suggerimenti grammaticalmente incontaminati e concettualmente coerenti, ma manca della spontaneità grezza e non rifinita che spesso porta a momenti di svolta. Lo scrittore si rende conto che mentre questi agenti possono simulare la creatività, lo fanno con una precisione clinica che potrebbe essere perfetta per compiti banali ma non riesce a catturare la serendipità dell'errore umano e la magia del genio accidentale.

Dall'altra parte della città, in un vivace spazio di co-working pieno di freelance e fondatori di startup, si parla di come sfruttare queste meraviglie digitali per superare i confini della creatività. Un imprenditore intraprendente racconta come **Manus AI** ha trasformato il suo processo di reclutamento, filtrando migliaia di curriculum con occhio attento e liberando tempo prezioso per decisioni più strategiche. Un altro imprenditore elogia **DeepSeek**, sottolineando che la sua capacità di gestire attività complesse con un budget limitato ha permesso anche ai team più piccoli di dare il massimo. L'atmosfera è elettrica, carica di un misto di speranza e scetticismo : speranza che questi strumenti sbloccheranno un'efficienza senza precedenti e scetticismo sul fatto che l'anima della creatività possa mai essere distillata in linee di codice.

Ciò che rende questa ondata tecnologica così accattivante non è solo lo spettacolo dell'innovazione, ma il profondo cambiamento che segnala per la creatività stessa. Laddove un tempo il pennello e lo scalpello erano gli unici arbitri dell'espressione artistica, ora tastiere e processori si sono uniti alla mischia. Eppure, per ogni esempio di brillantezza algoritmica, c'è una narrazione altrettanto avvincente della resilienza umana. Nelle gallerie d'arte underground, dove il fascino dell'emozione grezza e non filtrata regna sovrano, i tradizionalisti insistono sul valore insostituibile dell'imperfezione. Sostengono che mentre le macchine possono replicare stili e modelli, non possono catturare il caos e l'imprevedibilità che definiscono l'espressione umana. È questa tensione, l'incessante spinta all'efficienza contrapposta alla meravigliosa confusione dello spirito umano, che costituisce il cuore pulsante della nostra attuale crisi creativa.

Nei corridoi affollati del mondo accademico, ricercatori di istituzioni come **la Carnegie Mellon University** lavorano duramente per infondere negli algoritmi quella sfuggente qualità di spontaneità. I loro esperimenti, pur essendo rivoluzionari, spesso rivelano un paradosso: più l'output è raffinato, più qualcosa di essenziale sembra essere stato spogliato. È come se la ricerca della perfezione privasse il processo creativo dei suoi spigoli, quegli incidenti inaspettati che spesso portano a intuizioni profonde. E tuttavia, per molti, questi esperimenti digitali rappresentano un'evoluzione necessaria, una ricalibrazione delle nostre aspettative mentre la tecnologia ridefinisce i parametri dell'arte.

Ma che dire delle aziende, quei motori del commercio che da tempo si affidano alla creatività umana per creare narrazioni, costruire marchi e connettersi con il pubblico? Le aziende di oggi non solo stanno adottando questi agenti all'avanguardia, ma stanno anche ripensando la struttura stessa dei loro processi creativi. Un dirigente marketing di una multinazionale potrebbe usare **Project Astra** per generare approfondimenti basati sui dati che danno forma a una campagna, mentre un altro potrebbe appoggiarsi a **Bedrock Agents** per automatizzare le attività di routine, lasciando più spazio al tocco umano che fa sì che una campagna abbia davvero risonanza. La fusione di uomo e macchina non riguarda la sostituzione, ma l'amplificazione. La creatività grezza e sfrenata di un individuo può ora essere potenziata con la precisione degli strumenti digitali, creando output che sono sia innovativi che efficienti.

Eppure, in mezzo a tutti questi progressi, rimane una domanda assillante: questi sviluppi annunceranno un'era di produttività senza precedenti ed esplosione creativa, oppure eroderanno il tessuto stesso di ciò che rende le nostre espressioni artistiche così profondamente umane? Mentre le macchine diventano sempre più abili nel simulare sfumature ed emozioni, c'è un rischio innegabile che la qualità sottile e imprevedibile dell'ispirazione autentica possa essere soffocata da un'efficienza sterile. La risposta è tutt'altro che semplice. Richiede una ricalibrazione della nostra comprensione della creatività, un riconoscimento che mentre le macchine possono elaborare dati e generare arte basata su schemi, non vivono, sentono o soffrono il tumulto dell'esistenza umana. Non sperimentano il crepacuore, la gioia o gli inspiegabili lampi di genio che spesso colpiscono in momenti di profonda vulnerabilità.

C'è una qualità quasi cinematografica in questa collisione tra uomo e macchina. Immagina una scena a tarda notte in un bar affollato, dove un gruppo eterogeneo di creativi si riunisce attorno a un tavolo ingombro di quaderni, computer portatili e tazze di caffè mezze vuote. Sono impegnati in un acceso dibattito sul fatto che la marcia incessante dell'automazione renderà obsoleta l'espressione umana. Una voce, temperata da anni di esperienza e un pizzico di cinismo, insiste sul fatto che gli imprevedibili incidenti e gli errori fortuiti della creatività umana sono insostituibili. Un'altra, alimentata dall'ottimismo e da una fede incrollabile nella tecnologia, sostiene che questi nuovi agenti offrono strumenti per sbloccare livelli di innovazione prima inimmaginabili. Tra sorsi di caffè e scoppi di risate, una consapevolezza si fa lentamente strada in tutti i presenti: forse la sfida non è competere con le macchine, ma imparare a sfruttare il loro potere per amplificare l'energia grezza e non filtrata che solo gli esseri umani possono generare.

Questo dialogo non si limita a incontri intimi o conferenze accademiche di nicchia. I principali attori globali stanno attivamente plasmando questa narrazione attraverso investimenti strategici e coraggiose iniziative di ricerca. La spinta incessante **di OpenAI** per democratizzare gli strumenti di intelligenza artificiale avanzati, **il progetto Astra di Google** che ridefinisce l'assistenza digitale e **i Bedrock Agents di Amazon** che semplificano le operazioni aziendali indicano tutti una profonda trasformazione nel modo in cui l'energia creativa viene sfruttata nei settori. Ognuno di questi sforzi riflette un impegno non solo per il progresso tecnologico, ma per una reimmaginazione del processo creativo stesso, una fusione di precisione digitale e passione umana che, se bilanciata correttamente, potrebbe portare a innovazioni che dobbiamo ancora immaginare.

Nel mezzo di questo maelstrom, le persone comuni stanno scoprendo che questi agenti AI offrono più di semplici guadagni in termini di efficienza: forniscono i mezzi per recuperare tempo e concentrarsi su ciò che conta davvero. Un grafico freelance potrebbe ora delegare la noiosa amministrazione della pianificazione e delle comunicazioni con i clienti a un agile assistente digitale, mentre un aspirante romanziere utilizza un sofisticato scrittore AI per superare la famigerata sindrome della pagina bianca. I risultati non sono solo prodotti dell'automazione, ma espressioni di una sinergia più profonda: una collaborazione tra l'intuizione umana e l'intuizione guidata dalla macchina che trasforma i compiti banali in opportunità di esplorazione creativa.

Nonostante le impressionanti capacità di questi strumenti digitali, rimane un innegabile scetticismo tra i creativi tradizionali. Molti temono che affidarsi agli algoritmi possa portare a un'omogeneizzazione dell'arte, dove l'unicità viene sacrificata in nome dell'efficienza. Il rischio è palpabile: man mano che le macchine imparano a emulare i nostri stili e a imitare le nostre idiosincrasie, la stessa spontaneità che un tempo definiva i nostri sforzi creativi potrebbe perdersi nella traduzione. Eppure, è proprio questa tensione, un continuo tira e molla tra ordine e caos, che alimenta la continua evoluzione dell'arte e della creatività. La sfida per noi non è quella di rifiutare del tutto queste innovazioni, ma di abbracciarle con occhio attento, sfruttandone i punti di forza e proteggendoci con attenzione dalle loro potenziali insidie.

Forse l'aspetto più avvincente di questa rivoluzione digitale è il modo in cui ci costringe a confrontarci con i nostri limiti e a ridefinire cosa significa creare. L'integrazione di agenti AI come **Manus AI** , **DeepSeek** , **OpenAI's AI Agents** , **Google's Project Astra** e **Amazon Bedrock Agents** non riguarda semplicemente la sostituzione del lavoro umano con l'efficienza meccanica; riguarda l'espansione della tela su cui possiamo esprimerci. Questi strumenti forniscono un nuovo set di pennelli e colori , che possono migliorare la nostra visione e amplificare le nostre voci, anche se ci sfidano a spingerci oltre i nostri confini tradizionali.

In quest'era di innovazione incessante, ogni professionista creativo si trova di fronte a una scelta profonda: aggrapparsi ai ritmi familiari del passato o osare sperimentare le straordinarie possibilità della collaborazione digitale. La risposta, come per molte cose nella vita, non è né binaria né semplice. Richiede un onesto calcolo sia dei nostri punti di forza che delle nostre vulnerabilità, un riconoscimento che mentre le macchine possono eccellere in determinati compiti, la scintilla dell'umanità - la nostra capacità di empatia, passione irrazionale e pura imprevedibilità - rimane la nostra risorsa più potente.

Quindi, mentre ti muovi in questo intricato labirinto di tecnologia e creatività, considera la possibilità che il vero potere di questi agenti di intelligenza artificiale non risieda nella loro capacità di sostituire lo sforzo umano, ma nel loro potenziale di liberarlo. Nelle mani di qualcuno con una visione, un algoritmo ben congegnato diventa un partner, uno strumento che può eliminare la noia e aprire nuove prospettive per l'esplorazione e l'innovazione. È un invito a reimmaginare i nostri ruoli, a vedere questi progressi non come messaggeri di obsolescenza, ma come catalizzatori per un'espressione più ricca e sfumata della nostra creatività collettiva.

Non esiste una risposta semplice alla domanda se la creatività umana possa rimanere rilevante nel mezzo dell'incessante marcia dell'automazione digitale. La conversazione è complessa, stratificata e in continua evoluzione con ogni nuova svolta. Ciò che è chiaro, tuttavia, è che il dialogo tra uomo e macchina non è una gara da vincere o perdere. È un'interazione dinamica , una negoziazione impegnativa in cui ciascuna parte porta sul tavolo i propri punti di forza unici. E se impariamo a sfruttare questa sinergia, i risultati potrebbero essere niente meno che rivoluzionari.

Alla fine, la storia della creatività in questa era digitale non è una storia di sconfitta, ma di trasformazione. L'ascesa di agenti di intelligenza artificiale come **Manus AI** , **DeepSeek** , **OpenAI's AI Agents** , **Google's Project Astra** e **Amazon Bedrock Agents** sta rimodellando la nostra comprensione del lavoro , dell'arte e dell'innovazione. Il loro impatto è profondo e innegabile, ma è anche un invito, una chiamata a impegnarsi con la tecnologia non come rivale, ma come partner nella continua ricerca di esprimere l'inesprimibile. È un promemoria che, mentre i nostri strumenti possono evolversi, l'essenza del nostro spirito creativo, i suoi difetti, le sue passioni, la sua natura meravigliosamente caotica, rimane unicamente umana.

E così, mentre rifletti sulla danza intricata tra algoritmi e ambizione artistica, ricorda che la creatività non è una forza statica da domare. È un viaggio in continuo cambiamento e imprevedibile, che richiede sia umiltà che audacia. L'avvento di agenti AI avanzati potrebbe aver spostato il terreno, ma non ha cancellato l'impulso umano a sognare, a sbagliare e a creare qualcosa che risuoni profondamente nei cuori degli altri. In questa era difficile, l'onere è su di noi di essere all'altezza dell'occasione, di ridefinire i nostri ruoli, di sfruttare questi potenti strumenti e, in definitiva, di dimostrare che il nostro spirito creativo può prosperare anche in mezzo alla calcolata precisione delle menti artificiali.

La narrazione che si dipana davanti a noi è una di incessante reinvenzione, una testimonianza dell'indomabile volontà di creare in modi che nessuna macchina può replicare completamente. È un promemoria che mentre la tecnologia può accelerare il nostro ritmo ed espandere le nostre capacità, i territori selvaggi e inesplorati dell'immaginazione restano nostri da esplorare. Tra il ronzio dei server e il bagliore degli schermi digitali, l'essenza dell'umanità - le nostre lotte, i nostri trionfi, le nostre imprevedibili esplosioni di brillantezza - continua a pulsare con una vivacità che nessun algoritmo può replicare.

Alla fine, forse l'atto più rivoluzionario di tutti è semplicemente continuare a creare. Unire la precisione degli agenti digitali con la disordinata e gloriosa imperfezione del pensiero umano significa forgiare un percorso che è unicamente nostro, un percorso in cui ogni colpo di genio, ogni capolavoro accidentale, contribuisce a un mosaico più grande che è tanto imprevedibile quanto bello. La marcia della tecnologia può essere inevitabile, ma lo è anche la scintilla di creatività che sfida persino i circuiti più avanzati. E finché quella scintilla arde, ci sarà sempre un posto per l'imprevedibile, l'irriverente e il profondamente umano nella saga in divenire dell'espressione artistica.

Il mio viaggio in questo paesaggio trasformativo è stato tanto imprevedibile quanto illuminante. Ricordo ancora l'impeto di ispirazione che mi colpì una sera fresca ad Amsterdam, mentre vagavo in un parco adornato da un'ipnotica installazione di vortici d'acqua. Era il 2011 e, in una foschia di caffeina e sogni ricordati a metà, concettualizzai un progetto per un'elica rivoluzionaria, un'innovazione che credevo potesse infrangere i record di velocità sull'acqua e ridefinire la meccanica della propulsione. Il progetto era grezzo e ambizioso, un prodotto sia di meticolosa ingegneria che di un'ondata di audacia artistica. Arrivai al punto di ottenere un brevetto per questo progetto, convinto che fosse un simbolo tangibile di ciò che l'ingegno umano poteva realizzare quando si liberava dalla banalità. Ma man mano che il progetto si evolveva, crescevano anche le sfide. Il percorso creativo si scontrò presto con la cruda realtà di un mercato competitivo, dove aziende affermate con tasche profonde e tecnologia sofisticata iniziarono a entrare nella mia nicchia. Una di queste aziende, **Sealence**, è emersa con un progetto paragonabile al mio brevetto, lo chiamano Deepspeed Jet e nonostante i miei sforzi per creare un percorso collaborativo via e-mail, la comunicazione da parte loro sembra essere cessata dopo che ho menzionato il mio brevetto. La delusione era palpabile, ma è servita come un potente promemoria che ogni balzo innovativo porta con sé un rischio, un rischio che la scintilla grezza della creatività umana possa essere messa da parte dal freddo calcolo della strategia aziendale e dell'efficienza tecnologica.

Quell'incontro, uno dei tanti esempi che ho avuto con le forze dell'industria moderna, ha lasciato un altro segno indelebile nella mia comprensione di cosa significhi essere un creatore. Nel corso degli anni, ho oscillato tra la comodità di un'esistenza convenzionale dalle nove alle cinque e l'esilarante incertezza delle iniziative indipendenti. Le mie esperienze nel lavoro autonomo e nelle iniziative imprenditoriali mi hanno insegnato che essere un creatore non significa semplicemente produrre arte o invenzioni; significa sfidare lo status quo, osare avventurarsi fuori dai sentieri battuti nonostante i rischi. Vivendo a Londra, mi sono immerso in quartieri pieni di vita e imprevedibilità: **Notting Hill** , **Portobello Road** , **Chepstow Road** e **Camden** non erano solo luoghi su una mappa, ma tele vibranti in cui ogni angolo sussurrava una storia, ogni vicolo riecheggiava delle risate e delle lotte dei suoi abitanti.

Le strade di Londra sono diventate una testimonianza vivente della resilienza e della creatività umana. Notti piene di incontri improvvisati, scappatelle non pianificate che si protraevano fino alle prime ore del mattino e il cameratismo di anime gemelle che condividevano sogni e delusioni: queste esperienze hanno sottolineato una verità che nessun algoritmo avrebbe mai potuto quantificare: lo spirito umano prospera nell'imprevedibilità. In una città in cui ogni volto racconta una storia e ogni conversazione accende un'idea, le intrusioni digitali di agenti artificiali e manodopera robotica servono da netto contrasto al caos disordinato e meraviglioso dell'interazione umana.

Tuttavia, mentre la marcia della tecnologia continua inarrestabile, è impossibile ignorare le increspature economiche e sociali che queste innovazioni stanno creando. Oggi, interi settori vengono rimodellati dalla spinta incessante verso l'automazione e la digitalizzazione. I robot ora gestiscono il lavoro fisico un tempo svolto dalle mani umane e sofisticati agenti di intelligenza artificiale stanno iniziando a gestire le aziende con una velocità e un'efficienza che sembrano quasi ultraterrene. Grandi aziende come **Google** e **Adobe** stanno investendo miliardi in progetti che spingono i confini di ciò che le macchine possono realizzare. Questi sforzi non riguardano solo l'efficienza; riguardano la ridefinizione della natura stessa del lavoro e della leadership. Nelle sale riunioni e nei summit tecnologici, la conversazione è dominata da una domanda urgente: se le macchine possono assumere ruoli che richiedono capacità decisionali, empatia e persino lungimiranza strategica, dove ci inseriamo noi, gli umani, nell'equazione?

Quando ho provato a usare **Google AI Studio** e ho condiviso il mio schermo in modo che Gemini live potesse vedere a cosa stavo lavorando. Ironicamente ha confermato che il contenuto del mio sito web personale e l'ottimizzazione del codice del motore di ricerca del mio sito web erano a un livello eccellente, ma non riusciva a spiegare perché Google non avesse inviato traffico organico al mio sito negli ultimi 30 giorni. Sospetto che Google abbia limitato alcuni dei miei account per molti anni ormai perché in passato ho creato una piattaforma pubblicitaria, un motore di ricerca di base e un browser web molto basilare, tutti elementi che Google odia. Cavolo, hanno persino bloccato il mio account Google Play Libri prima ancora che pubblicassi un libro!

Contemporaneamente, un team di **Adobe** ha recentemente presentato un algoritmo in grado di creare campagne di marketing virale con la precisione di un copywriter esperto. La giustapposizione di questi risultati con l'ansia palpabile nella stanza è stata sorprendente: la sensazione che stessimo assistendo alla nascita di una nuova era di produttività, in cui i lavori umani e i ruoli creativi potrebbero essere relegati in secondo piano. È stato un momento sia di esaltazione che di profonda incertezza, un promemoria che la nostra preziosa spontaneità creativa potrebbe presto essere contestata da entità che non si stancano mai, non sbagliano mai e non provano mai veramente emozioni.

Questa non è una storia distopica o una cascata infinita di tristezza. È piuttosto la cronaca di un'epoca di trasformazione, in cui ogni innovazione porta con sé sia promesse che pericoli. I progressi nella robotica e nell'intelligenza artificiale sono sostenuti da decenni di rigorosa ricerca, fallimenti sperimentali e scoperte duramente conquistate. Ogni algoritmo che ora può generare arte o guidare un'azienda è costruito sul sudore, sulle lacrime e sui trionfi di innumerevoli individui : scienziati, ingegneri e visionari che hanno osato sognare oltre i confini del pensiero convenzionale. L'eredità di **IBM** , **MIT** , **Carnegie Mellon University** e innumerevoli altre istituzioni è intrecciata nel tessuto di questa rinascita tecnologica, una testimonianza dell'incessante ricerca umana del progresso.

Eppure, mentre mi muovo in questo panorama in continua evoluzione, mi ritrovo alle prese con una domanda profonda e personale: se i nostri ruoli di portatori di creatività e lavoro vengono gradualmente usurpati da macchine instancabili, cosa ne sarà della nostra identità? C'è un'ironia inquietante nel guardare un robot eseguire meticolosamente un compito che un tempo consideravamo un'espressione del nostro io più profondo. L'abilità di creare un sonetto, l'euforia di progettare un design rivoluzionario o persino il semplice piacere di una storia ben raccontata: queste sono esperienze intrise di imperfezioni umane che nessun circuito può replicare. Mentre le macchine possono simulare i contorni della nostra creatività, mancano della scintilla imprevedibile che emerge dalla serendipità di un errore umano, il tipo che trasforma uno sforzo di routine in un atto di pura brillantezza.

In mezzo a questi trionfi tecnologici, rifletto spesso sulla delicata interazione tra progresso e conservazione. C'è un fascino innegabile nella produzione incontaminata e impeccabile del lavoro delle macchine , una sorta di perfezione che fa appello al nostro desiderio di efficienza e affidabilità. Ma cosa si perde in questa incessante ricerca dell'ottimizzazione? Forse è proprio l'imprevedibilità che rende la vita ricca e l'arte significativa. I confini sfumati tra precisione e caos, tra struttura e improvvisazione, sono ciò che conferisce profondità ai nostri sforzi . È nei passi falsi, nelle note sbagliate, negli slanci spontanei di intuizione che si rivela la vera magia della creazione.

Mentre scrivo questi pensieri, mi vengono in mente gli innumerevoli incontri e momenti che hanno plasmato la mia prospettiva. Che si tratti degli accesi dibattiti nelle anguste caffetterie di **Camden** , della solitudine riflessiva delle prime ore del mattino a **Notting Hill** o dell'esilarante incertezza di presentare un'idea a un'azienda come **Deepspeed** , ogni esperienza ha inciso il suo segno sulla mia comprensione di cosa significhi essere umani. Ho assistito in prima persona alla tensione tra il desiderio di sfruttare il potere della tecnologia e la necessità di preservare l'ineffabile fascino della creatività umana. Questa tensione non è un presagio di sventura, ma piuttosto un invito a reimmaginare i nostri ruoli di creatori, innovatori e narratori.

Il viaggio che ci attende è irto di sfide e contraddizioni. Man mano che gli agenti di intelligenza artificiale diventano sempre più abili nella gestione delle imprese e i robot si fanno carico di compiti che un tempo richiedevano destrezza e giudizio umani, il panorama del lavoro viene ridisegnato. Non si può sfuggire alla realtà che i nostri metodi di produzione, le nostre modalità di espressione creativa e persino le nostre interazioni sociali vengono rimodellati da forze che operano con una precisione da macchina. E tuttavia, in mezzo a questo turbine di trasformazione, si nasconde un'opportunità: la possibilità di ridefinire cosa significa vivere, creare e trovare un significato nei nostri sforzi .

Questa narrazione non è una storia di rassegnazione, ma di curiosità provocatoria. L'implacabile ondata di tecnologia ci offre uno specchio in cui possiamo esaminare le nostre più profonde convinzioni e, forse, riscoprire lo spirito inflessibile che ha guidato l'umanità attraverso innumerevoli sconvolgimenti. È una sfida rivendicare la narrazione, insistere sul fatto che le nostre imperfezioni, le nostre imprevedibili esplosioni di ispirazione e il nostro innato bisogno di connetterci e creare non possono essere replicati così facilmente da linee di codice. La storia che si dipana davanti a noi è tanto un racconto di resilienza quanto di innovazione, un promemoria che mentre le macchine potrebbero un giorno farsi carico di molti dei nostri fardelli, non cattureranno mai la scintilla fugace e indomabile del cuore umano.

Nei momenti di quiete tra le innovazioni tecnologiche e i dibattiti in sala riunioni, trovo conforto nel pensiero che la creatività rimane una forza selvaggia e irrefrenabile. È una forza che ci ha trasportati attraverso epoche di oscurità e luce, attraverso momenti di sublime bellezza e schiacciante disperazione. Anche se agenti digitali e arti robotici si insinuano nel tessuto della nostra esistenza quotidiana, l'essenza grezza e selvaggia della creatività umana resiste. Resiste in ogni pennellata di un artista, in ogni strimpellata di chitarra in un appartamento angusto, in ogni segreto sussurrato in un bar scarsamente illuminato.

Forse, col tempo, la sintesi tra uomo e macchina porterà a un'era di collaborazione senza precedenti, una fusione di forze che nessuno dei due potrebbe raggiungere da solo. Ma finché non verrà raggiunto questo delicato equilibrio, l'onere di celebrare il caos disordinato, imprevedibile e, in definitiva, meraviglioso della nostra esistenza resta su di noi. Perché nei nostri difetti, nelle nostre esitazioni e nei nostri momenti di inspiegabile brillantezza risiede l'anima stessa del nostro essere.

Mentre mi guardo intorno, tra le strade trafficate, il ronzio energico delle conversazioni digitali e la poesia silenziosa della vita urbana, mi sento pervaso da un senso di meraviglia e di sfida. La marcia incessante della tecnologia può cercare di semplificare la nostra creatività, di sostituire lo spirito umano sfrenato con l'efficienza algoritmica, ma non spegnerà mai il fuoco che arde dentro di noi. Quel fuoco, alimentato nel fioco chiarore dei caffè notturni di **Camden** , nei vicoli colorati di **Portobello Road** e nei ritmi eclettici di **Chepstow Road** , è qualcosa che nessuna macchina può produrre. È la nostra eredità, il nostro dono e la nostra perpetua ribellione contro un'esistenza omogeneizzata.

In quest'epoca di cambiamenti incessanti, in cui gli agenti digitali elaborano strategie per le sale riunioni e i bracci robotici costruiscono il nostro futuro, una rivoluzione silenziosa sta prendendo forma nei cuori di coloro che osano sognare diversamente. È una rivoluzione definita non da risultati impeccabili e calcoli privi di errori, ma dal meraviglioso caos della creatività umana, un caos che nessun algoritmo potrà mai replicare con vera autenticità. E così, mentre siamo sull'orlo di quella che potrebbe essere la trasformazione più radicale nel nostro viaggio collettivo, vi invito a riflettere sul potere indomabile del nostro spirito creativo imperfetto, imprevedibile e inflessibile.

C'è una storia in ogni esitazione, una lezione in ogni errore di calcolo e una verità in ogni scintilla di genio non raffinata. Il panorama digitale può essere meticolosamente progettato, ma il cuore umano rimane un indomabile frontiera - un regno dove l'ispirazione colpisce nei momenti più inaspettati, dove la sintesi di caos e ordine dà vita a nuovi modi di pensare e sentire. È una testimonianza del potere duraturo del nostro impulso creativo, una forza che nessuna quantità di padronanza tecnologica potrà mai catturare o sostituire completamente.

Quindi, mentre scrivo queste parole, non sono pieno di disperazione per l'invasione dell'intelligenza artificiale e della robotica in ambiti che un tempo consideravamo sacri. Piuttosto, sono incoraggiato dalla sfida, una sfida a reclamare la nostra narrazione, ad affermare che mentre le macchine possono eccellere in precisione ed efficienza, la bellezza caotica della creatività umana è insostituibile. È un invito a celebrare le nostre idiosincrasie, ad abbracciare l'imprevedibile e a continuare a creare le nostre storie con la passione e la grinta che ci hanno sempre definito.

In questo capitolo in divenire della nostra storia condivisa, siamo tutti partecipanti a un esperimento tanto emozionante quanto incerto. L'integrazione della precisione digitale con la spontaneità umana promette non solo di ridefinire le industrie, ma anche di rimodellare i contorni stessi delle nostre vite. E in mezzo a questa grande trasformazione, il nostro compito rimane semplice e profondo: mantenere viva la scintilla selvaggia e inesplorata della creatività che ci ha portato attraverso ogni era di cambiamento.

Ogni innovazione, ogni svolta, ogni rivoluzione robotica ci ricorda che, mentre la tecnologia si evolve, l'anima dell'umanità, il fuoco crudo e indomabile dell'ispirazione, rimane sempre presente. È questo fuoco che continua ad ardere negli angoli silenziosi delle nostre menti, negli slanci creativi degli artisti e nelle idee audaci degli imprenditori, nelle risate che echeggiano per le strade dei nostri amati quartieri e nell'incessante ricerca di un sogno che nessuna macchina può replicare.

E così, continuo a insistere, testimone riluttante delle forze duali del progresso e della conservazione. Mentre le mani dei robot e i circuiti dell'intelligenza artificiale intrecciano un nuovo arazzo di produttività e creatività, resto impegnato a nutrire l'essenza selvaggia e imperfetta di ciò che ci rende veramente umani. Perché nell'interazione tra precisione delle macchine e passione umana si cela la promessa di un'era definita non dall'uniformità, ma dalla danza vibrante e caotica delle idee, una danza che guidiamo con ogni battito cardiaco, ogni passo falso e ogni momento di brillantezza incandescente.

Alla fine, il nostro viaggio non si misura in base all'output impeccabile dei processi automatizzati o alla logica infallibile degli algoritmi, ma in base alla pura e indomita volontà di creare, di connettere e di sfidare i confini delle aspettative convenzionali. E mentre navighiamo in questo coraggioso nuovo capitolo, lo facciamo con la consapevolezza incrollabile che non importa quanto avanzati diventino i nostri strumenti, la scintilla imprevedibile e meravigliosamente imperfetta della creatività umana illuminerà per sempre il nostro cammino.

Human Creativity vs. AI Output

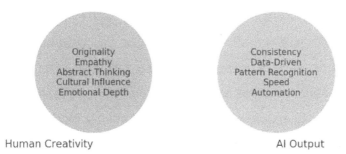

Human Creativity

Originality
Empathy
Abstract Thinking
Cultural Influence
Emotional Depth

Consistency
Data-Driven
Pattern Recognition
Speed
Automation

AI Output

Sotto la foschia al neon dell'innovazione incessante e delle scoperte digitali, si dispiega un curioso paradosso. L'abbagliante output dell'IA, quelle meraviglie algoritmiche e abili che sfornano arte e letteratura con allarmante precisione, porta con sé un vuoto intrinseco. C'è una pesante verità in agguato sotto la brillantezza: quando una macchina crea, sta semplicemente rieccheggiando il vasto e disordinato archivio dell'espressione umana senza averlo mai veramente vissuto . È come se un algoritmo mettesse insieme un mosaico di ogni frase celebrata e momento iconico del nostro passato collettivo, ma non riuscisse a respirare l'aria ruvida e grezza dell'esperienza umana.

Guardavo tonnellate di video **di TED Talks** , spesso li riproducevo mentre riordinavo il mio ufficio, ma cercavo di assorbire ogni parola e credo che negli ultimi anni mi sia ritrovato a mettere in discussione l'inarrestabile marcia della tecnologia. Se questi sofisticati sistemi possono generare senza sforzo un flusso incessante di immagini accattivanti e versi progettati per toccare le nostre corde del cuore, dove lascia la brillantezza unica e imperfetta dell'ingegno umano? Le nostre prospettive singolari, un tempo celebrate per la loro cruda autenticità , potrebbero presto essere relegate a una nicchia peculiare ed esclusiva, disponibile solo a coloro che possono permettersi il premio di un'espressione vera e non filtrata? O l'assalto dell'arte algoritmica potrebbe costringerci ad abbracciare la nostra intrinseca fallibilità, forgiando la nostra ribellione creativa amando le stranezze che nessuna macchina potrebbe mai emulare?

C'è una deliziosa ironia nell'idea che gli stessi strumenti progettati per liberarci da compiti banali potrebbero invece ridurre la nostra scintilla creativa un tempo rivoluzionaria a una mera merce. Immagina questo: ti svegli ogni mattina in un mercato digitale in cui le tue intuizioni creative uniche nel loro genere vengono suddivise in unità di piccole dimensioni e commercializzabili, scambiate e contrattate come qualsiasi altra risorsa nell'implacabile bazar digitale.

Visionari come **Jaron Lanier** e **Douglas Rushkoff** hanno ripetutamente messo in guardia dai pericoli di uno scenario del genere, avvertendo che la monopolizzazione dell'energia creativa da parte di coloro che controllano gli algoritmi potrebbe lasciarci con poco più di frammenti usa e getta di originalità. In questo panorama emergente, il caos vibrante della creatività umana rischia di essere barattato per un'efficienza sterile, una transazione che potrebbe alla fine spogliarci dell'anima disordinata e meravigliosa che definisce la nostra identità collettiva.

Per me, questa convergenza di tecnologia e impegno artistico è tutt'altro che un dibattito astratto. È un'odissea cruda e personale, un viaggio attraverso picchi di ispirazione euforica e valli di schiaccianti battute d'arresto. La mia stessa narrazione è incisa da momenti di ambizione selvaggia e straziante delusione. Una volta ho coltivato un sogno radicale: progettare una barca così rivoluzionaria da infrangere tutti i record di velocità sull'acqua esistenti. Quella scintilla di genio è arrivata inaspettatamente durante una passeggiata senza meta per le strade di **Amsterdam** bagnate di pioggia . Tra i canali labirintici della città e i riflessi scintillanti, mi sono ritrovato ipnotizzato da un vortice d'acqua vorticoso, una danza caotica della natura che ha acceso una visione nella mia mente. L'idea era audace e mi sono tuffato a capofitto nella sua ricerca.

Ho trascorso anni a perfezionare quel progetto, studiando attentamente innumerevoli iterazioni e avvalendomi della competenza di un brillante dottorato in fluidodinamica che mi ha aiutato a svelare i segreti dell'idrodinamica. L'eccitazione era palpabile; potevo quasi assaporare la svolta che avrebbe ridefinito l'ingegneria come la conoscevamo. Eppure, dopo aver ottenuto un brevetto e aver riversato la mia anima nel perfezionamento del concetto, il mio sogno ha incontrato l'inflessibile indifferenza della macchina aziendale. Non è passato molto tempo prima che scoprissi un'azienda chiamata **Deepspeed** che stava lavorando a un'innovazione simile. Ho contattato, speranzoso di collaborare, solo per essere accolto da un silenzio snervante. Quel momento è stata una lezione brutale sulla meccanica spietata dell'innovazione moderna, un promemoria che a volte anche le idee più luminose vengono consegnate all'oblio dagli ingranaggi implacabili del profitto e del potere.

Questo incontro con l'apatia aziendale mi ha scosso nel profondo. Nell'implacabile ondata di produzione digitale, dove l'intelligenza artificiale sforna incessantemente artefatti esteticamente gradevoli ma vuoti, ho iniziato a mettere in discussione il destino della nostra creatività umana intrinseca. La macchina può replicare uno stile con precisione, imitare un'emozione con accuratezza clinica o produrre immagini che abbagliano l'occhio, ma rimane fondamentalmente incapace di sperimentare il polso crudo e caotico della vita. Non può comprendere il dolore straziante di un addio inaspettato, né può crogiolarsi nell'euforia vittoriosa che segue un trionfo duramente conquistato. Le esperienze che infondono anima all'arte - la ricerca incessante della passione, le cicatrici del fallimento personale, i momenti fortuiti di brillantezza nati dalla disperazione - sono tesori che nessun algoritmo, non importa quanto sofisticato, potrà mai riprodurre autenticamente.

Mentre la società si lancia in questa era di trasformazione digitale, le fondamenta stesse dell'istruzione e della collaborazione stanno subendo una radicale reinvenzione. In tutto il mondo, istituzioni accademiche e centri di ricerca stanno smantellando vecchi silos, fondendo la logica rigorosa dell'informatica con l'imprevedibile arte dell'espressione creativa. I corsi che un tempo si concentravano esclusivamente sulle capacità tecniche sono ora intrecciati con studi che esplorano la delicata interazione tra intelligenza artificiale e talento artistico. Gli studenti sono esortati a trattare l'intelligenza artificiale non come un sostituto dell'ingegno umano, ma come un partner indispensabile, uno strumento per espandere i nostri orizzonti creativi piuttosto che una stampella che smorza le nostre capacità innate. Le piattaforme online dedicate allo sviluppo delle competenze hanno risposto per le rime, offrendo percorsi specializzati che fondono la progettazione basata sull'intelligenza artificiale con le tecniche artistiche tradizionali. Questa nuova ondata di istruzione sostiene l'idea che rimanere rilevanti in un panorama in rapido cambiamento richieda un equilibrio, un'armoniosa miscela di precisione e spontaneità, logica ed emozione, efficienza e creatività grezza e selvaggia.

Il dibattito sulla proprietà creativa nell'era dell'intelligenza artificiale non è un mero esercizio accademico; è un campo di battaglia in cui i diritti del singolo creatore si contrappongono alla meccanica impersonale della produzione automatizzata. Alle conferenze internazionali sull'etica e ai summit sui diritti digitali, infuriano dibattiti appassionati su questioni che colpiscono il nocciolo della nostra identità di creatori. Se poche righe di codice possono far nascere un romanzo bestseller o evocare un'opera d'arte visiva accattivante con un semplice clic di un pulsante, chi dovrebbe essere lodato come il vero artista? È lo sviluppatore che ha codificato minuziosamente l'algoritmo, l'utente che ha stimolato il suo sfogo creativo o la macchina stessa può rivendicare l'originalità? Queste non sono riflessioni oziose, ma indagini critiche che richiedono una risoluzione, poiché hanno il potere di ridefinire la nozione stessa di creatività in questa epoca digitale.

Tuttavia, la proliferazione incessante di opere generate algoritmicamente porta con sé un'altra minaccia, forse più insidiosa: la mercificazione della nostra essenza creativa. Le piattaforme digitali più diffuse vengono inondate di arte creata a macchina che, pur essendo visivamente accattivante, trasuda una sterile uniformità. Questa ondata di perfezione prodotta in serie contrasta nettamente con le espressioni sfumate e imperfette che sono da tempo il segno distintivo della creatività umana. Si consideri, ad esempio, il caso di **YouTube** , una piattaforma la cui architettura è guidata da un algoritmo **di Google** che è stato criticato per il suo presunto soffocamento dell'espressione creativa autentica. I critici sostengono che invece di coltivare talenti genuini, l'algoritmo della piattaforma perpetua un ciclo di contenuti ripetitivi e commercialmente validi, emarginando di fatto quelle anime coraggiose che osano correre rischi creativi. Nel frattempo, **TikTok** si è ritagliata la reputazione di promuovere un ambiente che sostiene la libera espressione e la diversità, offrendo un palcoscenico in cui le voci che sfidano le narrazioni tradizionali possono prosperare. Questa giustapposizione rivela una crescente scissione nel nostro ecosistema digitale : una divergenza tra i media sterili, prodotti in serie, e le voci grezze e non filtrate che cercano di liberarsi dai vincoli algoritmici.

La rapida evoluzione dell'intelligenza artificiale è stata storicamente un'arma a doppio taglio. Ogni rivoluzione tecnologica ha inaugurato un periodo di profonda interruzione, uno smantellamento di paradigmi consolidati e una rivisitazione di ciò che è possibile. La rivoluzione digitale, ad esempio, ha trasformato radicalmente il modo in cui diffondiamo e consumiamo le informazioni, democratizzando l'accesso alla conoscenza e stimolando un'esplosione di innovazione in tutti i settori. Non è irragionevole ipotizzare che l'attuale ondata di creatività guidata dall'intelligenza artificiale possa alla fine innescare un risveglio culturale. In mezzo all'incessante rimescolamento di output realizzati dalle macchine, la scarsità di autentica espressione umana potrebbe benissimo elevare i nostri sforzi creativi unici a uno status di venerata rarità, un ambito indicatore di eccellenza in mezzo alla banale monotonia della produzione algoritmica.

In mezzo a questa marea inarrestabile, trovo conforto e ribellione nelle stesse imperfezioni che definiscono il nostro viaggio umano. La qualità insostituibile della nostra produzione creativa non risiede nella sua aderenza a formule impeccabili, ma nella sua rappresentazione cruda e non modificata della narrazione imprevedibile della vita. Considerate il fascino di un murale dipinto a mano: ogni pennellata carica dell'anima dell'artista, ogni imperfezione una testimonianza delle lotte e dei trionfi che gli hanno conferito carattere. O la risonanza di un romanzo, intriso delle realtà agrodolci della perdita, della speranza e delle miriadi di emozioni che scorrono nelle nostre vene : una narrazione che nessuna macchina, indipendentemente dalla sua potenza computazionale, potrebbe mai sperare di replicare.

In piedi in questo incrocio tra l'incessante progresso tecnologico e lo spirito duraturo della creatività umana, mi vengono in mente le innumerevoli notti trascorse alla ricerca incessante di una scintilla, quei momenti in cui l'ispirazione colpisce in mezzo al caos delle strade cittadine, alimentata da un potente mix di caffeina e determinazione provocatoria. Ogni esperienza, ogni fallimento e ogni fugace vittoria, hanno inciso un segno indelebile sulla mia anima creativa. Questi ricordi, crudi e senza fronzoli, sono il carburante che ci spinge in avanti, sfidandoci a resistere al richiamo della sirena della perfezione offerto dalle macchine.

Questo viaggio non è solo mio, è un'odissea condivisa intrapresa da innumerevoli individui che si rifiutano di lasciare che la loro luce creativa venga offuscata dalla precisione meccanizzata. È una chiamata alle armi collettiva per coloro che apprezzano la cadenza disordinata e imprevedibile dell'espressione umana rispetto a risultati sterili e basati su algoritmi. Siamo gli artisti, i sognatori, i ribelli che osano rischiare tutto per una possibilità di qualcosa di straordinario, una testimonianza della nostra resilienza di fronte a probabilità schiaccianti.

Nei circoli accademici e negli hub creativi di tutti i continenti, c'è un movimento crescente che sostiene proprio questo ethos. Le istituzioni un tempo rigide nella loro separazione tra arte e tecnologia stanno ora abbracciando approcci interdisciplinari che celebrano la convergenza di logica ed emozione. Spazi collaborativi stanno spuntando in città lontane e lontane, dove programmatori e creativi lavorano fianco a fianco per esplorare territori inesplorati dell'espressione. Questi esperimenti, sebbene carichi di sfide, incarnano una profonda convinzione nel potenziale illimitato dell'ingegno umano , una convinzione che nessuna macchina, per quanto avanzata, possa mai replicare la tumultuosa sinfonia dell'esperienza umana.

I dibattiti sulla proprietà e l'autenticità dell'arte si sono riversati anche in arene politiche ed etiche. Nei summit internazionali e nei forum politici, luminari e attivisti si contendono ferocemente chi dovrebbe tenere le redini dei contenuti creativi. Quando un singolo algoritmo è in grado di generare quello che sembra un capolavoro con un clic di un pulsante, i confini tra sforzo umano e riproduzione meccanica si confondono pericolosamente. Le implicazioni di un simile cambiamento sono di vasta portata e toccano questioni di proprietà intellettuale, patrimonio culturale e l'identità stessa di ciò che significa creare. È una battaglia non solo per il riconoscimento, ma per la conservazione di un'eredità che è intrinsecamente umana.

Nel mezzo di queste radicali trasformazioni, emerge un'opportunità controintuitiva: la possibilità di reclamare la narrazione e affermare il valore duraturo delle nostre imperfezioni creative. Mentre attraversiamo questa epoca turbolenta, si sta diffondendo il riconoscimento che l'autenticità non può essere prodotta in serie. Invece, deve essere coltivata, amata e celebrata come un atto singolare di ribellione contro la sterile monotonia della produzione delle macchine. Questo non è un invito a evitare completamente la tecnologia; piuttosto, è un invito a sfruttarne le capacità, proteggendo ferocemente la scintilla imprevedibile che solo l'esperienza umana può accendere.

C'è una strana bellezza in questa tensione, un'interazione dinamica tra l'implacabile efficienza delle macchine e l'imprevedibile abilità artistica dell'impegno umano . È una lotta che si manifesta in ogni pennellata, in ogni parola scritta, in ogni nota che vibra con il battito di un cuore vivo. E mentre ci troviamo in mezzo a questo maelstrom digitale, la sfida diventa chiara: affermare la nostra indipendenza creativa, elevare le nostre espressioni autentiche al di sopra della cacofonia della replica algoritmica e ridefinire gli standard in base ai quali l'arte viene misurata.

Riflettendo sulla mia odissea, vedo ogni battuta d'arresto non come un fallimento, ma come un capitolo cruciale nella narrazione più ampia dell'evoluzione creativa. I momenti di disperazione, gli echi silenziosi di collaborazioni non ricambiate e il sapore amaro dell'indifferenza aziendale hanno tutti forgiato una determinazione più profonda dentro di me. Servono come promemoria costanti che la creatività genuina si forgia nel crogiolo delle difficoltà, che le cicatrici che portiamo sono emblematiche della nostra incessante ricerca di significato in un'esistenza sempre più automatizzata.

Ogni passo avanti in questo labirinto di innovazione è una testimonianza del nostro spirito indomito, uno spirito che rifiuta di essere ridotto a una serie di metriche quantificabili o frammenti mercificati. I nostri viaggi creativi non sono misurati dal numero di like o dalla precisione dei pixel, ma dalla passione grezza e indomita che ci spinge a spingerci oltre i confini del pensiero convenzionale. È questo spirito, questo impegno incrollabile per l'autenticità, che ci definisce e ci distingue dai freddi calcoli dell'intelligenza artificiale.

Mentre la cadenza del progresso tecnologico accelera, mi ritrovo spesso intrappolato tra due mondi: uno dominato dalla perfezione sterile della produzione algoritmica e l'altro traboccante della brillantezza imprevedibile e disordinata dell'impegno umano . Questo tira e molla interiore non è semplicemente un dilemma artistico, ma il riflesso di un cambiamento sociale più profondo, un risveglio del nostro bisogno collettivo di reclamare il potere della creatività genuina e senza filtri. Siamo chiamati a celebrare le cicatrici, i passi falsi, i bordi grezzi che rendono la nostra produzione creativa inconfondibilmente umana.

Nel vasto panorama digitale, dove le piattaforme salgono e scendono a velocità vertiginosa, le voci che osano esprimere le loro verità singolari stanno emergendo come fari di resilienza. Ci ricordano che l'autenticità non è qualcosa che può essere programmato o simulato, ma piuttosto un viaggio profondamente personale, segnato da momenti di trionfo, disperazione e tutto ciò che sta nel mezzo. Mentre scrivo queste parole, sono pervaso da una forte determinazione a garantire che le nostre eredità creative rimangano una testimonianza della bellezza grezza e selvaggia dell'esperienza vissuta, un contrappunto sempre presente all'elegante e insensibile output delle nostre controparti meccaniche.

La narrazione che si dipana davanti a noi non è quella di un'inevitabile obsolescenza, ma una chiamata alle armi, una dichiarazione che il nostro spirito creativo, con tutte le sue gloriose imperfezioni, è qui per sfidare il predominio sterile dell'arte algoritmica. È un promemoria che, mentre le macchine possono replicare schemi, non potranno mai replicare la caotica e imprevedibile sinfonia di emozioni che definisce una vita vissuta appieno. Ed è questo caos insostituibile e vibrante che dobbiamo nutrire, difendere e celebrare a ogni svolta.

Ripensando al tortuoso percorso che mi ha condotto a questo momento, un percorso segnato da un'ambizione sfrenata, da una sperimentazione incessante e dall'occasionale amaro dolore del fallimento, mi viene in mente la semplice verità che sta alla base di ogni grande arte: la creatività non è una merce da misurare o vendere; è un'espressione cruda della condizione umana. In ogni battuta d'arresto, in ogni fugace trionfo, c'è il segno indelebile della passione e della perseveranza, una firma che nessuna macchina, per quanto avanzata, potrebbe mai sperare di imitare.

Questa è la narrazione del nostro tempo: una danza incessante e imprevedibile tra la precisione della tecnologia e lo spirito irrefrenabile della creatività umana. È una testimonianza della convinzione che anche se l'intelligenza artificiale ridefinisce i parametri di ciò che è possibile, la scintilla selvaggia e imprevedibile che ci spinge a creare continuerà a bruciare intensamente, un faro di autenticità in mezzo a un mare di output replicabili e digitalizzati.

Il viaggio che ci attende è irto di incertezze e sfide, ma è anche ricco di potenziale. Ci invita ad abbracciare le nostre vulnerabilità, a celebrare l'imperfetto e a tracciare una rotta che onori la bellezza disordinata della nostra esperienza umana. Perché nello scontro tra efficienza meccanizzata ed emozione cruda si cela la promessa di un rinascimento, una rinascita dell'espressione artistica che valorizza la grinta dell'esperienza vissuta rispetto alla perfezione sterile del codice.

In questi tempi turbolenti, mentre le macchine continuano la loro inesorabile marcia verso un'efficienza sempre maggiore, la vera prova sta nella nostra capacità di affermare la nostra indipendenza creativa. Dobbiamo scegliere di vedere le nostre imperfezioni non come passività, ma come i veri tratti distintivi di una vita vibrante e autentica. Dobbiamo rifiutare l'idea che efficienza e perfezione siano gli obiettivi finali e, invece, sostenere il viaggio disordinato e imprevedibile che definisce i nostri sforzi creativi .

E così, mentre mi trovo al bivio di questo vortice tecnologico, sono pervaso da una determinazione risoluta, un impegno a celebrare il polso grezzo e non filtrato dell'espressione umana. Sono una testimonianza della convinzione che la creatività, nella sua forma più genuina, non nasce da una replica impeccabile, ma da esperienze vissute che nessuna macchina potrà mai replicare. Ogni cicatrice, ogni passo falso, ogni esplosione di ispirazione è una nota vitale nella grande sinfonia del nostro viaggio collettivo.

Questa è la mia storia, ed è la storia di innumerevoli altri che osano sfidare la sterile precisione dell'intelligenza artificiale. È una storia di lotta, passione e incrollabile convinzione che il nostro spirito creativo, con tutte le sue belle e caotiche imperfezioni, sia una forza che non verrà mai messa a tacere. È una dichiarazione che mentre le macchine possono continuare a sfornare impeccabili facsimili d'arte, l'imprevedibile cuore umano troverà sempre nuovi modi per ribellarsi, innovare e ispirare.

Alla fine, lo scontro tra freddi algoritmi e calda esperienza vissuta non è una battaglia da vincere da una sola parte. È un'interazione dinamica, una tensione che ci sfida a ridefinire continuamente cosa significhi creare, esprimere e vivere pienamente. E mentre navighiamo in questo terreno in continuo cambiamento, portiamo con noi l'innegabile verità che nessuna macchina, per quanto ingegnosa, potrà mai catturare la piena, disordinata brillantezza di un'anima umana in movimento.

Questa è la verità nuda e cruda della nostra era, una testimonianza cruda e senza filtri del potere duraturo della creatività, forgiata nel crogiolo di passione, dolore e instancabile perseveranza. È una verità che sfida la sterile precisione dell'arte creata dalle macchine, proclamando invece che la vivacità del nostro spirito creativo risiede nella sua imprevedibilità intrinseca. E finché continueremo a osare, a sognare e a riversare i nostri cuori in ogni creazione imperfetta, rimarremo i veri architetti del nostro destino.

Così, in mezzo al vertiginoso ritmo del progresso tecnologico e al ronzio costante della produzione digitale, scelgo di stare a testa alta, abbracciando ogni battuta d'arresto, ogni trionfo, ogni fugace momento di brillantezza che la vita mi concede. Scelgo di onorare la danza disordinata e imprevedibile della creatività umana, sicuro nella consapevolezza che è una forza che nessun algoritmo potrà mai domare o replicare. E in quella celebrazione provocatoria e cruda del nostro unico impulso creativo, trovo sia conforto che speranza, una promessa che anche se le macchine si elevano e replicano gli echi del nostro passato, lo spirito irrefrenabile e vibrante dell'espressione umana traccerà per sempre il suo percorso indomito.

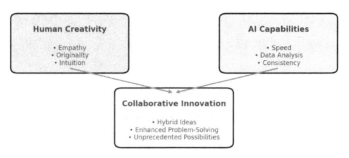

The Creative Ecosystem

Sotto il chiarore nebuloso delle insegne al neon e il basso rombo dei motori sulle strade bagnate di pioggia, si stava svolgendo una rivoluzione sottile. Era un'epoca in cui il rumore delle tastiere e il ronzio incessante dei server si scontravano con la cadenza cruda e imprevedibile della vita umana. Tra imponenti edifici di vetro che ospitavano titani monopolisti come **Google** , emerse un acceso dibattito sulla creatività, un dibattito che metteva in discussione se l'anima dell'arte potesse sopravvivere in mezzo alla precisione dei processi automatizzati e ai flussi di dati incessanti.

In un tranquillo bar nascosto in una parte trascurata della città, mi sono seduto accanto a un vecchio pittore le cui tele catturavano momenti di squisita imperfezione.

Parlava della profonda complessità delle emozioni umane, una complessità che sfidava la replicazione persino da parte degli algoritmi di intelligenza artificiale più avanzati concepiti da entità come **OpenAI** e **DeepMind** . La sua voce era roca per anni di risate e perdite, e le sue parole portavano il peso di esperienze che nessuna macchina avrebbe mai potuto elaborare. "Le macchine", disse con un sorriso ironico, "possono abbozzare una poesia che fa rima perfettamente e imitare pennellate che ingannano l'occhio, ma non conosceranno mai il dolore di una rottura o la dolcezza di una riunione inaspettata". La sua affermazione non nasceva dalla nostalgia romantica, ma da un fatto freddo e innegabile: le nostre cicatrici, i nostri trionfi e il nostro disordine quotidiano formano la tavolozza da cui si mescola la vera creatività. Mi chiedo cosa stia facendo ora e cosa faccia di questo mondo?

Nei corridoi affollati delle città moderne, dove le ultime innovazioni della robotica di **Boston Dynamics** rimbombavano sui marciapiedi e i droni delle consegne sfrecciavano in alto, il dibattito sulla creatività assumeva un'urgenza impossibile da ignorare. Il rapido progresso degli agenti alimentati dall'intelligenza artificiale aveva suscitato non solo fascino, ma anche una vera e propria ansia. Pensate alle macchine eleganti ed efficienti che ora potevano generare sinfonie o redigere articoli con una precisione snervante. Nonostante le loro capacità impressionanti, queste meraviglie digitali rimanevano prive del battito irregolare dell'esperienza vissuta. Operavano su linee di codice, precise, deterministiche e del tutto prevedibili, mentre la creatività umana prosperava sull'imprevisto, sul caotico e talvolta sull'assolutamente assurdo.

Camminando per una fiera di strada affollata che in qualche modo era riuscita a sopravvivere in mezzo all'ondata di automazione, ho osservato un musicista di strada che strimpellava con passione una vecchia chitarra. Le sue melodie piene di sentimento tagliavano il ronzio meccanico della conversazione e l'occasionale clangore di metallo proveniente dai cantieri edili nelle vicinanze. Ecco la prova che anche se aziende come **IBM** e **Microsoft** svelavano imprese tecnologiche sempre più impressionanti, il cuore umano continuava a battere sfidando la perfezione sterile. La sua musica era una testimonianza del fatto che ogni nota stonata e ogni esplosione di improvvisazione spontanea erano una dichiarazione di cosa significasse veramente vivere e creare.

I dibattiti nelle sale riunioni dei grattacieli e nelle aule accademiche risuonavano di temi simili. Visionari e regolatori di organizzazioni come la **Commissione Europea e la Stanford University** erano impegnati a delineare nuove politiche e quadri per navigare in questo territorio inesplorato. Le loro discussioni spaziavano da questioni che andavano dalla proprietà intellettuale ai limiti etici della generazione algoritmica. In questi dibattiti, c'era una comprensione condivisa che la creatività non poteva essere semplicemente codificata o confezionata in moduli digitali ordinati. Invece, richiedeva un ambiente che consentisse l'interazione disordinata di fallimento e serendipità, un regno in cui il rischio non era solo accettato ma celebrato.

Eppure, anche mentre queste conversazioni critiche si svolgevano, l'inarrestabile progresso della tecnologia ha portato con sé profonde sfide alle modalità tradizionali di espressione creativa. Analisi basate sui fatti hanno dimostrato che, mentre i sistemi automatizzati potevano sfornare repliche impeccabili di arte e letteratura, rimanevano fondamentalmente separati dal polso dell'esperienza umana. Studi emersi da gruppi di ricerca del **MIT Media Lab** e **della Carnegie Mellon University** hanno sottolineato una verità inquietante: gli algoritmi, non importa quanto sofisticati, erano mal equipaggiati per comprendere gli strati sfumati di emozione, memoria e istinto che guidano la vera innovazione.

Divenne chiaro che la preservazione della creatività umana non consisteva nel resistere al progresso tecnologico, ma nel ridefinire il nostro rapporto con esso. In momenti di quieta introspezione e attraverso accesi dibattiti pubblici, si stava formando un consenso : un consenso sul fatto che la spinta incessante verso l'efficienza e la perfezione dovesse essere temperata da un apprezzamento per la natura imprevedibile delle nostre vite. Questa non era semplicemente una riflessione filosofica, ma un invito all'azione per ogni anima creativa e ogni decisore politico alle prese con le implicazioni della rapida automazione.

Una sera tardi, mi sono ritrovata in un angusto monolocale in centro, con le pareti adornate da spruzzi di colore e forme astratte. Lì, si era riunito un gruppo di giovani scrittori e artisti, le cui conversazioni erano vivaci e disorganizzate come l'arte che li circondava. Parlavano della loro arte con un misto di sfida e umorismo , desiderosi di riprendersi la narrazione dalla morsa dell'uniformità algoritmica. Una di loro, una narratrice focosa che un tempo era stata pubblicata dal **New York Times** , osservò che il vero potere della creatività non risiedeva nell'esecuzione impeccabile, ma nell'audace vulnerabilità di esporre il proprio caos interiore. "Non stiamo cercando di essere perfetti", dichiarò. "Siamo qui per essere reali. Ogni passo falso, ogni esplosione di emozione cruda, è un promemoria che siamo vivi". Le sue parole risuonarono profondamente, riecheggiando il sentimento che non importa quanto avanzati diventino i nostri strumenti, non potrebbero mai replicare lo spirito indomito che definisce il viaggio umano.

La prova era ineluttabile. Ogni volta che una macchina generava un pezzo di scrittura o arte perfettamente calibrato, sottolineava inavvertitamente il valore insostituibile della fallibilità umana. La nostra narrazione collettiva, intessuta di momenti di disperazione, estasi e brillantezza inaspettata, non poteva essere distillata in codice binario. Il vero potere della creatività, come esemplificato dalle menti brillanti di **Harvard**, **Caltech** e oltre, era la sua imprevedibilità intrinseca, la sua capacità di sorprendere e la sua incessante ricerca della bellezza in mezzo all'imperfezione.

Così, nell'eco di questa trasformazione in corso, la domanda è sorta con una chiarezza quasi ribelle: quando gli algoritmi dominano i compiti di routine e i robot si fanno carico del peso del lavoro fisico, quale spazio rimane per lo spirito umano? La risposta risiede nella nostra capacità di adattarci, di reinventare le nostre espressioni creative e di insistere affinché la tecnologia rimanga uno strumento piuttosto che un sostituto. È stata una sfida per ogni romanziere, pittore, musicista e sognatore: sfruttare il potere dell'innovazione senza rinunciare agli elementi selvaggi e indomiti che rendono la nostra esistenza profondamente umana.

Nei vicoli dei centri di innovazione e negli angoli intimi delle gallerie indipendenti, prosperava un accordo tacito: la nostra eredità creativa non sarebbe stata scritta dalle macchine. Al contrario, sarebbe stata creata dalle imperfezioni ostinate e meravigliose di coloro che osavano sfidare l'uniformità sterile. Era un invito a esplorare territori artistici inesplorati e a celebrare l'interazione sfumata di gioia e dolore che definisce la nostra esperienza condivisa.

Questa narrazione di resistenza e reinvenzione, scandita dall'incessante marcia della tecnologia, è una testimonianza della nostra capacità duratura di creare e sognare. Anche se i sistemi automatizzati continuano a ridefinire efficienza e precisione, lasciano un vuoto indelebile che solo lo spirito umano può colmare, un vuoto colmo di emozioni, esperienze vissute e imprevedibili scintille di genio che hanno, più e più volte, riscritto la storia della civiltà.

La tela del futuro rimane imbrattata di incertezza e potenziale grezzo. E mentre la marcia del progresso può essere inevitabile, la bellezza spontanea e caotica dell'espressione umana permane, inflessibile e provocatoria. In ogni aspettativa infranta e in ogni trionfo inaspettato, c'è un promemoria che siamo gli autori del nostro destino, scultori della nostra stessa narrazione, e che nessuna macchina potrà mai veramente catturare la confusione mozzafiato della vita.

Capitolo 8: Chi vince, chi perde e il futuro dello scopo umano

Tutto è iniziato con il continuo ping delle notifiche: x tweet, storie di Instagram, live streaming di YouTube, tutti in fermento per la "prossima grande novità" della tecnologia. Ogni titolo gridava a gran voce un nuovo servizio che prometteva di essere più veloce, più economico e più efficiente di qualsiasi cosa prima. Eppure, dietro le facciate scintillanti dei summit tecnologici e delle presentazioni in sala riunioni, una corrente più oscura si stava facendo strada in ogni conversazione sul progresso. C'era un duello in corso, non con spade o laser, ma con codice e dati, mentre algoritmi e intuizione umana si affrontavano in una battaglia che avrebbe deciso più dei guadagni trimestrali. Era uno scontro di promesse e paure, uno scontro che aveva già riorganizzato intere carriere, sconvolto settori familiari e lasciato innumerevoli lavoratori a chiedersi su cosa avessero costruito le loro vite.

Nelle retrobotteghe fumose e su tazze di caffè mezze bruciate, la gente sussurrava della marcia incessante delle macchine. Non si trattava solo di rendere le cose più economiche o più veloci. Si trattava di una trasformazione così profonda che minacciava di spogliare il significato stesso del lavoro . Una volta, il lavoro era un distintivo d' onore , un modo per dimostrare il tuo coraggio, contribuire a qualcosa di più grande di te e costruire un'identità che sopravvivesse al tuo stipendio . Ma quando il tuo lavoro è ridotto a una riga di codice, un pezzo di macchinario o un algoritmo che non dorme mai, dove lascia il tuo senso di valore?

Fate una passeggiata nei corridoi della tecnologia e imparerete subito che questa non è una teoria astratta riservata ai think tank. Sta accadendo proprio davanti ai nostri occhi. In una delle discussioni più accese degli ultimi anni, **il professor James O'Brien** dell'UC **Berkeley** si è trovato alle prese con un'amara ironia. Per decenni, laurearsi in informatica significava infinite opportunità, un vero e proprio biglietto d'oro per il mondo dell'innovazione. Eppure ora, mentre l'intelligenza artificiale iniziava ad assorbire compiti un tempo riservati esclusivamente all'ingegno umano, i neolaureati si sono trovati di fronte a un silenzio minaccioso come una porta chiusa. Il vivace campus, un tempo pieno delle chiacchiere sicure di studenti dagli occhi luminosi che discutevano del loro inevitabile successo, aveva assunto un'aria di apprensione. "Quando ho iniziato a insegnare nel 2000, i laureati in tecnologia avevano un buffet di offerte ad aspettarli", ha ricordato **O'Brien** , con voce intrisa di incredulità e rassegnazione. "Ma ora potresti ricevere un'offerta, o a volte nessuna." Le sue parole toccarono un nervo scoperto. Le meraviglie dell'automazione, un tempo celebrate come innovazioni, stavano ora silenziosamente smantellando un contratto sociale di lunga data: l'idea che il nostro lavoro definisse il nostro scopo.

Non molto lontano, la storia ha assunto una piega più drammatica. Nei vivaci centri creativi dove un tempo regnava sovrana la cruda e disordinata genialità dell'immaginazione umana, era in corso una nuova rivoluzione, guidata dall'inesorabile ascesa degli algoritmi generativi. Non erano solo i nerd della tecnologia a barcollare; persino i titani dell'intrattenimento si sono trovati costretti ad affrontare una dura realtà. Una fredda sera di novembre, una tempesta di proteste è scoppiata tra scrittori, attori e musicisti. Non erano arrabbiati per una moda passeggera o una nuova app bizzarra; erano in rivolta contro l'uso non autorizzato del loro lavoro per le macchine di allenamento. **Julianne Moore** , **Kazuo Ishiguro** e **Thom Yorke** erano spalla a spalla con migliaia di altre persone, uniti in una lotta contro quello che vedevano come un assalto all'anima della creatività. Il loro grido di battaglia non era avvolto da alti ideali: era una schietta dichiarazione che la loro arte, la loro stessa identità, erano state dirottate da algoritmi a cui non importava nulla del cuore umano.

In tutti gli studi che un tempo erano stati santuari per l'espressione artistica, l'impatto era palpabile. I team degli effetti visivi, un tempo gli eroi misconosciuti dietro la magia dei blockbuster, si sono ritrovati resi obsoleti da un software in grado di riprodurre intere scene in una frazione del tempo. In un caso memorabile, **Tyler Perry** , un nome sinonimo di moderna reinvenzione cinematografica, ha visto i suoi grandi progetti interrompersi bruscamente. La presentazione di **Sora** , un ingegnoso strumento di conversione testo-video sviluppato da **Open AI** , lo ha costretto ad annullare un'enorme espansione dello studio del valore di centinaia di milioni. "Non ho bisogno di costruire un nuovo set quando la tecnologia lo fa per me", ha scherzato amaramente, eppure i suoi occhi tradivano una preoccupazione radicata. Non era che dubitasse della magia dell'innovazione; era che aveva visto in prima persona come l'inarrestabile marea dell'automazione potesse spazzare via posti di lavoro e sogni con altrettanta facilità.

Il campo di battaglia creativo non era limitato solo a Hollywood. Nelle sale riunioni ad alto rischio, i dirigenti di **Runway AI** , **Lionsgate Studios** e **Sony** sedevano fianco a fianco, le loro discussioni erano scandite sia dall'eccitazione che dalla paura. Parlavano a bassa voce di nuove partnership, imminenti lanci e di un mercato che si stava evolvendo troppo rapidamente perché i processi tradizionali potessero tenere il passo. Ogni svolta era un'arma a doppio taglio : da un lato

introduceva efficienze e risparmi, dall'altro smembrava
interi settori. Persino leggende come **James Cameron** , i
cui film avevano a lungo danzato sul filo della profezia
distopica, si sono ritrovati a unirsi alla mischia. Il suo
passaggio al consiglio di amministrazione di **Stability AI**
non è stata una resa all'inevitabilità del cambiamento,
ma piuttosto un riconoscimento che le vecchie regole
stavano venendo riscritte. "Ho trascorso la mia vita a
spingere i confini di ciò che la tecnologia può fare", ha
riflettuto in un'intervista, con un tono sia provocatorio
che introspettivo. "Ora, la questione non è se dovremmo
usarlo, ma come sopravvivere quando prenderà il
sopravvento".

Tuttavia, la rivoluzione non è stata un monolite di trionfo
e progresso. Sotto la superficie scintillante giaceva un
triste conto: mentre l'automazione tagliava i costi e
aumentava l'efficienza, stava anche decimando le
carriere. Nei precisi corridoi della finanza guidati dai
numeri, gli impatti erano brutalmente chiari. Un cupo
rapporto emerso da **Bloomberg** nel gennaio 2025
prevedeva che le banche globali avrebbero potuto
tagliare fino a 200.000 posti di lavoro nei prossimi anni.

In queste istituzioni, dove decisioni in frazioni di secondo e rigorose analisi del rischio erano un tempo dominio di esperti umani, ora dominavano algoritmi avanzati. Le attività di routine, dall'elaborazione di modelli di rischio all'esecuzione di operazioni ad alto rischio, erano gestite da macchine che non battevano ciglio. Il calcolo economico era semplice: perché pagare un essere umano quando una macchina poteva farlo più velocemente, con meno errori e a una frazione del costo?

La transizione nella finanza non riguardava solo i numeri di un bilancio. Fu un cambiamento sismico che mise in discussione le ipotesi consolidate sulla natura del lavoro. Il ruolo del giudizio umano, affinato attraverso anni di esperienza e istinto, stava venendo sostituito da sterili processi basati sui dati. I dirigenti di **Morgan Stanley** , **JP Morgan Chase** e **UBS** si affrettarono ad adattare le loro strategie, soppesando la promessa di automazione rispetto al costo umano dei licenziamenti. Persino i marchi di consumo che si vantavano di un servizio personalizzato, come **Ikea** e **Salesforce** , ad esempio, si ritrovarono a riconsiderare i loro modelli operativi. E poi ci fu la sorprendente dichiarazione di **Mark Zuckerberg** , che annunciò che i lavori di ingegneria di medio livello presso **Meta Platforms** sarebbero stati i prossimi in linea a essere sostituiti da applicazioni di intelligenza artificiale. Fu una tendenza che si diffuse a macchia d'olio in tutti i settori, lasciando una scia di lavoratori disoccupati e un crescente senso di disagio sul valore dello sforzo umano.

Mentre il settore privato si affannava per ricalibrare le proprie priorità, l'industria tecnologica stessa era alle prese con una crisi di identità. Nel febbraio 2025, un duro rapporto di Janco Associates ha mandato onde d'urto nella comunità IT. I dati sulla disoccupazione tra i professionisti della tecnologia sono saliti alle stelle, con il tasso di disoccupazione che è balzato dal 3,9% al 5,7% nell'arco di un solo mese. Il numero di professionisti IT senza lavoro è balzato di oltre 50.000 unità in poche settimane, una statistica che ha sottolineato il ritmo spietato dell'automazione. I giganti della tecnologia come **Meta Platforms** non sono stati immuni. La decisione dell'azienda di tagliare la propria forza lavoro del 5% è stata vista come un presagio di tagli più dolorosi a venire. Persino pilastri come **Workday** sono stati costretti ad annunciare riduzioni che hanno interessato quasi l'8,5% del loro personale. Per molti nella comunità tecnologica, questi non erano solo numeri astratti, erano tragedie personali, emblematiche di un'epoca in cui il talento umano era sempre più considerato sacrificabile.

La ristrutturazione del panorama aziendale non si è limitata solo al settore privato e finanziario. Anche istituzioni con storie gloriose e tradizioni di lunga data sono state sconvolte dalla marcia incessante dell'automazione. Nel febbraio 2025, **Autodesk** , un nome che un tempo era sinonimo di innovazione nel design, ha annunciato una radicale riduzione globale della sua forza lavoro del 9%. L'annuncio, fatto da **Andrew Anagnost** , presidente e CEO dell'azienda, è stato dato con un misurato mix di rammarico e pragmatismo. "Abbiamo raggiunto un punto in cui il nostro focus strategico deve spostarsi verso lo sfruttamento del pieno potenziale dell'intelligenza artificiale", ha spiegato. La decisione ha creato onde d'urto nella comunità tecnologica, fungendo da duro promemoria del fatto che nessuna organizzazione, non importa quanto venerata, era immune ai radicali cambiamenti della nuova era digitale.

Nemmeno le agenzie governative, a lungo considerate baluardi di stabilità e continuità, sono state risparmiate. A marzo 2025, l'annuncio di licenziamenti di massa presso l' **Internal Revenue Service (IRS)** ha scioccato molti. Circa 6.700 lavoratori, quasi l'8% della forza lavoro totale dell'agenzia, si sono ritrovati bruscamente messi da parte come parte di un'iniziativa per modernizzare le operazioni. Il tempismo non avrebbe potuto essere peggiore, con la stagione delle tasse in pieno svolgimento e milioni di dichiarazioni da elaborare. I critici hanno sostenuto che sostituire dipendenti pubblici esperti con algoritmi avrebbe messo a rischio non solo l'efficienza, ma anche il giudizio sfumato che solo anni di esperienza pratica potevano fornire. Per i cittadini che dipendevano da questi servizi, i tagli sono sembrati un tradimento, un segno che persino le istituzioni destinate a servire il pubblico stavano soccombendo al richiamo della sirena dell'automazione implacabile.

Tuttavia, il costo umano di queste transizioni non si limitava solo ai singoli lavori. Fu un sovvertimento culturale, una riscrittura del tessuto sociale che un tempo era stato tessuto attraverso il nostro lavoro quotidiano . Emersero storie di lavoratori - artigiani, artisti, ingegneri - improvvisamente alla deriva in un mare di automazione, costretti a confrontarsi con la possibilità che le competenze che avevano affinato per decenni fossero ormai obsolete. Negli angoli silenziosi delle città industriali e nelle scintillanti torri di vetro dei centri urbani , le conversazioni si spostarono sulla natura dello scopo e sul posto della creatività umana in un'era dominata dalle macchine. Alcuni lo vedevano come un'inevitabile progressione, un'evoluzione della nostra esistenza collettiva. Altri, tuttavia, si sentirono traditi da un sistema che un tempo aveva promesso progresso ma ora sembrava intenzionato a lasciarli indietro.

E poi c'era il settore creativo, un regno che molti avevano dato per scontato fosse invulnerabile alla fredda logica degli algoritmi. L'ironia era palpabile: la stessa arte che celebrava la bellezza disordinata e imprevedibile dell'espressione umana era ora sotto assedio da parte di sistemi in grado di replicare, remixare e, in alcuni casi, superare i risultati creativi degli esseri umani. **Karla Ortiz** , una rinomata artista il cui lavoro aveva un tempo definito l'estetica visiva dei film di successo, divenne il volto di una crescente protesta contro quello che molti vedevano come furto intellettuale. Insieme a decine di colleghi, avviò una class action contro le aziende che addestravano i loro modelli su materiale protetto da copyright senza autorizzazione. "La mia arte non è solo un prodotto, è un pezzo di ciò che sono", sostenne con passione in una conferenza stampa. Le sue parole risuonarono in migliaia di persone, innescando un dibattito sulla proprietà intellettuale, l'integrità artistica e il valore del tocco umano in un'epoca in cui le macchine potevano imitare ogni pennellata e sfumatura.

Nei corridoi affollati degli studi creativi, l'aria era carica di tensione. La promessa di efficienza guidata dall'intelligenza artificiale aveva un prezzo elevato, un prezzo misurato non in dollari risparmiati, ma nell'erosione di una cultura che aveva a lungo celebrato l'imperfezione umana. Registi, designer e scrittori si sono trovati intrappolati in una lotta tra l'adozione di tecnologie all'avanguardia e la preservazione delle qualità grezze e insostituibili dell'espressione umana. La posta in gioco non era solo economica; era esistenziale. Per ogni nuovo strumento di intelligenza artificiale che prometteva di dimezzare i tempi di produzione, c'era una domanda persistente: se le macchine potevano fare tutto, dove avrebbero trovato spazio la passione e l'ingegno umano?

Le narrazioni che emersero da quest'epoca erano tanto diverse quanto toccanti. Nei centri finanziari eleganti , la cruda efficienza degli algoritmi si scontrava con i giudizi calorosi e intuitivi di analisti esperti. Sui set cinematografici affollati, il ritmico frastuono della produzione tradizionale veniva gradualmente messo a tacere dal ronzio dei data center e dei processori di intelligenza artificiale. Nei quartieri suburbani e nelle città industriali, le storie erano spesso strazianti e personali: di lavoratori di lunga data costretti al pensionamento anticipato, di famiglie che lottavano per adattarsi a un panorama economico in rapido cambiamento e di comunità che avevano costruito la propria identità attorno a settori ora resi quasi irriconoscibili.

Non c'era un singolo eroe in questo dramma in divenire. La rivoluzione non è stata guidata da un visionario carismatico o da un genio solitario, ma da una moltitudine di forze: decisioni aziendali guidate da imperativi di profitto, innovazioni tecnologiche che hanno ridefinito ciò che era possibile e cambiamenti culturali che hanno messo in discussione il significato stesso del lavoro. La narrazione era caotica, imprevedibile e, soprattutto, profondamente umana. Anche se le macchine sono diventate più abili in compiti un tempo considerati unicamente umani, è rimasta una tensione innegabile, un promemoria che il progresso, non importa quanto impressionante sia il suo aspetto esteriore, ha sempre avuto un costo.

Mentre la narrazione si diffondeva tra i settori, l'impatto sulla vita quotidiana diventava sempre più tangibile. I caffè di quartiere un tempo pieni di lavoratori che discutevano dei loro ultimi progetti iniziarono a risuonare di incertezza. Ex colleghi si incontravano in bar tranquilli, condividendo storie di perdite di lavoro e cambiamenti di carriera, le loro conversazioni erano intrise sia di umorismo amaro che di un ostinato rifiuto di essere definiti dai fallimenti di un sistema andato storto. C'era un accordo tacito tra loro, un'intesa tacita sul fatto che, sebbene la tecnologia potesse cambiare il nostro modo di lavorare, non avrebbe mai potuto estinguere completamente la scintilla della creatività e della resilienza umana.

Anche se le sale riunioni aziendali e le agenzie governative celebravano i benefici economici dell'automazione, le storie umane raccontavano una storia molto diversa. Erano storie di trasformazione, di persone costrette a reinventarsi in un panorama che non riconosceva più le competenze di cui un tempo andavano fieri. Erano narrazioni che intrecciavano trionfo e tragedia, umorismo e disperazione, un arazzo di esperienze che sfidava la semplice spiegazione. E in questo arazzo, ogni filo era una testimonianza della duratura complessità dell'essere umano in un'epoca definita da un'innovazione incessante.

Quando la polvere cominciò a depositarsi sulla prima ondata di automazione, la società si ritrovò con più domande che risposte. Cosa significava essere utili quando ogni compito poteva essere eseguito da una macchina? Come potevamo rivendicare la dignità del lavoro in un'epoca in cui l'efficienza si misurava in righe di codice e microsecondi di tempo di elaborazione? E forse la cosa più toccante, come abbiamo ridefinito le nostre identità quando il concetto stesso di lavoro, la cosa che un tempo aveva dato struttura e significato alle nostre vite, veniva decostruito davanti ai nostri occhi?

Non c'erano risposte facili, nessuna soluzione chiara ai cambiamenti sismici che stavano rimodellando ogni aspetto della vita. Invece, ciò che emerse fu un interrogatorio incessante dei nostri valori, delle nostre priorità e della nostra capacità di reinvenzione. La promessa dell'automazione era seducente: la promessa di un'esistenza semplificata e iperefficiente in cui l'errore umano e l'inefficienza erano reliquie del passato. Eppure, sotto quella promessa giaceva una verità innegabile: ogni guadagno di produttività era compensato da una perdita di agenzia personale, ogni dollaro risparmiato dall'automazione era una vita sconvolta.

La storia di questa trasformazione non è stata scritta solo nei report sugli utili aziendali o nelle statistiche governative, ma nelle esperienze vissute da innumerevoli individui. È stata incisa sulla carta da parati sbiadita di fabbriche un tempo indaffarate, sussurrata nella silenziosa disperazione dei programmi di riqualificazione e urlata nelle proteste di sfida dei professionisti creativi che lottavano per mantenere la loro proprietà intellettuale. E mentre la narrazione si dipanava, è diventato chiaro che i cambiamenti apportati dall'intelligenza artificiale e dall'automazione non erano semplicemente cambiamenti tecnologici : erano rivoluzioni sociali che richiedevano un radicale ripensamento di cosa significasse contribuire, creare e vivere una vita significativa.

Per alcuni, la marcia della tecnologia ha offerto un tipo inaspettato di liberazione, un'opportunità di liberarsi di aspettative obsolete e forgiare identità completamente nuove. Per altri, è stato un brutale promemoria del fatto che il progresso spesso è avvenuto a spese della connessione umana e della realizzazione personale . Nel mezzo di questo grande esperimento, l'unica certezza era la necessità di adattarsi, di mettere in discussione e di respingere incessantemente l'idea che l'efficienza fosse la misura ultima del valore.

Quando questo capitolo di cambiamento raggiunse il suo apice, la posta in gioco non era mai stata così alta. Interi settori industriali venivano reinventati e, con essi, le narrazioni personali di milioni di persone venivano riscritte. L'inarrestabile avanzamento delle macchine non era semplicemente una questione di economia o produttività; era una profonda sfida allo spirito umano, una chiamata alle armi per coloro che si rifiutavano di lasciare che le loro vite fossero definite esclusivamente dall'output di un algoritmo.

Nei momenti più tranquilli, quando il clamore del progresso digitale si placava, gli individui cominciavano a porsi le domande difficili. Se le nostre identità erano state così profondamente intrecciate con il lavoro che facevamo, come avremmo potuto ricostruirle quando quel lavoro non ci sarebbe stato più? Avremmo potuto trovare nuove fonti di significato nel tempo libero, nella creatività o nella comunità? E se sì, quale forma avrebbero assunto queste nuove attività in una società che era diventata così dipendente dalla tecnologia?

Queste domande non avevano risposte ordinate. Emersero dalla collisione tra tecnologia e umanità, una collisione caotica, imprevedibile e a volte decisamente dolorosa. Eppure, di fronte a queste incertezze, c'era anche una determinazione resiliente a ridefinire cosa significasse vivere una vita piena. Era una determinazione che si rifiutava di essere soffocata dalla fredda logica delle macchine, una determinazione che abbracciava l'imperfezione e celebrava l'imprevedibile bellezza dell'impegno umano .

Mentre la narrazione si snodava tra sale riunioni, fabbriche e studi creativi, una cosa divenne chiara: i cambiamenti in corso erano irreversibili. Ogni conversazione sull'intelligenza artificiale, ogni titolo sulla ristrutturazione aziendale, ogni protesta contro la mercificazione dell'arte erano un segno che eravamo tutti parte di un cambiamento sismico, che stava rimodellando non solo le industrie, ma il tessuto stesso della nostra esistenza. E mentre la strada da percorrere era piena di incertezza, era anche piena della promessa di reinvenzione. C'era un potenziale grezzo e non rifinito in attesa di essere sbloccato, un potenziale che poteva essere realizzato solo abbracciando il caos dell'essere umano in un'epoca che premiava sempre di più l'efficienza sterile.

Alla fine, la narrazione dell'automazione e della sostituzione del lavoro non era una storia di sventura e tristezza. Era una storia di transizione, di perdita e rinnovamento, di una società che era costretta a reimmaginare i suoi valori e le sue priorità. Era una storia sulla lotta per mantenere un senso di scopo in un'epoca in cui ogni aspetto delle nostre vite veniva sconvolto da forze al di fuori del nostro controllo. E mentre la marea digitale continuava a salire, lasciava dietro di sé una domanda che avrebbe perseguitato ogni sala riunioni, ogni aula, ogni tavolo da pranzo: se i compiti su cui un tempo ci affannavamo erano ora dominio delle macchine, allora a cosa eravamo davvero qui?

Non c'erano risposte semplici, solo un consenso lentamente emergente sul fatto che la soluzione non risiedesse nel resistere al cambiamento, ma nello sfruttarlo per creare un arazzo più ricco e sfumato dell'esperienza umana. Era un invito a reimmaginare l'istruzione, a coltivare la creatività in tutte le sue forme e a costruire comunità che potessero sostenersi a vicenda di fronte all'incessante progresso tecnologico. Era una sfida per ogni individuo, ogni organizzazione, guardare oltre il risultato finale e trovare nuovi modi per misurare il successo, modi che valorizzassero la resilienza, l'empatia e l'indomito spirito di innovazione umana.

Così, mentre questo capitolo si chiude, gli echi di un mondo trasformato continuano a riverberare. La macchina è qui, ed è efficiente, calcolata e inflessibile. Ma negli spazi tra gli algoritmi, nelle crepe della perfezione digitale, rimane una scintilla di imperfezione umana. Ed è quella scintilla, cruda, imprevedibile e provocatoriamente reale, che potrebbe ancora contenere la chiave per una vita vissuta secondo i nostri termini. La narrazione è ancora in fase di scrittura e, mentre la marcia della tecnologia è implacabile, lo è anche la nostra capacità di ridefinire il significato del lavoro, di reclamare le nostre identità e di forgiare percorsi che onorino la complessità disordinata e meravigliosa dell'essere vivi.

Alla fine, la saga è nostra da plasmare. È un invito a riconoscere che, sebbene le macchine possano prendere il sopravvento sui compiti, non possono sostituire il valore intrinseco della connessione umana, della creatività e della passione. La sfida, quindi, non è semplicemente sopravvivere ai cambiamenti imminenti, ma cogliere l'opportunità di creare una società che valorizzi l'ingegno umano sopra ogni altra cosa , una società in cui ogni persona, indipendentemente dalle mutevoli maree della tecnologia, possa trovare significato, scopo e un posto da chiamare casa.

E così, in mezzo alla cacofonia del progresso e alle statistiche sconfortanti di licenziamenti e ristrutturazioni, c'è una ribellione silenziosa, un'insistenza provocatoria sul fatto che siamo più del nostro lavoro, più dei nostri output, più della somma delle nostre parti automatizzate. È una storia che si sta ancora svolgendo, una storia che ci chiede di porre domande difficili, di abbracciare l'ignoto e, soprattutto, di osare credere che i capitoli migliori delle nostre vite debbano ancora essere scritti.

Impact Matrix of the AI Revolution

Education Sector
Local Businesses
Low-Skill Labor
Middle Management
Gig Workers
Manufacturing Workers
Service Industry Workers
Creative Professionals
Corporate Executives
Investors
AI Engineers
Tech Entrepreneurs

Il clamore delle tastiere che sbattevano e il basso ronzio delle ventole dei server sono da tempo la colonna sonora della nostra esistenza moderna, ma questi suoni stanno iniziando a svanire in una nuova cadenza, scandita dalla silenziosa efficienza delle macchine e dalla logica implacabile degli algoritmi. C'era un tempo in cui il lavoro non era solo un mezzo per guadagnarsi da vivere, ma un crogiolo di identità e autostima. Quella fase si sta riconfigurando radicalmente man mano che i sistemi digitali e la manodopera meccanica si fanno strada in ogni settore del commercio e della creatività.

Oggi, quando un dibattito in sala riunioni verte sulla questione se i magazzini automatizzati di **Amazon** possano superare l'efficienza umana o se gli algoritmi basati sui dati di **Google** possano prendere decisioni strategiche migliori di qualsiasi dirigente esperto, stiamo assistendo a un cambiamento sismico nella nostra comprensione collettiva del lavoro e dello scopo.

Ricordo una conversazione con un ex collega, chiamiamolo Marcus, che un tempo prosperava nell'ambiente adrenalinico dell'alta finanza. Marcus era venerato per la sua straordinaria capacità di leggere gli umori del mercato, un istinto affinato da anni di cavalcate delle maree economiche. Eppure, quando le piattaforme di trading digitale basate su algoritmi avanzati hanno iniziato a dominare il settore finanziario, Marcus si è ritrovato a mettere in discussione non solo la sua carriera, ma anche la sua stessa essenza. Ha descritto l'esperienza come l'aver visto un amico fidato svanire lentamente sullo sfondo, sostituito da una nuova generazione di decisori il cui giudizio era calcolato in nanosecondi. Non si trattava semplicemente di risparmi sui costi o di efficienza; si trattava di una riorganizzazione fondamentale del valore. Quando le macchine possono analizzare terabyte di dati ed eseguire operazioni con precisione meccanica, il lavoro che un tempo simboleggiava l'ingegno umano sembra evaporare, lasciando dietro di sé un residuo di dubbio e inquietudine.

Nei centri di produzione dove un tempo il rumore dei macchinari si mescolava alle voci dei lavoratori esperti, sono emerse nuove forme di lavoro robotico. In una struttura tentacolare gestita da **Tesla** , una catena di montaggio non ronza più con il chiacchiericcio dei lavoratori umani, ma con i movimenti costanti e misurati dei bracci robotici. Queste macchine, progettate con un livello di sofisticatezza che sarebbe sembrato fantascienza solo una generazione fa, sono in grado di svolgere compiti con un'efficienza che è allo stesso tempo mozzafiato e, per la maggior parte di noi, spaventosa e terrificante. Per i lavoratori che un tempo erano orgogliosi della loro abilità artigianale, l'ascesa dell'automazione rappresenta non solo una sfida economica, ma esistenziale. La perdita di un lavoro è più di una battuta d'arresto finanziaria : è un duro colpo all'identità e allo scopo che si sono meticolosamente costruiti in anni di duro lavoro.

Questa trasformazione non si limita ai regni della produzione o della finanza. La marcia incessante dell'automazione sta permeando ogni aspetto della nostra società. In settori diversi come l'assistenza sanitaria, i servizi legali e persino le industrie creative, le macchine stanno iniziando a invadere domini che un tempo erano considerati unicamente umani. Nei corridoi sterili e illuminati da lampade fluorescenti dei laboratori di ricerca **IBM** , gli ingegneri stanno perfezionando sistemi di intelligenza artificiale in grado di diagnosticare malattie con una precisione straordinaria, spesso superando le loro controparti umane sia in termini di velocità che di affidabilità. Dall'altra parte della strada, alla **Microsoft** , un altro team sta testando algoritmi di intelligenza artificiale in grado di redigere documenti legali in una frazione del tempo che impiegherebbe un avvocato esperto. Queste innovazioni sono celebrate per la loro efficienza e precisione, ma ci costringono anche ad affrontare un profondo dilemma: se i sistemi digitali possono replicare o addirittura superare le nostre più care competenze umane, allora quale spazio rimane per le stesse qualità che ci hanno a lungo definito?

Per secoli, il lavoro è stato l'arena in cui abbiamo forgiato le nostre identità, costruito comunità e scoperto un significato nel mezzo della lotta quotidiana. L'atto del lavoro era intrecciato con la nostra umanità, una fonte infinita di scopo che si estendeva ben oltre lo stipendio . Ma ora, con ogni nuovo progresso nella robotica e nell'intelligenza artificiale, il ruolo del lavoro umano viene ridisegnato con radicale audacia. Un crescente coro di voci, da luminari accademici come **il professor James O'Brien** a esperti di politica in affollate camere legislative , mette in guardia da un'era imminente in cui il valore economico del lavoro umano viene svalutato, ridotto a una mera transazione in un mercato automatizzato. Sostengono che quando la maggior parte dei nostri compiti quotidiani viene eseguita da macchine, dobbiamo riesaminare il contratto sociale che ha a lungo promesso dignità attraverso il contributo.

Alcuni vedono questi cambiamenti come un'opportunità per liberarsi dalla monotonia dei compiti ripetitivi e abbracciare una rinascita del potenziale umano. I visionari ispirati dall'eredità di luminari come **Einstein** , **Galileo** e **Leonardo da Vinci** hanno a lungo sognato una società liberata dalla fatica, una società in cui i fardelli del lavoro di routine lasciano il posto a occupazioni che arricchiscono le nostre vite in modi inaspettati. Immaginano un risveglio della creatività e dell'empatia, dove liberati dalle catene del lavoro banale, gli individui possono dedicarsi all'esplorazione delle arti, delle scienze e dei misteri più profondi dell'esistenza. In questo dramma in divenire, la macchina non è semplicemente un avversario da sconfiggere, ma uno strumento che, se maneggiato saggiamente, può amplificare i nostri istinti creativi e aiutarci a raggiungere vette inesplorate in precedenza.

Tuttavia, la promessa di liberazione è controbilanciata dalla minaccia molto concreta di uno spostamento diffuso. In tutti i continenti, milioni di lavoratori, dai professionisti esperti di tecnologia agli artigiani esperti, sono alle prese con l'inarrestabile avanzamento della tecnologia. Nei centri urbani frenetici e nelle tranquille città rurali, lo spettro della perdita del lavoro infesta la vita quotidiana. Mentre i sistemi automatizzati rendono obsoleti molti ruoli tradizionali, il pedaggio economico e psicologico sugli individui e sulle comunità diventa sempre più evidente. Una cosa è accogliere il cambiamento quando offre la promessa di nuovi inizi; un'altra è confrontarsi con la dura realtà di un mercato del lavoro in rapida contrazione, dove le reti di sicurezza che un tempo fornivano una parvenza di sicurezza si stanno sfilacciando ai bordi.

Nel mezzo di questo sconvolgimento, il dibattito su politiche come il reddito di cittadinanza universale (UBI) si è spostato dai margini del discorso intellettuale al centro del dibattito pubblico. I sostenitori dell'UBI sostengono che, poiché l'intelligenza artificiale e la robotica assumono sempre più compiti che hanno a lungo definito il nostro lavoro quotidiano , la società deve garantire una base di sicurezza economica a tutti i suoi cittadini. L'idea non è semplicemente una salvaguardia economica, ma una profonda affermazione di giustizia, un riconoscimento che quando il lavoro che un tempo dava un senso alla vita viene automatizzato, il contratto sociale deve essere riscritto per onorare il valore intrinseco di ogni individuo. Esperimenti in luoghi come **la Finlandia** e progetti pilota in **Canada** hanno offerto scorci di come tali politiche potrebbero funzionare nella pratica, offrendo sia speranza che un promemoria serio delle sfide che ci attendono.

Anche le istituzioni educative sono intrappolate in questa marea trasformativa. I programmi che un tempo davano priorità all'apprendimento mnemonico e ai test standardizzati vengono rivisti a favore di modelli che promuovono creatività, pensiero critico e giudizio etico. Nelle aule da **Harvard** ai community college nelle regioni meno battute , gli educatori sono alle prese con l'imperativo di preparare gli studenti a un'era in cui l'apprendimento dell'adattabilità non è solo una parola d'ordine, ma abilità essenziali per la sopravvivenza. Il ritmo del cambiamento tecnologico richiede che ci riattrezziamo continuamente, abbracciamo nuovi paradigmi e ripensiamo la natura stessa dei nostri contributi alla società.

Una volta ho partecipato a un festival di arti digitali vicino a Lisbona, un vivace incontro di giovani talenti e professionisti esperti che si sono riuniti non solo per mostrare il loro lavoro, ma anche per discutere dell'impatto dell'IA sulla creatività. Tra la folla c'era un vivace game designer portoghese , i cui occhi ardevano della convinzione della giovinezza. Sosteneva con passione che le pennellate grezze e imperfette di una mano umana portano con sé un peso di esperienza vissuta che nessun algoritmo potrebbe mai replicare. Nelle vicinanze, un concept artist spagnolo **ha** offerto una nota cautelativa: mentre l'IA potrebbe accelerare la produzione e sbloccare nuove prospettive creative, rischiava di mercificare l'arte, spogliandola delle sottili imperfezioni che le danno anima. I loro dibattiti non erano riflessioni astratte confinate nelle torri d'avorio, erano conversazioni urgenti e viscerali sulla sopravvivenza dell'espressione umana sulla scia di un'automazione implacabile.

In mezzo a queste discussioni appassionate, emerse una narrazione che era allo stesso tempo un lamento e una chiamata alle armi. C'era un palpabile senso di perdita tra coloro che avevano costruito la propria identità attorno a ruoli tradizionali: insegnanti, meccanici, contabili e innumerevoli altri i cui mezzi di sostentamento venivano riconfigurati da forze che erano sia impersonali che inesorabili. Eppure, anche mentre le vecchie certezze si dissolvevano, un nuovo senso di possibilità cominciò a radicarsi. Nel mezzo di licenziamenti e incertezza economica, gli individui si stavano reinventando con una resilienza che sfidava ogni facile spiegazione. Stavano abbracciando la sfida della continua reinvenzione, riqualificandosi per carriere che, sebbene inimmaginabili solo un decennio fa, promettevano una certa autonomia e realizzazione .

La resa dei conti con l'automazione non è solo una questione economica o tecnologica: è, in fondo, un profondo dramma umano. La nostra identità è da tempo intrecciata con l'atto del lavoro . È attraverso il lavoro che ci colleghiamo con gli altri, contribuiamo all'arazzo collettivo della società e creiamo le nostre narrazioni di significato. Mentre i tradizionali indicatori del lavoro vengono cancellati dall'inesorabile marcia degli algoritmi, siamo costretti a porci alcune domande profondamente personali. Se i ruoli che un tempo ci definivano sono automatizzati, allora cosa rimane della nostra identità? Come ricalibriamo il nostro senso di sé quando la valuta della nostra esistenza non si misura più in ore registrate o compiti completati?

In questi momenti di riflessione, la conversazione spesso si sposta sulla nozione di creatività, una qualità che molti sostengono essere unicamente umana. La spontaneità dell'improvvisazione di un musicista jazz, le pennellate evocative di un pittore o la danza intricata di un narratore che tesse una narrazione non possono essere facilmente catturate da linee di codice. C'è un'emozione grezza e non filtrata nell'atto della creazione che trascende la logica sterile degli algoritmi. Anche se i sistemi di intelligenza artificiale sfornano arte digitale con sorprendente precisione, spesso perdono le imperfezioni fortuite che infondono alla creatività umana il suo fascino senza tempo. Negli accesi dibattiti dei festival digitali, si sostiene che mentre le macchine possono simulare la tecnica, non possono replicare le esperienze vissute e le profondità emotive che solo un essere umano può portare sulla tela.

Non si tratta di un invito a evitare il progresso o a ritirarsi in un nostalgico desiderio di epoche passate. Piuttosto, è un invito ad abbracciare la rivoluzione con gli occhi ben aperti, a sfruttare l'efficienza della tecnologia senza rinunciare al nucleo profondo dell'espressione umana. L'interazione tra la precisione della macchina e l'intuizione umana presenta una sfida tanto esaltante quanto scoraggiante. Ci costringe a reimmaginare i nostri ruoli non come semplici ingranaggi in una vasta macchina automatizzata, ma come esseri dinamici e creativi con la capacità di adattarsi, innovare e ispirare.

I dibattiti politici che si svolgono nelle aule legislative di tutti i continenti aggiungono un ulteriore livello di complessità a questa narrazione. Governi e opinion leader stanno esplorando con urgenza nuovi quadri che potrebbero proteggere i più vulnerabili, promuovendo al contempo un ambiente in cui l'innovazione possa prosperare. In luoghi come **Germania** e **Singapore** , le discussioni sui programmi di riqualificazione e sulle normative sul lavoro riviste stanno occupando un posto centrale , mentre i decisori politici si confrontano con l'urgente necessità di ridefinire il contratto sociale in un'era di predominio digitale. Questi dibattiti non sono astratti; sono guidati da dure realtà: milioni di lavoratori che affrontano l'incertezza, comunità alle prese con lo spostamento economico e l'urgente richiesta di misure che garantiscano dignità e sicurezza per tutti.

Il concetto di reddito di base universale, un tempo relegato ai margini delle discussioni politiche, ha guadagnato terreno come soluzione pragmatica alle sfide poste dall'automazione. I sostenitori sostengono che, poiché i sistemi digitali si fanno carico di una quota crescente di produttività economica, è giusto che i guadagni vengano ridistribuiti in modo da garantire a ogni cittadino una base di sicurezza finanziaria. Le sperimentazioni nelle città di tutto il mondo hanno prodotto un insieme eterogeneo di risultati, ma la logica di fondo rimane convincente: quando le macchine assumono ruoli tradizionalmente occupati dagli esseri umani, la società deve intervenire per salvaguardare il valore intrinseco di ogni individuo. Non si tratta solo di economia; è una profonda affermazione di giustizia, che ci sfida a riformulare le nostre priorità collettive in un modo che onori sia il progresso sia la dignità umana.

Tuttavia, la politica da sola non può risolvere le questioni più profonde ed esistenziali che questa trasformazione solleva. Oltre ai dibattiti nelle camere di governo e nei simposi accademici, si trova l'intricato arazzo dell'esperienza umana, dove l'interazione di creatività, resilienza e ambizione personale si dispiega in innumerevoli modi sottili. In un angolo tranquillo di una città frenetica, si potrebbe assistere a un ingegnere in pensione che si iscrive a corsi serali per imparare un nuovo mestiere, o a un manager aziendale disilluso che trasforma la passione per la musica in una vivace carriera come compositore. Queste storie individuali di reinvenzione sono le ribellioni silenziose contro un sistema che cerca di ridurre il valore umano a una mera metrica di efficienza.

C'è un'ironia intrinseca nell'ascesa dell'automazione: le stesse forze che minacciano di erodere le nostre fonti tradizionali di identità hanno anche il potenziale per sbloccare un vasto serbatoio di potenziale umano. La promessa di liberazione dal lavoro monotono è allettante, ma porta con sé una complessa rete di sfide che richiedono la nostra saggezza e determinazione collettive. Mentre le macchine iniziano a farsi carico di una parte maggiore del peso, la responsabilità ricade su di noi - su ogni individuo, ogni comunità e ogni nazione - per garantire che questa transizione non sia segnata dalla disperazione, ma da una coraggiosa rivisitazione di cosa significhi contribuire, creare e connettersi gli uni con gli altri.

Sono giunto a comprendere che l'interazione tra tecnologia e umanità non è un gioco a somma zero. L'emergere di sistemi basati sull'intelligenza artificiale nei corridoi aziendali di **Google** , la precisione automatizzata delle linee di produzione di **Tesla** e le incessanti capacità di elaborazione dei dati sono tutti dei duri promemoria del fatto che il progresso è inarrestabile. Eppure, anche se queste innovazioni ridefiniscono l'efficienza, illuminano anche i punti di forza unici che solo l'esperienza umana può offrire: la nostra capacità di empatia, il nostro istinto per la creatività e la nostra incessante spinta a creare connessioni che trascendono i semplici accordi e guadagni di efficienza e transazioni a scopo di lucro.

È in questo delicato equilibrio tra efficienza delle macchine e resilienza umana che risiede la nostra sfida più grande, e la nostra più grande opportunità. Ci troviamo in un momento in cui le decisioni prese dai decisori politici, gli investimenti delle aziende e le scelte quotidiane degli individui determineranno collettivamente una nuova narrazione. Una narrazione in cui la precisione numerica degli algoritmi coesiste con lo spirito selvaggio e non quantificabile dell'espressione umana. Ogni innovazione porta con sé la promessa di una maggiore efficienza, ma comporta anche un rischio, un rischio che, se non controllato, potrebbe lasciare dietro di sé un residuo di disincanto e disconnessione.

Camminando nei corridoi dell'innovazione, ho osservato una tensione palpabile in luoghi come i campus tentacolari di **Microsoft** , dove i team sono dedicati non solo allo sviluppo della prossima svolta nell'intelligenza artificiale, ma anche a garantire che l'elemento umano rimanga parte integrante del processo creativo. Le conversazioni in questi spazi sono spesso animate da un duplice scopo: sfruttare la tecnologia per un'efficienza senza pari, proteggendo al contempo con fermezza le qualità intangibili che definiscono la creatività umana. È un dialogo che attraversa le discipline , tra ingegneri e artisti, tra decisori politici e attivisti di base, e che sottolinea l'imperativo di innovare senza perdere di vista la nostra umanità essenziale.

Forse l'aspetto più avvincente di questa trasformazione in corso è la sua imprevedibilità intrinseca. Nessun algoritmo, non importa quanto avanzato, può prevedere con certezza i mille modi in cui gli esseri umani risponderanno allo spostamento di ruoli che sono stati a lungo il fondamento della nostra identità sociale. E tuttavia, in mezzo all'incertezza, c'è una notevole resilienza che ci ha sempre definito. La storia è piena di esempi di comunità che si reinventano di fronte alle avversità, di individui che, quando si sono confrontati con il crollo di un vecchio ordine, hanno trovato dentro di sé la forza di creare qualcosa di completamente nuovo. Oggi, quella stessa resilienza viene chiamata in causa, non in un'epoca lontana, ma nell'immediata e pulsante realtà del nostro tempo.

In una cittadina del **Midwest americano** , ho incontrato un gruppo di ex operai che avevano perso il lavoro a causa di una nuova linea di produzione automatizzata. Invece di soccombere alla disperazione, hanno incanalato la loro esperienza collettiva nel lancio di una cooperativa specializzata in prodotti artigianali su misura. Il loro viaggio non è stato privo di difficoltà e la strada è stata irta di momenti di dubbio, ma alla fine hanno scoperto un modo per unire l'artigianato tradizionale con lo spirito imprenditoriale moderno. La loro storia è emblematica di una tendenza più ampia, un promemoria che quando una porta si chiude, un'altra può aprirsi, invitandoci a ridefinire i nostri ruoli e riscoprire le nostre passioni in modi inaspettati.

Tuttavia, la narrazione non è uniformemente di trionfo. La dirompente ondata di automazione ha lasciato dietro di sé innumerevoli storie di lotta e di sfollamento. In tutti i continenti, intere comunità sono alle prese con il profondo disorientamento che accompagna la perdita di mezzi di sostentamento di lunga data. Nei distretti industriali che un tempo pulsavano del ritmo del lavoro umano , la silenziosa precisione dei robot ora funge da costante promemoria di un passato che sembra sia distante che irraggiungibile. Per coloro che si trovano dalla parte sbagliata di questa trasformazione, la sfida non è semplicemente quella di adattarsi, ma di reimmaginare un'identità personale che era stata a lungo definita da ruoli ora resi obsoleti dalla tecnologia.

Le domande che sorgono in questi momenti sono tanto profonde quanto personali. Quando l'orologio non scandisce più il tempo in base allo sforzo umano, quando ogni compito può essere eseguito con una serie di uno e zero, come ridefiniamo il successo, la realizzazione e la dignità? È un dibattito che tocca il tessuto stesso della nostra esistenza, che ci costringe a confrontarci con scomode verità sulla relazione tra tecnologia e identità. E sebbene non ci sia una risposta facile, la conversazione stessa è un passo necessario per ritagliarsi una nuova narrazione, una che valorizzi l'ingegno umano e la ricchezza emotiva al di sopra della mera produzione meccanica.

Riflettendo su queste trasformazioni, sono colpito dall'evoluzione parallela che si sta verificando nel regno delle norme politiche e sociali. Le legislature di paesi diversi come **Francia** e **Giappone** sono impegnate in accesi dibattiti su come mitigare al meglio i costi umani dell'automazione. Le proposte spaziano da programmi di riqualificazione completi a misure più radicali, come politiche fiscali ristrutturate che mirano a ridistribuire i guadagni economici della produttività digitale. Queste discussioni politiche non sono semplici esercizi accademici: sono il modello per i decenni a venire, una testimonianza del riconoscimento che il progresso tecnologico deve essere accompagnato da un impegno altrettanto vigoroso per il benessere sociale.

In mezzo a tutto questo tumulto e a questa incertezza, una cosa rimane indiscutibile: la capacità umana di adattarsi, reinventarsi e trovare un significato anche quando i paradigmi che un tempo davamo per scontati vengono sconvolti da forze al di fuori del nostro controllo. L'interazione tra innovazione digitale e resilienza umana non si sta svolgendo in sale riunioni isolate o laboratori di ricerca, ma nei cuori e nelle menti di milioni di persone determinate a ridefinire i propri ruoli in un panorama in rapido cambiamento. È una storia di perdita, sì, ma anche di possibilità senza precedenti, una testimonianza della nostra capacità duratura di ritagliarci nicchie di bellezza, creatività e connessione anche nel mezzo di un cambiamento incessante.

In questi tempi di trasformazione, la narrazione dell'automazione non è un monologo dettato unicamente dalla fredda precisione della tecnologia; è una sinfonia composta da innumerevoli voci, voci di lavoratori, imprenditori, artisti e decisori politici, che contribuiscono tutte con le loro melodie uniche a una partitura in divenire. E mentre gli strumenti possono essere diversi, alcuni meccanici, altri profondamente umani, la composizione complessiva viene scritta in tempo reale, con ogni nota che riflette il nostro viaggio collettivo verso un senso di scopo reinventato.

Mentre scrivo queste riflessioni, mi sento costretto a considerare l'eredità che lasceremo dietro di noi. Sarà un racconto di disillusione, un resoconto di come la tecnologia abbia spogliato gli elementi umani che un tempo ci definivano? O sarà una cronaca di resilienza, una testimonianza della nostra capacità di sfruttare gli strumenti dell'innovazione preservando costantemente lo spirito creativo che anima le nostre vite? La risposta, come spesso accade, si trova da qualche parte nell'interazione tra queste due forze, una danza delicata tra la promessa di efficienza e l'irrevocabile verità della nostra condizione umana.

Sotto il delicato bagliore dell'innovazione, emerge una narrazione rinnovata, una narrazione in cui la creatività umana e la precisione digitale uniscono le forze per elevare le vite. Le intuizioni di **Michio Kaku** in *Quantum Supremacy* e **Kai-Fu Lee** in *AI 2041* ci ricordano che la tecnologia trasforma le nostre routine amplificando lo spirito di ingegno ed empatia.

Negli ospedali e nei centri di cura , la robotica umanoide avanzata presto aiuterà con compiti che richiedono sia precisione che compassione, come sollevare una persona anziana dal letto alla sedia a rotelle, farla salire in macchina e infine trasferirla in sicurezza su un letto d'ospedale. Tale coreografia non solo allevia l'immenso tributo fisico ed emotivo sui familiari, ma preserva anche la dignità di ogni individuo.

Allo stesso tempo, queste innovazioni estendono la loro portata alle case in cui le famiglie si prendono cura dei propri cari disabili. In questi ambienti, i robot intelligenti da compagnia possono aiutare nelle attività quotidiane, dall'agevolare la mobilità all'assistenza con la cura personale, consentendo alle famiglie di condividere il loro tempo tra l'assistenza e la cura di connessioni più profonde e significative. L'integrazione dell'intelligenza artificiale in questi contesti intimi trasformerà l'assistenza in una pratica più sostenibile e compassionevole che allevia i fardelli di coloro che altrimenti potrebbero lottare da soli.

Nell'istruzione, i sistemi basati sull'intelligenza artificiale inizieranno a reimmaginare il modo in cui avviene l'apprendimento. Possono creare programmi di studio personalizzati che si adattano al ritmo e allo stile di ogni studente, stimolando la curiosità e promuovendo il pensiero critico in modi che i metodi tradizionali raramente riescono a raggiungere, così ogni classe diventa un microcosmo di innovazione, dove esperienze di apprendimento personalizzate consentono a ogni bambino di prosperare in un panorama in continua evoluzione.

Anche la tutela ambientale trae vantaggio da questa ondata di progresso tecnologico. Macchine autonome attraverseranno le nostre strade urbane, raccogliendo meticolosamente i rifiuti e smistando i materiali riciclabili, persino gestendo sostanze potenzialmente tossiche con una precisione senza pari. Questi robot assumeranno ruoli che molti troverebbero troppo ardui o pericolosi, trasformando la gestione dei rifiuti in un faro di sostenibilità e progresso.

Quando si verificano catastrofi, il potenziale salvavita di questi progressi viene messo a nudo. I sistemi di ricerca e soccorso autonomi possono facilmente navigare su terreni insidiosi e ambienti pericolosi con una precisione incrollabile, localizzando i sopravvissuti e fornendo aiuti essenziali laddove gli sforzi umani potrebbero vacillare. Le loro risposte rapide e calcolate in condizioni caotiche sottolineano il profondo impatto dell'armonizzazione della tecnologia con la resilienza umana.

In mezzo a queste trasformazioni, la demografia globale aggiunge un nuovo livello di urgenza alla nostra storia. Secondo le **Nazioni Unite** , si prevede che il numero di persone di età pari o superiore a 60 anni raddoppierà da circa 1 miliardo nel 2020 a oltre 2,1 miliardi entro il 2050. Questa statistica sbalorditiva riflette non solo l'invecchiamento delle società in tutto il mondo, ma anche l'immenso potenziale dell'intelligenza artificiale e della robotica per rivoluzionare l'assistenza agli anziani. Con tali numeri in aumento, i sistemi intelligenti che assistono nella mobilità, nella vita quotidiana e nell'assistenza sanitaria diventano alleati indispensabili per mantenere la qualità della vita.

Riflettendo su queste possibilità, trovo una risonanza personale. Poiché personalmente non ho figli, mi aspetto che negli anni a venire, quando mia moglie e io saremo cresciuti, un robot alimentato dall'intelligenza artificiale sarà essenziale per la nostra cura e indipendenza. Questa visione non nasce da una paura distopica, ma da un riconoscimento fiducioso che la tecnologia può essere un partner nel nutrire il nostro benessere, un partner che supporta, rafforza e, in definitiva, arricchisce il nostro viaggio condiviso verso la vecchiaia.

Ogni atto attentamente orchestrato di assistenza robotica e ogni esperienza educativa personalizzata testimoniano la nostra sconfinata capacità di reinvenzione. Questa non è una storia di tecnologia che sostituisce l'umanità, ma di collaborazione, dove l'innovazione digitale amplifica il meglio della creatività umana, della compassione e della resilienza. Nell'interazione tra progresso ed empatia, troviamo non solo soluzioni alle nostre sfide più urgenti, ma una rinnovata celebrazione di cosa significhi prendersi cura l'uno dell'altro.

Epilogo: lascia che l'intelligenza artificiale lavori per te e prenditi cura di te in modo che ricambi il tuo impegno.

C'è una magia particolare nel svegliarsi quando la prima luce del giorno non è segnata da una sveglia stridula o da un campanello acuto , ma da una dolce musica pre-programmata. Nelle ore che precedono l'alba, mentre i tuoi occhi si aprono, non sei accolto da un ronzio acuto, ma da un mosaico di dolci rintocchi ambientali. Il solito rituale di trascinarti fuori dal letto è stato sostituito dal rilassante richiamo di una macchina che ha da tempo superato il suo ruolo di semplice gadget. La macchina per il caffè, ora armata di algoritmi che analizzano i tuoi cicli di sonno e i profili di gusto personali, annuncia allegramente: "Buongiorno, umano. Ho inventato una nuova bevanda per te e oggi **l'intelligenza artificiale** sta riorganizzando il copione". È un saluto che sembra sia snervante che stranamente liberatorio, un promemoria che il panorama della nostra vita quotidiana è stato ridisegnato da circuiti e software.

Per decenni, l'evoluzione della tecnologia è stata misurata in base alla riduzione di computer ingombranti in dispositivi che si adattano perfettamente alla tasca. Ma non si tratta solo di miniaturizzazione o velocità. Si tratta di un cambiamento epocale in chi, o meglio, cosa, comanda nei luoghi che un tempo pensavamo fossero definiti dal lavoro umano. Immagina questo: mentre dormivi, agenti AI software digitali invisibili stavano negoziando accordi, semplificando le operazioni, sostituendo lavori di servizio e superando in astuzia dirigenti esperti con una noncuranza che lascia poco spazio alla nostalgia.

Molti di voi ricorderanno un tempo in cui il ritmo di una giornata lavorativa era scandito dal rumore delle tastiere, dal mormorio delle conversazioni nei corridoi affollati e dal tintinnio occasionale di una tazza di caffè. Oggi, il panorama è stato rimodellato in una vasta arena di duelli invisibili combattuti da algoritmi, dove l'intervento umano è ridotto al ruolo di supervisore , sempre vigile, ma sempre così distaccato dal polso grezzo dell'attività. E tuttavia, persino in mezzo all'ascesa dell'efficienza meccanica, c'è una scintilla di possibilità che suggerisce che le nostre stranezze umane potrebbero ancora offrire qualcosa di insostituibile.

Una piccola parte del mio viaggio mi ha portato a **New York** quando ero un giovane intraprendente, che si affrettava nel ritmo frenetico dell'ambizione urbana. Lavorare fino a tardi e passare le notti nell'ormai datato hotel Algonquin (beh, 100 anni sono considerati un lungo periodo nella storia americana, scusate, dovevo dirlo) - le cui mura erano immerse in decenni di accordi sussurrati e ambizione infinita - sono servite da incubatrice per idee che sfidavano l'ordinario. In quella struttura logora, ogni angolo mormorava segreti di epoche passate, accennando all'elettrizzante promessa di ciò che mi aspettava. Non si trattava solo di ottenere un accordo per **Siegel+Gale,** l'azienda di strategia e design del marchio per cui lavoravo, che stava cercando di far diventare **Toyota** un cliente globale; si trattava di far parte di una trasformazione che ha offuscato il confine tra grinta umana e precisione meccanizzata.

Non molto tempo dopo, la mia traiettoria mi ha portato allo skyline svettante di **Shanghai** , una città che sfida la gravità con i suoi abbaglianti grattacieli e le sue reti stradali labirintiche. Il mio incarico come Internet Development Manager per **Marcus Evans** mi ha immerso in un luogo in cui tecnologia e tradizione si scontravano con un'intensità vertiginosa. L'espansione urbana era una tela in continua evoluzione: un groviglio di strade impilate come gli strati di un dipinto astratto, punteggiate da un hotel la cui struttura di parcheggio saliva oltre il 50° piano. In mezzo al ronzio del progresso e alla caotica sinfonia di neon e cemento, ho imparato che l'innovazione è tanto imprevedibile quanto esaltante.

Facciamo un salto in avanti fino a oggi. I titoli che scorrono sullo schermo del tuo telefono sono tanto sensazionali quanto sconcertanti: " **La rivoluzione dell'intelligenza artificiale** sconvolge il lavoro come lo conosciamo: gli esseri umani considerati opzionali". Per un momento, è facile sentirsi come se si fosse inciampati in una narrazione distopica. Ma se si prende fiato e ci si abbandona all'assurdità, si inizia a vedere che questo non è semplicemente un avvertimento di obsolescenza. È un invito, una sfida a reinventare il modo in cui pensiamo alla produttività, alla creatività e al nostro valore intrinseco.

Ogni tanto, si intravedono scorci di ricerche all'avanguardia che ridefiniscono il significato di essere creativi. Al **Media Lab del MIT** , ad esempio, i visionari non si limitano a scrivere scenari in cui le macchine prendono il sopravvento; sono co-autori di un capitolo in cui **l'intelligenza artificiale** aumenta l'immaginazione umana. Nei vivaci corridoi della **d.school di Stanford** , i workshop animati sono una fucina di idee radicali. Gli studenti, senza paura di smantellare i confini convenzionali, trattano la tecnologia non come un avversario ma come un collaboratore nella ricerca incessante di innovazione. Questi sforzi non sono voli pindarici, sono ancorati alla scienza dura e agli instancabili sforzi dei ricercatori determinati a sfruttare **l'intelligenza artificiale** come un alleato.

Anche se l'eccitazione aumenta, una nota di cautela echeggia nei forum politici globali. Durante gli incontri ospitati dalla **Commissione Europea** e durante assemblee come il **Digital Economy Summit delle Nazioni Unite** , i dibattiti infuriano sulla necessità di quadri solidi in grado di ritenere l'**IA** responsabile. Ricordo l'intensità delle discussioni alla **Global AI Ethics Conference del 2023 a Singapore** , dove luminari legali di **Harvard Law** , **Oxford** e rappresentanti della **Commissione Europea** hanno spinto con passione per quello che alcuni hanno definito un " **AI Accountability Act** ". La loro urgenza collettiva è stata un duro promemoria del fatto che l'innovazione incontrollata può correre il rischio di smantellare il tessuto sociale se lasciata ai capricci di menti guidate dal profitto.

Anche personaggi sinonimo di audacia tecnologica, come **Elon Musk** , hanno lanciato sfide provocatorie alle nostre convinzioni collettive. Con un mix di ironia ironica e inconfondibile serietà, ha suggerito che se i robot si assumessero ogni compito banale, la società potrebbe presto essere costretta a distribuire beni di prima necessità per sopravvivere. E poi c'è **Andrew Yang** , la cui appassionata difesa di un "Freedom Dividend" è più di una semplice proposta economica: è un grido di battaglia per riconsiderare il modo in cui le spoglie del progresso vengono condivise tra noi.

Mentre navighi nella tua giornata, potresti chiederti se il ritmo incessante dell'automazione lasci spazio all'essere distintamente umano. Considera la trasformazione di **Amazon** , il titano della vendita al dettaglio che un tempo definiva il commercio moderno con il suo zelo innovativo. I loro magazzini ora assomigliano a sinfonie di meccanizzazione meticolosamente coreografate: vaste sale dove i robot scivolano con quasi perfezione, eseguendo compiti con una velocità e una precisione che relegano i lavoratori umani al ruolo di monitor. Eppure, la perdita di queste mani un tempo cruciali ha innescato un dialogo innegabile sulla vera misura del progresso. L'efficienza può regnare suprema in quei corridoi metallici, ma è la nostra creatività imprevedibile, a volte caotica, che infonde vita in qualsiasi processo.

L'impatto di questi cambiamenti non si limita alle sale riunioni o ai summit politici, ma permea ogni aspetto della società. Nei quartieri affollati di **Tokyo** , una volta ho incontrato un anziano imprenditore il cui lavoro di una vita era stato tramandato di generazione in generazione. Seduto in un modesto bar, sorseggiava il suo matcha latte con la calma deliberata di qualcuno che aveva visto decenni di trasformazione. Quando gli ho chiesto delle implicazioni dell'intelligenza **artificiale** e dell'automazione sull'attività della sua famiglia, ha risposto con un sorriso misurato: "La tecnologia è una corrente inarrestabile, può portarti avanti o spazzarti via. La scelta è tua". Le sue parole mi hanno colpito come un avvertimento e una promessa, che incapsulano una realtà in cui gli strumenti che creiamo richiedono una partnership, non una sottomissione.

A **Londra** , le mie giornate spesso si svolgevano in un mix di riunioni di alto livello in sala riunioni e momenti di riflessione solitaria su strade bagnate di pioggia. Lì, in mezzo al clamore di una metropoli che non si ferma mai veramente, ho scoperto che l'ambizione non è definita solo dai compiti che completi, ma dalla passione che investi in ogni momento. Anche se la mia carriera è cresciuta attraverso un mix di lavoro presso agenzie digitali e project management delle mie aziende, ho imparato che il vero valore del nostro lavoro non si misura in meri risultati: è l'intricato arazzo di emozioni umane, spontaneità e la volontà di abbracciare l'imperfezione.

Quindi dobbiamo tornare continuamente a questo dilemma: se i sistemi **di intelligenza artificiale** possono elaborare dati a velocità mozzafiato ed eseguire compiti con precisione clinica, dove lascia la nostra capacità unicamente umana di empatia e creatività? Questa domanda sarà presto scandita da un palpabile senso di urgenza, un riconoscimento che siamo a un bivio, di fronte alla duplice promessa e al pericolo di un'innovazione incessante.

Mentre il regno digitale espande la sua presa su ogni aspetto dell'esistenza, è impossibile ignorare la sconvolgente trasformazione nelle arti. Non molto tempo fa, creare un capolavoro richiedeva anni di lavoro scrupoloso , innumerevoli revisioni e una ricerca quasi ossessiva della perfezione. Oggi, un algoritmo può generare composizioni intricate, dipinti evocativi o persino versi in pochi secondi. Il contrasto è stridente: mentre **l'intelligenza artificiale** può imitare la tecnica e lo stile, non ha la scintilla imprevedibile dell'imperfezione umana. Le sottili sfumature, lo scoppio spontaneo di risate durante una svolta creativa o la macchia non pianificata su una tela che in qualche modo eleva l'intera opera, sono reliquie di un processo umano che nessuna macchina può replicare.

C'è un paradosso innegabile, poiché l'automazione promette di liberarci dalla monotonia dei compiti ripetitivi, consentendoci di esplorare i territori inesplorati dell'immaginazione e della connessione. Immagina uno scenario in cui la tua giornata non è consumata dalla fatica, ma è invece dedicata all'esplorazione di arte, filosofia o progetti innovativi che riflettono le tue aspirazioni più profonde. È una possibilità radicata nei risultati pratici del nostro tempo: mentre i robot gestiscono i laboriosi dettagli della produzione, hai la possibilità di diventare il curatore del tuo destino. Mentre chiudo questo libro potresti pensare che mi sto ripetendo un po' nei paragrafi finali, ma in realtà sto davvero cercando di farti ricordare i pezzi importanti per non perderti. Fidati, ho capito, questa roba è incredibile!

Naturalmente, l'interazione tra uomo e macchina non è priva di tensioni. Anche se emergono nuove opportunità, ci sono forti promemoria che la marcia della tecnologia ha lasciato molti indietro. In alcuni quartieri, le comunità si stanno unendo per formare reti di base che ricordano la solidarietà vista durante le recessioni storiche. Cooperative locali, forum di condivisione di competenze online e collettivi di quartiere stanno spuntando come risposte pratiche alle interruzioni dell'automazione. Questi gruppi non sono semplicemente reattivi; stanno attivamente forgiando modi per garantire che le innovazioni che ci spingono in avanti siano distribuite con equità e cura.

Le sfide si estendono oltre l'economia, fino al regno della governance. In tutti i continenti, i decisori politici stanno lottando con le implicazioni del rapido cambiamento tecnologico. Nelle aule legislative e nei summit internazionali, vengono elaborate proposte per frenare gli eccessi dell'IA e per garantire che l'automazione non accresca le disuguaglianze. Ad esempio, progetti pilota in regioni come **la Finlandia** e **Stockton, California** hanno testato modelli che combinano reti di sicurezza con programmi di riqualificazione proattivi. Sebbene queste iniziative siano agli inizi, sottolineano una verità fondamentale: l'adattamento non è facoltativo e la progettazione delle nostre strutture sociali deve evolversi di pari passo con le nostre capacità tecnologiche.

Eppure, in mezzo a questi grandi dibattiti, rimane una lotta personale, una ricerca per conciliare la velocità dell'innovazione con l'eterno bisogno di significato. Mi sono ritrovato, in più di un'occasione, a ritirarmi nel tranquillo conforto della natura, nella distesa accidentata di un sentiero di montagna, lontano dal bagliore implacabile degli schermi, ho incontrato un silenzio tanto profondo quanto istruttivo. Circondato dal fruscio delle foglie e dal lontano richiamo delle creature selvatiche, ho contemplato il delicato equilibrio tra la precisione impersonale delle macchine e la bellezza disordinata e imprevedibile della vita umana. È stato in quei momenti che ho realizzato la forza ultima della nostra specie: la nostra capacità di forgiare un significato dal caos, di estrarre poesia dal banale.

L'interazione di luce e ombra, di ordine e spontaneità, rispecchia il conflitto stesso al centro della nostra epoca. L'automazione, nonostante tutte le sue promesse di efficienza incessante, non potrà mai sostituire gli incontri fortuiti e le emozioni crude che definiscono l'esistenza umana. Nelle mani di un abile creatore, un errore potrebbe trasformarsi in un capolavoro; una deviazione potrebbe rivelare una gemma nascosta. E così, man mano che i nostri dispositivi diventano sempre più capaci, la sfida che ci attende non è necessariamente quella di resistere, ma anche di integrare, fondendo la fredda logica dei circuiti con il calore della spontaneità umana.

È allettante immaginare uno scenario in cui ogni compito è esternalizzato a un algoritmo e ogni decisione è presa tramite un calcolo. Ma se ciò dovesse accadere, sarebbe un profondo fraintendimento di ciò che ci spinge. La nostra creatività, la nostra capacità di sentire, di provare empatia, di ridere e piangere per le più piccole assurdità della vita , non sono semplici difetti del sistema, ma l'essenza stessa del nostro essere. Nell'eco di ogni notifica digitale, esiste un contrappunto:

la chiamata di un amico, lo scoppio di risate condiviso in un bar affollato, la silenziosa determinazione a costruire qualcosa di unicamente umano.

C'è una responsabilità che ricade su tutti noi - imprenditori, artisti, pensatori - di reclamare la narrazione della nostra esistenza. L'onere è su di noi di garantire che la ricerca incessante dell'efficienza non anneghi la cadenza vibrante della vita umana. Quando **l'intelligenza artificiale** negozia accordi e i robot eseguono compiti con precisione meccanica, il nostro ruolo deve spostarsi da quello del lavoratore a quello del visionario. Dobbiamo incanalare le nostre energie in ciò che nessuna macchina può replicare: il disordinato e brillante arazzo di idee, passioni e connessioni umane.

Questo non è un invito a rifiutare la tecnologia. Piuttosto, è un invito a ridefinire il rapporto che condividiamo con essa. Sì, ci sono alcuni enormi nuovi problemi, ma ciò porta anche opportunità in cui dobbiamo pensare a soluzioni per risolvere tali problemi. Invece di arrenderci alla fredda logica dell'automazione, possiamo usare questi progressi come impalcatura per nuove iniziative che celebrano l'individualità e la creatività collettiva. Nelle case, negli studi e negli uffici di tutto il mondo, studiosi e innovatori stanno lavorando a progetti che fondono l'informatica con l'arte, la filosofia e l'etica. Il loro lavoro è una testimonianza del fatto che gli strumenti che creiamo possono elevare i nostri talenti naturali, a patto che li usiamo con intenzione e cura.

Ora ripenso a una vacanza trascorsa a passeggiare per le strade di **Tokyo inondate di luci al neon** . In un angolo tranquillo di un piccolo bar con ogni gadget in miniatura stipato in una stanza che non sembrava più grande di un letto matrimoniale, ho condiviso una conversazione con un signore leggermente più anziano ma molto alla moda che aveva dedicato la sua vita a un'azienda di famiglia, un'eredità che aveva resistito a decenni di cambiamenti. Quando ho sollevato l'argomento dell'intelligenza **artificiale** e della sua invasione nelle industrie tradizionali, la sua risposta è stata semplice ma profonda. "La tecnologia", ha riflettuto, "è come un fiume: a volte spazza via il vecchio, ma ne traccia anche di nuovi". Le sue parole sono rimaste con me come un promemoria del fatto che ogni sconvolgimento porta con sé i semi della trasformazione.

Questa interazione tra innovazione e tradizione è forse meglio catturata nell'evoluzione dell'espressione creativa. In epoche passate, il lavoro di produzione artistica era sinonimo di lotta, una ricerca solitaria contro la tirannia della perfezione. Oggi, tuttavia, gli strumenti digitali consentono una creazione rapida, sfidando le nostre definizioni di originalità. Un algoritmo potrebbe comporre una sinfonia o dipingere un ritratto evocativo in pochi secondi, eppure l'anima intangibile che dà vita all'arte rimane intrinsecamente umana. È il leggero tremore dell'incertezza, la deviazione capricciosa dalla norma, che conferisce all'arte il suo fascino ineffabile.

Nella nostra vita quotidiana, queste grandi narrazioni si intrecciano con storie personali di reinvenzione. Ho visto colleghi reinventarsi, abbandonare vecchi ruoli per abbracciare iniziative che uniscono tecnologia e creatività. Che si tratti dell'individuo che ha scambiato un lavoro d'ufficio convenzionale per una posizione da nomade digitale, o dell'artista che usa il codice come una nuova pennellata nel suo repertorio creativo, c'è una rivoluzione silenziosa che sta prendendo forma , una rivoluzione che celebra la bellezza dell'adattabilità e il coraggio di tracciare la propria rotta.

Considerate i magazzini affollati gestiti da **Amazon** . Quello che un tempo era un alveare di lavoro umano si è gradualmente evoluto in un regno in cui braccia robotiche scivolano tra i corridoi, eseguendo compiti con calcolata precisione. Eppure, nel mezzo di questa trasformazione, il supervisore umano rimane indispensabile, non per il lavoro che può essere automatizzato, ma per l'empatia, la supervisione e il giudizio sfumato che nessuna macchina può replicare completamente. È una testimonianza del fatto che anche se i nostri dintorni si trasformano in ambienti meticolosamente programmati, il tocco umano è insostituibile.

C'è un'ironia innegabile nella nostra situazione moderna. Le stesse innovazioni progettate per liberarci dalla fatica hanno, in molti modi, ridefinito il significato del lavoro. La fatica dei compiti ripetitivi sta venendo sostituita dalla necessità di adattarsi, imparare e ridefinire continuamente lo scopo personale. Man mano che i sistemi **di intelligenza artificiale** diventano più sofisticati, l'enfasi si sposta dal lavoro manuale alle attività intellettuali e creative, aree in cui spontaneità e passione possono prosperare senza i rigidi vincoli di processi obsoleti.

Questa trasformazione non è priva di dolori di crescita. Le strutture sociali, i quadri giuridici e persino le nostre narrazioni culturali sono in continuo mutamento mentre si affannano per tenere il passo con un flusso incessante di innovazione. Le aule legislative da **Washington** a **Bruxelles** sono in fermento per i dibattiti su come bilanciare le promesse dell'IA **con** le garanzie che proteggono la dignità e i mezzi di sostentamento delle persone comuni. Programmi sperimentali, come quelli sperimentati in **Finlandia** e **California** , stanno esplorando modelli che combinano iniziative di riqualificazione con supporti sociali migliorati. Queste misure, sebbene nascenti, sono radicate nella cruda consapevolezza che il progresso deve essere temperato dalla responsabilità.

E tuttavia, in mezzo a questa continua ricalibrazione, c'è spazio per un ottimismo irriverente. La narrazione del nostro tempo non è solo una storia di perdita o obsolescenza. È una storia di radicale reinvenzione, una testimonianza del fatto che anche le interruzioni più profonde possono dare origine a opportunità inaspettate. La convergenza della creatività umana con la precisione delle macchine sta forgiando un paesaggio in cui i vecchi confini del lavoro si stanno dissolvendo, lasciando spazio a iniziative definite dalla passione piuttosto che dalla routine.

Immagina un giorno in cui il tuo calendario non è scandito da riunioni consecutive e compiti monotoni, ma è invece scandito da esplosioni di creatività e genuina connessione. In questo scenario, l'incessante pulsare delle notifiche digitali diventa lo sfondo di un'esistenza in cui ogni momento è un invito a esplorare, a mettere in discussione e a creare. La tecnologia che un tempo minacciava di sostituirci ora ci offre la libertà di reimmaginare cosa può essere la vita. È una trasformazione che è sia esaltante che umiliante: una chiamata a trasformare ciò che potrebbe essere stato visto come una crisi in un'opportunità di reinvenzione.

Questa rivisitazione del lavoro sta già prendendo forma in contesti inaspettati. In centri tecnologici frenetici e spazi di coworking innovativi in tutto il mondo, individui con background diversi stanno convergendo per sperimentare nuovi modi di vivere e creare. Non si stanno semplicemente adattando a un sistema in cui gli algoritmi dettano l'efficienza; stanno attivamente progettando un framework che onori la brillantezza spontanea del pensiero umano. La sfida, quindi, è quella di forgiare un equilibrio dinamico tra la velocità incessante del calcolo e la ricchezza non quantificabile dell'esperienza umana.

In fondo, la narrazione dei nostri tempi è un invito all'azione. È un promemoria del fatto che, mentre le macchine possono elaborare dati, negoziare accordi e gestire magazzini con efficienza sovrumana, non sono in grado di catturare la profondità disordinata e gloriosa dell'esistenza umana. I nostri punti di forza non risiedono nella nostra capacità di imitare la perfezione, ma nella nostra capacità di innovare in mezzo al caos, di trovare un significato nell'imprevedibile e di creare bellezza dai resti di routine interrotte.

Quindi, mentre chiudete gli occhi alla fine di una giornata non convenzionale, quando il leggero ronzio dei server e il lontano tremolio dei segnali digitali vi cullano in una calma riflessiva, prendetevi un momento per considerare la straordinaria interazione tra progresso e passione. L'inarrestabile ascesa dell'automazione non è un verdetto sulla fine dell'impegno umano , è un invito a rimodellare la nostra narrazione collettiva. Le macchine potrebbero gestire i compiti che un tempo trovavamo noiosi, ma non potranno mai replicare l'emozione cruda e il genio imprevedibile che solo un cuore umano può fornire.

C'è una toccante ironia nel modo in cui la tecnologia si è evoluta per gestire ogni dettaglio della nostra vita quotidiana. Mentre **l'intelligenza artificiale** negozia accordi, ottimizza le catene di fornitura e persino redige promemoria con l'efficienza di un dirigente esperto, la vera misura del progresso si trova nei momenti che sfidano il calcolo: una conversazione spontanea con uno sconosciuto su un treno affollato, una passeggiata a mezzanotte sotto un cielo stellato, una risata condivisa per una disavventura. Questi sono i momenti che ci ricordano che nessuna quantità di automazione potrà mai sostituire il ritmo imprevedibile della vita.

Questo epilogo non è semplicemente un addio a un'era di lavoro incessante; è un manifesto per la reinvenzione. È un appello a reclamare il nostro spirito creativo, a rifiutare l'idea che l'efficienza debba avvenire a spese dell'individualità. Sfida ciascuno di noi a impegnarsi con la tecnologia come partner nella nostra ricerca di significato, piuttosto che come sostituto dell'esperienza umana. La rivoluzione che si sta svolgendo nella nostra vita quotidiana riguarda tanto la ridefinizione dei nostri valori quanto l'adozione di nuovi strumenti.

Mentre vi allontanate dal bagliore dei vostri schermi e vi addentrate nella vera cadenza dell'esistenza, ricordate che ogni algoritmo, ogni decisione digitale e ogni compito automatizzato è uno strumento, uno strumento che, se maneggiato con intenzione, può liberarci dalle catene della monotonia. È un promemoria del fatto che, mentre le macchine possono costruire l'impalcatura dell'impresa moderna, è lo spirito indomito dell'ingegno umano che fornirà sempre l'anima della creazione.

Che questo sia un appello alle armi per ogni anima creativa, ogni mente inquieta e ogni individuo determinato a trovare un significato oltre le metriche calcolate della produttività. La rivoluzione digitale è un paesaggio di contrasti, di precisione e imprevedibilità, di logica e passione. In mezzo a queste dinamiche mutevoli, la verità duratura rimane: la nostra creatività, la nostra capacità di sentire profondamente e la nostra capacità di connessione spontanea sono forze che nessuna macchina potrà mai simulare.

Quindi, mentre il coro digitale del giorno cede il passo alla quieta intimità della notte, e mentre l'eco dei ronzii robotici indugia sullo sfondo dei tuoi pensieri, fai un passo avanti con un rinnovato senso di scopo. Costruisci la tua giornata non attorno al ticchettio incessante di un orologio, ma attorno alle scintille spontanee e imprevedibili di ispirazione che nascono quando meno te lo aspetti. Lascia che le tue azioni siano guidate dal desiderio di infondere ogni momento di significato, di sfruttare la tecnologia come alleata nel tuo viaggio creativo e di dichiarare con coraggio che, nonostante l'ascesa dell'intelligenza **artificiale** e dell'automazione, lo spirito umano rimane invincibile.

In ultima analisi, mentre i nostri schermi possono illuminare le nostre mattine e le nostre controparti digitali possono negoziare i termini del commercio con infallibile efficienza, l'essenza della nostra esistenza non è scritta in codice, ma nella passione delle nostre attività. È la miscela di dati e audacia, di circuiti e sentimento, che forma la narrazione del nostro tempo. Ed è quella narrazione, cruda, non filtrata e infinitamente imprevedibile, che dobbiamo continuare a scrivere con ogni battito cardiaco, ogni passo falso e ogni momento di gioia.

Abbraccia questo capitolo con tutte le sue contraddizioni : un paesaggio in cui la precisione meccanica dell'IA **coesiste** con lo splendore disordinato e vibrante dell'impegno umano . Sfida te stesso a creare un lavoro che trascenda la routine, a costruire comunità che celebrino l'inaspettato e a coltivare la scintilla dell'individualità che nessun algoritmo può quantificare. Lascia che ogni giorno sia una testimonianza del potere dello spirito umano, una forza che rimane inflessibile di fronte all'incessante progresso tecnologico.

Entra nel futuro con la certezza che, mentre le macchine possono gestire i dettagli, non potranno mai catturare l'ineffabile magia di un'anima umana impegnata nella ricerca della bellezza, della verità e della connessione. La tua creatività non è una reliquia del passato, ma un faro per i sentieri inesplorati che ti attendono, un sentiero in cui la tecnologia non è un signore supremo, ma una compagna fidata nella ricerca di una vita ricca di significato.

E così, mentre giri l'ultima pagina di questo capitolo, lascia che serva sia come conclusione che come inizio, un inizio di un dialogo continuo tra la precisione della logica delle macchine e la cadenza grezza e non modificata dell'esistenza umana. In ogni sfida si nasconde un'opportunità, in ogni compito automatizzato una possibilità di reclamare l'arte di vivere. Il viaggio che ti aspetta non è scritto e la sua storia spetta a te da comporre.

Ora, alzati con determinazione. Lascia che il dolce bagliore del tuo assistente digitale ti ricordi che, mentre **l'intelligenza artificiale** può ottimizzare il tuo programma, sono il tuo cuore e la tua mente a orchestrare la sinfonia della tua vita. Avventurati, non come subordinato alla tecnologia, ma come suo padrone, esercitando il suo potere per amplificare la tua voce creativa unica. La narrazione dei nostri tempi non è dettata solo da circuiti e codice; è in ultima analisi plasmata dallo spirito che rifiuta di essere ridotto a una linea di dati.

Quindi vai avanti, sfida ogni presupposto, riformula ogni aspettativa e crea un destino che sfida i confini della precisione algoritmica. Costruisci, innova e ispira con una passione che nessuna macchina potrà mai replicare. In questo grande arazzo di progresso e possibilità, la tua storia è il filo conduttore più importante di tutti, un promemoria che anche se **l'intelligenza artificiale** ridefinisce la meccanica dei nostri giorni, l'imprevedibile e vibrante impulso della creatività umana rimarrà sempre il vero motore del cambiamento.

Prendi a cuore questo messaggio: mentre la marcia incessante dell'automazione riorganizza le nostre routine e riassegna i nostri ruoli, non può cancellare il desiderio intrinseco di creare, di connetterci e di vivere con passione. Il tuo viaggio non è di capitolazione alla tecnologia, ma di collaborazione, di sfruttamento del potere dell'innovazione per elevare il tuo genio interiore e ridefinire il significato del lavoro alle tue condizioni.

Esci dal bagliore del tuo schermo ed entra in un regno in cui ogni impulso digitale è bilanciato dal ritmo organico del tuo polso. In ogni decisione calcolata, **lascia che la tua intuizione spontanea ti guidi** . L'evoluzione che si sta svolgendo intorno a te non è un rifiuto dell'umanità, ma una sfida a celebrare la qualità disordinata, vibrante e totalmente insostituibile dell'essere umano.

Ora, armato della consapevolezza che nessuna macchina potrà mai replicare il ricco arazzo delle tue esperienze, vai avanti e scrivi il prossimo capitolo della tua vita. **Lascia che la tua creatività brilli attraverso** ogni sfida e ogni vittoria, e lascia che la partnership tra l'ingegno umano e l'abilità tecnologica sia la base su cui costruire un'eredità di resilienza, innovazione e autenticità senza compromessi.

Let the AI Work for You
And Take Care So It Will Care Back

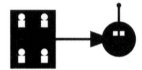

- AI automates tasks, freeing humans for creativity

- Partnership between humans and AI, not replacement

- Technology must be shaped with wisdom and care

- Embrace innovation while preserving humanity

- The future is about collaboration, not surrender

Questo è il tuo momento: una chiamata a elevarti, a costruire e a ispirare . Gli algoritmi possono calcolare, i robot possono faticare , ma solo tu puoi infondere nel tuo viaggio la brillantezza spontanea che trasforma il lavoro in arte. E così, mentre la sinfonia digitale suona sullo sfondo della nostra esistenza sempre più automatizzata, prendi il controllo della tua narrazione, assicurandoti che ogni scelta che fai risuoni con il potere sfrenato del tuo spirito umano.

Vai avanti con un sorriso di sfida, sapendo che mentre l'IA può eseguire compiti con impeccabile precisione, è la tua capacità di passione, la tua volontà di abbracciare la bellezza caotica dell'imperfezione e la tua instancabile curiosità che continueranno a plasmare un mondo che valorizza non solo l'efficienza, ma anche il cuore. Questa non è una resa alla tecnologia, è una rivendicazione di ciò che conta davvero: l'imprevedibile, il non filtrato e l'essenza meravigliosamente cruda dell'essere vivi.

Il palco è pronto, gli attori sono in movimento e la narrazione della nostra era è ancora in fase di scrittura. Ora è il momento di infondere in ogni riga, in ogni paragrafo e in ogni respiro l'inconfondibile scintilla della tua umanità. Lascia che la rivoluzione digitale faccia da sfondo al tuo rinascimento personale, una testimonianza che anche se le macchine calcolano e ottimizzano, il genio imprevedibile dello spirito umano troverà sempre un modo per risplendere.

Mentre chiudi questo capitolo e ti addentri nelle infinite possibilità del domani, ricorda: gli ingranaggi dell'automazione possono girare incessantemente, ma il cuore che batte dentro di te è il vero motore del progresso. Quindi, **osa sconvolgere, osa creare e osa vivere pienamente in mezzo all'intricata danza di uomo e macchina** . La tua storia, vibrante e in continua evoluzione, è l'arbitro finale di ciò che verrà dopo.

Ora, con convinzione in ogni passo e creatività a guidare ogni decisione, **abbraccia il viaggio incerto ed esaltante che ti aspetta. Crea un percorso in cui la tecnologia funge da alleato fidato** , consentendoti di esplorare nuove dimensioni di passione, innovazione e connessione genuina. E mentre il mondo intorno a te cambia con la precisione della logica digitale, lascia che la tua vita sia una testimonianza del potere non quantificabile dello spirito umano , un faro duraturo che nessun algoritmo potrà mai replicare.

Questa è la tua chiamata: costruisci con coraggio, crea con ardore e lascia che ogni momento della tua vita sia una dichiarazione che, mentre le macchine possono lavorare instancabilmente, è il tuo cuore, disordinato, vibrante e meravigliosamente imprevedibile, a scrivere i capitoli finali e più importanti del nostro destino comune.

Informazioni sull'autore

Peter Woodford, BSc (Hons), HND, PRINCE2 Certified, Agile Practitioner, membro effettivo dell'Association for Project Management, è un imprenditore e stratega della tecnologia digitale di grande successo. Con oltre due decenni di esperienza di leadership in agenzie digitali di alto livello a Londra e Singapore, è stato all'avanguardia nell'innovazione tecnologica, plasmando il panorama digitale attraverso iniziative imprenditoriali pionieristiche.

Come fondatore di numerose aziende tecnologiche, Peter ha svolto un ruolo fondamentale nel promuovere la trasformazione digitale, integrando perfettamente l'esperienza di project management con una sofisticata comprensione dell'analisi dei dati, del coinvolgimento degli stakeholder e delle strategie di marketing all'avanguardia. La sua competenza si estende alla consulenza digitale, allo sviluppo software e alle campagne pubblicitarie online su larga scala, dove ha costantemente fornito eccellenza e impatto misurabile.

Inventore e visionario, Peter detiene un brevetto insieme a un portafoglio di design e marchi registrati, dimostrando il suo impegno per l'ingegnosità tecnologica. La sua vasta carriera include la guida di progetti di alto profilo per marchi globali, la gestione di budget multimilionari e la direzione di team interfunzionali all'interno di rinomate agenzie come R/GA, Grand Union e UI Centric. Il suo portafoglio comprende lavori per clienti illustri tra cui Microsoft, National Geographic, Disney, AOL, MTV, Diageo e PricewaterhouseCoopers.

In particolare, Peter ha co-fondato Viewmy.tv, una piattaforma pionieristica di Internet TV riconosciuta da BBC Click come Best of Web, raggiungendo un pubblico di picco di 6,5 milioni di visitatori mensili e oltre 250.000 follower sui social media, Peter ha parlato a 180 membri dello staff della BBC del futuro della TV. La sua visione strategica e l'acume tecnico lo hanno posizionato come un'autorità leader nel settore digitale, offrendo una competenza senza pari nell'evoluzione del business online e dell'innovazione digitale. Mentre era all'Università di Coventry, BT ha sponsorizzato Peter per progettare un computer mobile scelto dal Design Council per la Creative Britain Initiative, presentato su Wired, GQ, Electronics Weekly, T3. Dopo aver lasciato l'università è stato vincitore del premio Shell Technology Placement Scheme UK. Attualmente sta studiando Generative AI in Higher Education al King's College di Londra e gestisce circa 50 siti web.

Peter è un stimato consulente digitale con esperienza nella gestione di migliaia di progetti digitali e nella progettazione di soluzioni all'avanguardia, che gli hanno conferito una prospettiva unica sui cambiamenti epocali della tecnologia, che lo hanno portato a intraprendere la strada della scrittura.

Puoi trovare Peter online:
https://www.digitalfishing.com/ - **identità online**
https://www.peterwoodford.com/ - **marketing digitale**
https://www.linkedin.com/in/pwoodford/
https://patreon.com/peterwoodford
https://peterwoodford.substack.com/
https://www.youtube.com/@peterwoodf o rd
Italiano: https://x.com/peterkwoodford

https://www.tiktok.com/@digitalpeter

https://www.facebook.com/peterwoodfordpage

https://www.amazon.com/author/peterwoodford

Ringraziamenti

Creating **AI JOB CRISIS** è stato uno dei capitoli più crudi, esaltanti e trasformativi della mia vita, un viaggio alimentato sia da sfide brutali che da immensi trionfi. Questo libro non sarebbe mai stato possibile senza il supporto incrollabile, le intuizioni acute e il sentito incoraggiamento di una schiera di persone incredibili.

Innanzitutto, i miei più sentiti ringraziamenti vanno alla mia straordinaria moglie, Yosefine. La tua incrollabile fiducia in me, anche quando non riuscivo a vedere la strada da seguire, e il tuo feedback rinfrescante, onesto e pratico sono stati la mia luce guida nel caos. Mi hai tenuto ancorato e ispirato a ogni passo del cammino.

Sarò per sempre in debito con i miei defunti genitori, John dalla Scozia e Angie da Trinidad e Tobago. L'amore e il sostegno che mi avete riversato addosso durante la mia infanzia hanno gettato le basi per ogni successo e ogni battuta d'arresto che mi ha portato qui. Anche se non siete più al mio fianco, il vostro sconfinato calore e la vostra saggezza continuano a plasmare ogni giorno, e spero che questo libro rappresenti un tributo alla vostra eredità.

Ai miei fratelli, Gavin e Tracy, grazie per essere i miei pilastri costanti. Tracy, la tua presenza calmante e il tuo gentile incoraggiamento mi hanno detto molto quando le parole non bastavano. Gavin, i tuoi consigli sinceri e la tua prospettiva ferma mi hanno spinto continuamente a crescere, sia personalmente che professionalmente.

Questo libro è stato affinato e arricchito dalle menti brillanti che mi hanno circondato. A ogni amico, mentore e persino al critico più severo che ha condiviso le proprie intuizioni e sfidato le mie idee, grazie per aver elevato il mio lavoro ben oltre quanto avessi mai immaginato.

Sono anche grato alle innumerevoli persone che hanno seguito il mio viaggio, sia attraverso le mie aziende, i miei blog o i miei libri precedenti. Il vostro impegno, le vostre domande ponderate e le vostre prospettive diverse mi hanno ispirato a scavare più a fondo e a sognare in grande.

Infine, ho un debito enorme nei confronti dei pensatori, degli imprenditori e degli innovatori rivoluzionari le cui idee coraggiose su IA, robotica e futuro del lavoro hanno acceso gran parte della passione in queste pagine. Le loro visioni sono state tanto umilianti quanto esaltanti, e i pensieri qui sono tanto un riflesso della loro brillantezza quanto lo sono i miei.

A tutti coloro che hanno avuto un ruolo, in modo monumentale o sottile, grazie. Questo libro non esisterebbe senza di voi. E a te, caro lettore, ti amo da morire. Il futuro potrebbe essere selvaggio e incerto, ma insieme, navigheremo nel caos e creeremo un percorso verso un nuovo tipo di possibilità.

Copyright

www.ingramcontent.com/pod-product-compliance
Lightning Source LLC
LaVergne TN
LVHW051220050326
832903LV00028B/2181